INHALT

Zeichenerklärung

Top 10
Das müssen Sie gesehen haben

Vista Point
Reiseregionen, Orte und
Sehenswürdigkeiten

Symbole
Verwendete Symbole siehe hintere innere
Umschlagklappe.

Kartensymbol: Verweist auf das entsprechende
Planquadrat der ausfaltbaren Karte bzw. der
Detailpläne im Buch.

Willkommen in Oberbayern

Auf der Hitliste der beliebtesten Reiseziele Deutschlands steht Oberbayern an erster Stelle. Und das seit Jahren. Da lockt München mit einem überragenden Kulturprogramm, architektonischen Highlights, eleganten Einkaufsadressen, aber auch mit Hofbräuhaus und Oktoberfest. Man kann wandern, klettern und radeln ohne Ende, von den am höchsten gelegenen Pisten Deutschlands in kühnen Jet-Schwüngen hinunterwedeln oder sich für ein stressfreies Wellness-Programm entscheiden.

Da gibt es einzigartige Museen, Schlösser wie Linderhof und Neuschwanstein, die Seen und das Weltkulturerbe Wieskirche vor der Kulisse der Alpen. Unter azurblauem Föhnhimmel wachsen in einer makellos scheinenden Bauernlandschaft die verrücktesten Zwiebelturmkreationen empor. Dies alles hat dem Land weltweit den Ruf einer imposanten Idylle verpasst. Doch Oberbayern ist weit mehr als Bierseligkeit rund ums Jahr, mit Blasmusik, Schuhplattlern und Trachtenvereinen. Brauchtum ist zwar ein fester Bestandteil der

Alltagskultur und die Menschen sind stolz auf die in Jahrhunderten gewachsenen Traditionen, doch niemand rennt hier mit der folkloristisch schöngefärbten Brille herum und verschließt sich den Anforderungen einer sich ständig wandelnden Welt.

Der Slogan »Laptop und Lederhose« brachte in den 1990er Jahren, zu Zeiten der boomenden Wirtschaft, das Lebensgefühl der Oberbayern auf den Punkt. Selbst heute geht es angesichts weltweiter Krisen dem Freistaat dank einer zukunftsbezogenen Umstellung der Produktpalette weitaus besser als vielen anderen Regionen. Ob Museum, Sehenswürdigkeit, Lokal oder Hotel: Seit Corona sollte man grundsätzlich immer vorher telefonisch oder online reservieren!

Die sieben Regierungsbezirke Bayerns umfassen eine Gesamtfläche von 70 553 Quadratkilometern, wovon allein 17 530 auf Oberbayern entfallen. Das Land südlich von Altmühl und Donau reicht im Westen bis Landsberg und, weiter südlich, Füssen am Lech. Im Osten bilden Salzach und Inn, im Süden die nördlichen Kalkalpen mit der Zugspitze (2962 m) und dem Watzmann (2713 m) als höchste Erhebungen die Grenzen.

Eine Blumenwiese, ein See mit einem Kapellchen, dahinter schneebedeckte Berge – der Inbegriff Oberbayerns

Top 10: Das müssen Sie gesehen haben

 Kloster und Museum St. Mang Kloster Andechs
S. 81, 83 ➡ F3
Hoch oben auf dem »Heiligen Berg« der Bayern steht das weithin sichtbare Benediktinerkloster mit seiner berauschend schönen Rokoko-Kirche. Anschließend lockt eine Brotzeit unter schattigen Kastanien im Biergarten.

 Wieskirche
S. 107, 108 ➡ G2
Als »Tanzsaal Gottes« wird der Innenraum dieses Weltkulturerbes bezeichnet. Hier verewigten sich die Brüder Zimmermann: Dominikus als Baumeister und Johann Baptist als Maler des großen Deckenfreskos.

 AlpspiX
S. 111 ➡ H3
Oberhalb der Bergstation der Alpspitzbahn ragen die beiden Stahlarme jeweils 13 Meter über den Abgrund hinaus. Durch eine Glaswand bietet sich den Besuchern ein atemberaubender Blick auf die Felswände, das Bergpanorama und hinab in eine Tiefe von fast 1000 Metern.

4 Königshaus am Schachen
S. 115 ➡ J3
Im Stil einer kleinen Gründerzeitvilla ließ sich Ludwig II. diesen Fluchtpunkt inmitten der damaligen Bergeinsamkeit bauen.

5 **Zugspitze**
S. 119 f., 121 ➡ H/J3
Insbesondere an einem dieser unwirklich strahlenden Sonnentage ist der Ausflug auf Deutschlands höchsten Berg ein unvergessliches Erlebnis.

6 **Linderhof**
S. 126, 128 ➡ H2
In dieses zu seinen Lebzeiten verwunschene Refugium zog sich Ludwig II. am liebsten zurück. Neben dem neobarocken »Schmuckkästchen« sollte man auch den weitläufigen Park mit Venusgrotte und Maurischem Kiosk besuchen.

7 **Neuschwanstein**
S. 128, 130, 131 ➡ H2
In einzigartiger Lage hoch über der Pöllartschlucht liegt dieses berühmte Schloss, das sich Ludwig II. nach dem Vorbild mittelalterlicher Burgen bauen ließ.

8 **Herrenchiemsee**
S. 167, 168 f. ➡ F8
Das Schloss gilt als eine Hommage an den von Ludwig II. verehrten Louis XIV. von Frankreich. Zu den Attraktionen zählen der Versailles nachempfundene Spiegelsaal und das Prunkschlafzimmer.

9 **Königssee**
S. 176, 186 ➡ G/H10
In geräuschloser Fahrt gleitet das Elektroboot vorbei an der Echowand, dem Malerwinkel und der millionenfach fotografierten Wallfahrtskirche St. Bartholomä.

10 **Burghausen**
S. 198 f., 201 ➡ D9
Oberhalb der sehenswerten Altstadt thront auf dem steil abfallenden Fels die längste Burganlage Deutschlands, erbaut zwischen dem 12. und 15. Jahrhundert.

Die Hauptstadt von Oberbayern

Der historische Kern

Marienplatz – Viktualienmarkt – Jüdisches Zentrum – Sendlinger Straße – Asamkirche – Frauenkirche – Michaelskirche – Bürgersaal – Karlstor/Stachus

Der Spaziergang durch den im Zweiten Weltkrieg fast völlig zerstörten und mit viel Liebe zum Detail wieder aufgebauten historischen Kern der oberbayerischen Landeshauptstadt beginnt am **Marienplatz** ➜ aL6, dem urbanen Mittelpunkt seit der Stadtgründung 1158. Im Mittelalter diente er als Markt-, Richt- oder Turnierplatz bzw. auch als Tanzsaal bei Fürstenhochzeiten. Heute findet man hier eine Mischung aus Nachkriegsbauten und Rekonstruktionen historischer Gebäude.

Das Hauptinteresse der Gäste aus aller Welt gilt dem **Glockenspiel** an der neogotischen Zuckerbäcker-Fassade des **Neuen Rathauses**. Dreimal täglich während der

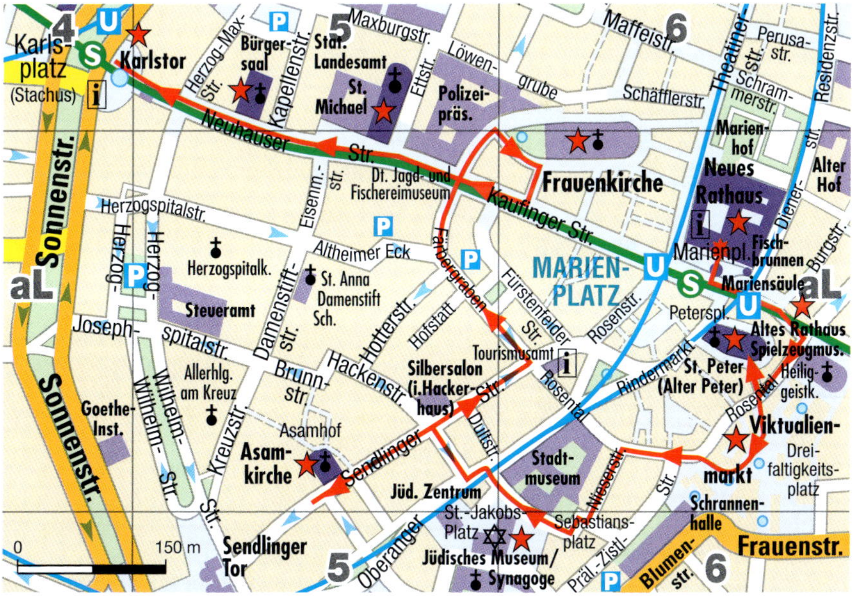

MÜNCHEN

München, Bayern

München ist nicht nur der Ort des Oktoberfests, sondern eine hochmoderne Messe- und Hightech-Stadt, zudem eine Fußballmetropole, eine aufregende Film- und Modestadt sowie die zweitgrößte Verlagsstadt Deutschlands nach Berlin. Dennoch kommt einem die Weltstadt mit Herz bisweilen wie ein großes Dorf vor. Die räumliche Enge in einer der am dichtesten bebauten Städte Deutschlands hat für Besucher Vorteile: Alles ist nah beieinander und übersichtlich.

Diese Stadt hat viele Gesichter: schick, lieb und gemütlich für die einen – ausgelassen, wild und allzeit neu für die anderen. Und dann wieder romantisch, ruhig, geschichtsträchtig und zeitentrückt. Ein Widerspruch? Ja mei, München ist nun mal eine Stadt voller Widersprüche.

Die Metropole an der Isar wird immer wieder mithilfe vieler Attribute beschrieben, an die sich stets große Erwartungen knüpfen. Lange wurde München als Isar-Athen oder nördlichste Stadt Italiens bezeichnet. Grund dafür war die tiefe Sehnsucht der Wittelsbacher nach klassisch-südlichem Lebensgefühl, dem sie während ihrer 700-jährigen Herrschaft freien Lauf ließen. Sie machten die Stadt zu einem Panoptikum bedeutender Architektur, die als außergewöhnliche Kulisse für alle gegenwärtigen Eindrücke dient.

Heute werden meist andere Akzente gesetzt: bei einer Bratwurst am Standl auf dem Viktualienmarkt, bei einer Maß Bier im Englischen Garten, wenn der Kleinhesseloher See im Abendlicht funkelt und die Vögel, die in den Schwabinger Türmen leben, noch einmal eine letzte Runde fliegen und den Himmel beinahe schwarz färben. Oder beim Spaziergang durch den Englischen Garten, wo sich im Schatten hoher Baumgruppen die Klänge afrikanischer Trommler mit den Tänzen brasilianischer Samba-Musiker und den Reimen deutscher Rapper vermischen. Ein jeder wird in München auf seine Kosten kommen, also: Grüß Gott und Servus in München!

INFO MÜNCHEN: München Tourismus, Tel. (089) 23 39 65 00, www.muenchen.de, https://visit-muenchen-bayern.de.

München-Panorama vor den schneebedeckten Alpen

Spezialitäten kaufen die Münchener seit über 200 Jahren gerne auf dem Viktualienmarkt

Sommermonate (11, 12 und 17 Uhr) beginnen die fast lebensgroßen Figuren mit ihrem Tanz. Dargestellt ist das Ritterturnier zu Ehren der Hochzeitsfeierlichkeiten von Wilhelm V. mit Renata von Lothringen. Als Zugabe gibt es den traditionellen Schäfflertanz. Mitten auf dem Platz steht die **Mariensäule**. Ganz in Gold schwebt jung und grazil die *Patrona Bavariae* auf der elf Meter hohen Säule. Ihr zu Füßen kämpfen vier Putti gegen Hunger, Krieg, Pest und Ketzerei. Den östlichen Abschluss des Platzes bildet das **Alte Rathaus** mit seinem gotischen Turm (heute Spielzeugmuseum). An der Rückseite des Alten Rathauses blickt der Stadtgründer, Heinrich der Löwe, auf das Tal – einst zogen über diese Straße die schweren Salzfuhrwerke durch das Torhaus nach München ein. Der ursprünglich gotischen **Heiliggeistkirche** ➜ aL6 verpassten die Brüder Asam einen lichtdurchfluteten Innenraum im verspielten Stil des Rokoko.

»So lang der Alte Peter am Petersplatz noch steht …«, heißt es im bekannten Volkslied, »geht München nicht unter«. Der Grundstein zur dreischiffigen Pfeilerbasilika **St. Peter** wurde schon im 11. Jahrhundert gelegt. Zur kostbaren Innenausstattung gehört das Deckenfresko mit Szenen aus dem Leben des hl. Petrus von Johann Baptist Zimmermann. Der **Viktualienmarkt** unterhalb der Kirche ist das Schlaraffenland Münchens. Jede noch so ausgefallene Zutat für ein Gourmet-Dinner lässt sich hier finden.

Seit 2007 gibt es auf dem nahen Jakobsplatz das **Jüdische Zentrum** ➜ aL/aM5 mit dem spektakulären

Bau seiner Hauptsynagoge, einem Gemeinde- und Kulturzentrum sowie einem Museum.

Nicht weit entfernt verlockt die **Sendlinger Straße** ➡ aL5 mit ihren zahlreichen Geschäften zu einem ausgedehnten Einkaufsbummel. Dazu gehört auch die 12 000 Quadratmeter große **Hofstatt**, eine weitere Einkaufspassage in der Innenstadt zwischen Sendlinger-, Hacken-, Hottererstraße und Färbergraben mit Passagen und Innenhöfen.

Eine überragende architektonische Kostbarkeit ist die **Asamkirche**. Mit diesem Sakralbau erfüllten sich die berühmten Rokoko-Baumeister Asam, die Brüder Egid Quirin und Cosmas Damian, ihren privaten Lebenstraum.

Die patinagrünen Welschen Hauben der **Frauenkirche** ➡ aL6 (Dom zu unserer Lieben Frau) sind von jeher das Wahrzeichen der Stadt. Im Zweiten Weltkrieg wurde das Gebäude fast völlig zerstört. Nicht nur von außen beeindruckt der wieder aufgebaute Ziegelbau durch seine Monumentalität. Im Inneren tragen schlanke, achteckige Pfeiler das Sterngewölbe des eher schlichten Raums. Zu den Sehenswürdigkeiten gehört der Fußabdruck des Teufels unter der Orgelempore. Um den Bau termingerecht beenden zu können, schloss Baumeister Jörg von Halspach mit dem Teufel einen Pakt und versprach, die Kirche ohne Fenster zu errichten. Überzeugt, dass dann niemand zum Gebet in das stockdunkle Gotteshaus käme, schuftete Luzifer wie besessen. Nach der termingerechten Fertigstellung führte der Baumeister, so die Legende, den Teufel an eine Stelle unterhalb der Orgelempore, von wo aus kein einziges Fenster zu sehen war – denn weiter kam der Herrscher der Unterwelt natürlich nicht, da die Kirche schon geweiht war. Außer sich vor Wut stampfte der Betrogene so kräftig auf, dass noch immer sein Fußabdruck zu sehen ist. Hier muss hinzugefügt werden, dass dieses architektonische Täuschungsmanöver heute nicht mehr nachvollziehbar ist. Jetzt sieht man von dieser Stelle ein Fenster vom Chor, das vor der Zerstörung im Zweiten Weltkrieg vom Hochaltar verdeckt war.

Zu den überragenden Kunstwerken der Innenausstattung wird das Prunkgrabmal für Kaiser Ludwig den Bayer im südlichen Seitenschiff gerechnet. Wittelsbacher Fürsten sind in der Krypta beigesetzt. Entlang der

In der Sendlinger Straße lässt es sich gut bummeln

Eine der insgesamt vier Orgeln der Frauenkirche

ASAMKIRCHE ST. JOHANN NEPOMUK

München, Bayern

Die von den genialen Brüdern Cosmas Damian und Egid Quirin Asam gestiftete und erbaute Kirche St. Johann, dem heiligen Johann Nepomuk geweiht, ist den meisten Münchnern nur als Asamkirche bekannt. Das Gotteshaus wurde von 1733 bis 1746 direkt neben dem Wohnhaus Egid Asams in der Sendlinger Straße errichtet. Es war zunächst als Privatkirche der Brüder gedacht und wurde der Bevölkerung erst nach Protesten öffentlich zugänglich gemacht. Hier konnten die beiden Bildhauer ihr künstlerisches Konzept voll ausleben, denn es gab ja keinen Auftraggeber, der ihnen hineingeredet hätte. Herausgekommen ist ein Hauptwerk der bayerischen Sakralarchitektur des 18. Jahrhunderts. Architektur, Malerei und Ausstattung der Kirche wurden genau aufeinander abgestimmt und bilden so das schönste Rokoko-Ensemble Münchens.

Auf nur neun mal 28 Metern wurde ein Meisterwerk spätbarocker Architektur geschaffen. Fügt sich die Kirchenfassade außen noch bescheiden in die Häuserzeile ein, so quillt der Kirchenraum innen förmlich über vor Figuren und Schnitzereien, die italienischen Kirchen nachempfunden sind. Am Hochaltar befinden sich sogar vier gedrehte Säulen, die an die Bernini-Säulen erinnern sollen, die den Baldachin über dem Petrusgrab im Petersdom in Rom tragen. Anders als sonst üblich liegt der Hochaltar im Westen der Kirche – es heißt, so habe der Erbauer Egid Asam direkt von einem Fenster seines Wohnhauses auf den Altar blicken können.

Ein großes Deckenfresko zeigt Szenen aus dem Leben des heiligen Nepomuk. Die subtile Steuerung des Lichteinfalls ist äußerst beeindruckend: Figuren werden effektvoll von hinten beleuchtet, und die Kirche wird von unten nach oben hin immer heller – symbolhaft für die Leiden der Welt im unteren Bereich und die Ewigkeit in der hellen oberen Zone. Sieben Beichtstühle mit allegorischen Darstellungen vervollständigen das Ensemble.

An der Außenfassade tragen zwei äußere Pilaster das reich gegliederte obere Giebelwerk und bilden konkav nach innen gedreht den Rahmen für die gesamte Fassade. Innerhalb wölbt sich in einer Gegenbewegung nach außen die eigentliche doppelgeschossige Portalzone.

Die Asamkirche wurde während des Zweiten Weltkriegs völlig zerstört, jedoch wieder liebevoll und detailgetreu restauriert. Ein Besuch des Gotteshauses empfiehlt sich vor allem morgens, wenn das Hauptlicht durch das große Ostfenster hereinfällt.

INFO: In der Münchner Altstadt gelegen. **INFO ASAMKIRCHE:** Sendlinger Str. 32, 80331 München, Öffnungszeiten tägl. 9–17.30 Uhr (keine Besichtigung während der Gottesdienste).

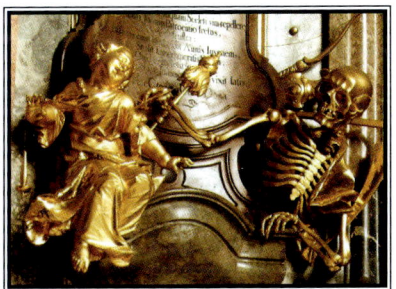

Süddeutsches Rokoko: Vanitas-Symbole in der Asamkirche (München)

Der Stachus mit dem Karlstor in Hintergrund

Kaufinger und Neuhauser Straße Richtung Karlsplatz führt der Weg vorbei an der **Michaelskirche** ➸ aK/aL5 (St. Michael), dem ersten Sakralbau der Renaissance nördlich der Alpen. Von der imposanten dreistöckigen Fassade blicken rund um den Erzengel Michael Repräsentanten der Wittelsbacher auf die Fußgänger hinab. In der Fürstengruft unter dem riesigen Tonnengewölbe mit einer Spannweite von 20 Metern steht der immer mit frischen Blumen geschmückte Sarkophag von Ludwig II.

Zu den erstaunlichsten Bauwerken dieser Straße gehört der **Bürgersaal** ➸ aK5 in der Neuhauser Straße. Hinter der zweigeschossigen rosa Barockfassade verbergen sich zwei sehr unterschiedliche Kirchenräume. In der niedrigen Unterkirche liegt das Grab des Jesuitenpaters Rupert Mayer. Der katholische Widerstandskämpfer gegen die Nationalsozialisten überlebte das Kriegsende 1945 nur knapp und wurde 1987 vom Papst selig gesprochen. Der Versammlungsraum in der ersten Etage wurde einst von der Marianischen Männerkongregation, einer den Jesuiten nahe stehenden Männervereinigung, genutzt.

Am Ende der Fußgängerzone erreicht man durch das **Karlstor** den **Karlsplatz/Stachus** ➸ aK4. Hier endete die mittelalterliche Stadt. Das Karlstor war Teil jenes zweiten Befestigungsrings, den Ludwig der Bayer um die viel zu klein gewordene Stadt Heinrichs des Löwen ziehen ließ.

Von der Residenz Richtung Schwabing

Fünf Höfe – Max-Joseph-Platz – Residenz – Cuvilliés Theater – Nationaltheater – Maximilianeum – Odeonsplatz – Hofgarten – Ludwigstraße – Siegestor (Schwabing)
Der Rundgang ist auf der Faltkarte blau eingezeichnet.

Zu den Edeleinkaufsmeilen der Stadt, nur wenige Schritte vom Marienplatz entfernt, gehören **Theatiner-, Maffei-, Residenz-** und **Maximilianstraße.** Und mit den **Fünf Höfen** ➜ aK6 zwischen Theatiner- und Kardinal-Faulhaber-Straße hat nicht nur die **Hypo-Kulturstiftung** ein zeitgemäßes Domizil für ihre Kunstausstellungen bekommen, sondern auch die Stadt ein weiteres Shoppingparadies des Hochpreissegments.

Repräsentativer Mittelpunkt der königlich-bayerischen Residenzstadt ist der **Max-Joseph-Platz** ➜ aK6/7 mit dem Denkmal des ersten bayerischen Königs, Max I. Joseph. Der alles beherrschende Blickfang ist aber die dem Palazzo Pitti in Florenz nachempfundene lange Fassade des so genannten Königsbaus der Residenz, mit der in der ersten Hälfte des 19. Jahrhunderts unter König Ludwig I. die Schlossanlage nach Süden hin abgeschlossen wurde. Wer die **Residenz** ➜ aK7 – Eingang am Max-Joseph-Platz – besichtigen möchte, muss viel Zeit einplanen. Der riesige Gebäudekomplex war von 1508 bis 1918 zunächst Wohnsitz der bayerischen, dann der pfälzischen Linie der Wittelsbacher. Zu den Prunkstücken

Das Cuvilliés-Theater in der Münchner Residenz

Antiquarium der
Residenz München

der Innenausstattung, die nach den Zerstörungen im Zweiten Weltkrieg rekonstruiert wurde, zählen die Reichen Zimmer mit Grüner Galerie von François de Cuvilliés und auch die Nibelungensäle von Leo von Klenze.

Einzigartig ist auch das **Cuvilliés-Theater**. Die gesamte Innenausstattung wurde während des Kriegs ausgelagert und konnte später im Original wiederhergestellt werden. Sehenswert ist ebenfalls die **Schatzkammer** mit den Hauskleinodien der Wittelsbacher. Ausgestellt sind Goldschmiedearbeiten aus der Zeit des Barock, Rokoko und Klassizismus.

Zu den weiteren Repräsentationsbauten des Platzes gehört das Königliche Hof- und Nationaltheater, heute **Nationaltheater** ➡ aK7. Nach den Plänen des erst 21-jährigen Karl von Fischer wurde 1811 der Grundstein zu diesem Musentempel gelegt, und schon 1823 Leo von Klenze mit dem Wiederaufbau des zwischenzeitlich abgebrannten Gebäudes beauftragt. Zum dritten Mal musste das Nationaltheater nach seiner Zerstörung im Zweiten Weltkrieg neu errichtet werden.

Zwischen den Luxusgeschäften der noblen Maximilianstraße versteckt sich das einzige Jugendstiltheater Deutschlands, die **Kammerspiele** ➡ aL7. Den krönenden Abschluss dieses Flanierboulevards bildet das **Maximilianeum** ➡ aL9 am Hochufer der Isar, in dem heute der Bayerische Landtag residiert.

Ein Münchner Prunkbau:
das Maximilianeum

Nach dem Beispiel der florentinischen Loggia dei Lanzi setzte Leo von Klenze am **Odeonsplatz** die **Feldherrnhalle** → aK6 mit den Statuen der bayerischen Feldherren Tilly und Wrede. Blickfang der Platzanlage ist jedoch die leuchtend ockergelbe Barockfassade der **Theatinerkirche St. Kajetan** → aK6. Als nach zehn kinderlosen Ehejahren endlich 1662 der ersehnte Erbprinz Max Emanuel das Licht der Welt erblickte, dankte sein Vater, Kurfürst Ferdinand Maria, Gott mit dem Bau dieser Kirche und seiner Frau mit Schloss Nymphenburg. Hinter der imposanten Doppelturmfassade öffnet sich der dreischiffige Innenraum in üppigem italienischem Stuck. Schräg gegenüber betritt man durch das von Leo von Klenze gebaute Hofgartentor den **Hofgarten**

Biergarten

Der bayerische Biergarten ist eine Institution. An lauen Sommerabenden trifft man sich dort mit Familie und Freunden. Zu einer zünftigen Brotzeit gehört frisches Bauernbrot, *Brezen,* der *Radi,* das *Ripperl* und der *Kas.* Inklusive Tischdecke, Teller und Besteck wird alles in einem Korb transportiert. Dazu kauft man sich die frisch gezapfte *Maß* Bier. Wer diese »Ausrüstung« nicht parat hat, kann sich im traditionellen Biergarten an den Ständen die *Schmankerl* besorgen. Übrigens ist der Biergarten der beste Platz, um mit Einheimischen ins Gespräch zu kommen.

➡ aJ/aK7. Dieser kleinen Innenstadtoase, ehemals Garten der Residenz, wurde schon zu Beginn des 20. Jahrhunderts mit der Errichtung des Armeemuseums ein brutaler Schaden zugefügt. Nach der Zerstörung des Gebäudes im Zweiten Weltkrieg wurde entgegen dem Willen des Volks unter Miteinbeziehung der Kuppel des Vorgängerbaus die **Staatskanzlei** ➡ aJ/aK7 hochgezogen. Der monströse Bau ist Amtssitz des bayerischen Ministerpräsidenten.

Von der Feldherrnhalle zieht sich bis zum Siegestor in eindrucksvoller architektonischer Geschlossenheit die **Ludwigstraße**, die König Ludwig I. 1816 in Auftrag gab. Flankiert wird die rund einen Kilometer lange Prachtstraße von Bauten wie der **Bayerischen Staatsbibliothek** ➡ aH7, leicht zu erkennen an den Statuen der vier Denker Thukydides, Homer, Aristoteles und Hippokrates. Die **Ludwigskirche** ➡ aH7, erbaut nach Plänen von Friedrich von Gärtner, unterbricht mit ihrer in die Höhe strebenden Doppelturmfassade die einheitliche Baulinie. Kurz hinter der **Ludwig-Maximilians-Universität** ➡ aG/aH7 markiert das **Siegestor** mit der Inschrift »Dem Sieg geweiht, vom Krieg zerstört, zum Frieden mahnend« unterhalb der nach Norden fahrenden Löwenquadriga den Übergang zur **Leopoldstraße** und damit nach **Schwabing**.

Die im Rundbogenstil errichtete Ludwigskirche

Ein ausgedehnter Bummel durch die Türken-, Schelling-, Adalbert- und Amalienstraße ➡ aG/aH6/7 rund um die Universität bietet sich an. Wenn das Semester auf vollen Touren läuft, tobt hier, wie sollte es auch anders sein, das junge Leben. Das Angebot der Lokalszene reicht vom schlichten Stehtisch in der Bäckerei um die Ecke bis hin zum durchgestylten Bistro-Café oder dem schicken Speiselokal. Im Sommer locken z. B. die gemütlichen, nicht immer gerade preiswerten Lokale im Innenhof der Amalienpassage.

Wo immer es die begrenzten Platzverhältnisse zulassen, werden in der warmen Jahreszeit Tische und Stühle nach draußen gerückt. In den vielen kleinen Geschäften, egal ob Mode für Sie oder Ihn, Geschenkartikel, Buchhandlungen oder Schnick-Schnack-Läden, richtet sich das Angebot nach den speziellen Wünschen der jungen Kundschaft. Auch ein Spaziergang entlang der Leopoldstraße ist vor allem an einem warmen Sommerabend reizvoll. ∎

Sommerlicher Tag auf dem Marienplatz

Service-Informationen München

ℹ Tourist Informationen
– am Hauptbahnhof ➡ aK3
Luisenstr. 1, 80333 München, ✆ (089) 23 39 65 00
https://visit-muenchen-bayern.de
Infos Stadt München: www.muenchen.de
Mo–Sa 9–20, So/Fei 10–17/18 Uhr
– im Neuen Rathaus ➡ aL6
Marienplatz 8, 80331 München
Mo–Fr 9.30–19.30, Sa 9–16, So/Fei 10–14 Uhr

ℹ Monatsprogramm
Das Fremdenverkehrsamt veröffentlicht jeden Monat das offizielle Monatsprogramm »München im…«. Man findet darin alle aktuellen Ausstellungen, Konzerte, Theateraufführungen, kulturelle sowie sportliche Veranstaltungen und ein Hotel- und Gaststättenverzeichnis. Erhältlich in Buchhandlungen und Zeitungsläden. Auch auf www.monatsprogramm-muenchen.de

🚌Ⓤ Münchner Verkehrs- und Tarifverbund (MVV)
Bus, Tram, U- und S-Bahn
✆ (089) 41 42 43 44, www.mvv-muenchen.de
Für die Benutzung von Bus, Tram, U- und S-Bahnen gibt es je nach Aufenthaltsdauer verschiedene Angebote wie z. B. Streifen- und Tageskarten, Kongress-Ticket oder MVV-Fahrrad-Tageskarte/Gesamtnetz. Detaillierte

Informationen zu dem nicht immer leicht verständlichen System erteilen die Info-Stellen am Hauptbahnhof, Karlsplatz/Stachus, Marienplatz, Odeonsplatz, Olympiazentrum, Sendlinger Tor und an der Münchner Freiheit.

Das Tagesticket (für den Innen- oder Außenraum oder das Gesamtnetz) gibt es als Single- oder Partnerticket (bis zu fünf Personen, zwei Kinder zwischen 6 und 14 J. zählen als eine Person).

– Streifenkarte: 10 Streifen € 14
– Einzelfahrkarte Innenstadtbereich Erwachsene: € 2,80
– Tageskarte Innen- oder Außenraum: Single € 7,80, Gruppe bis 5 Pers. € 14,80
– Airport-City-Day-Ticket (gültig ab Flughafen und für Innenstadt) Single € 13, Gruppe bis 5 Pers. € 24,30

▣ Münchner Stadtführungen ⇒ aL6
✆ (089) 24 23 17 67 oder ✆ (01 60) 97 35 20 23
www.munichwalktours.de
ab 10.45 Uhr, 1,5 Std., € 17 pro Pers.
Treffpunkt für die täglichen Führungen ist vor der Tourist Information am Marienplatz im neuen Neuen Rathaus. Die Tourleiter sind an dem gelben Schild mit »Münchner Stadtführung« in roter Schrift oder einem solchen T-Shirt zu erkennen. Angeboten werden neben Themen-

Mit dem Bus auf Sightseeing-Tour

Spaziergänge durch die Innenstadt auch Touren zum Schloss Nymphenburg und zur Gedenkstätte Dachau.

▣ Stattreisen München e.V.

℡ (089) 54 40 42 30, www.stattreisen-muenchen.de
Auswahl an Spaziergängen ab € 13 pro Pers.
Umfangreiches Besichtigungsprogramm. Die Touren finden üblicherweise Sa/So oder an Feiertagen bei jedem Wetter statt. Für die jeweiligen Spaziergänge gibt es keine begrenzte Teilnehmerzahl. Keine Anmeldepflicht.

▣ 🚲 🚶 Spurwechsel ➡ aL6, aM4/5

℡ (089) 692 46 99, www.spurwechsel-muenchen.de
Fr, Sa, So & Fei ab 11.15 Uhr. 2,5 Std. € 27 inkl. Leihrad
Auf dem Programm stehen Stadterkundungen mit dem Fahrrad (Fahrradverleih), los geht's am Fischbrunnen. Auch viele andere Touren zu Fuß möglich.

▣ 🚲 Rikscha-Mobil ➡ aL6

℡ (089) 51 61 99 11, www.pedalhelden.de
Während der Sommermonate stehen die Fahrrad-Rikschas am Marienplatz. Gefahren wird entsprechend der persönlichen Wünsche des Kunden. Auch Verleih von Rikschas und Fahrrädern aller Art.

▣ 🚲 Radius Tours & Bike Rental ➡ aK3

Hauptbahnhof, gegenüber Gleis 32, München
℡ (089) 54 34 87 77 40, www.radiustours.com

Der Rikscha-Fahrer wartet am Marienplatz auf Kunden

Gehören zum Stadtbild: die Zeitungskioske

Tägl. April–Okt. 8.30–19, Mai–Aug. 8.30–20 Uhr, Nov.–März abhängig vom Wetter, Fahrradverleih ab € 13
Wer auf eigene Faust München mit dem Rad erkunden will, kann sich das Gefährt im Bahnhof mieten. Angeboten werden auch geführte Touren.

MVV-Radrouten-Planer

www.mvv-muenchen.de/rad
Der MVV, der ADFC und das Referat für Gesundheit und Umwelt der Landeshauptstadt haben diesen Routenplan entwickelt. Integriert ist zusätzlich eine flächendeckende Fahrplanauskunft für den gesamten MVV-Raum. Somit ist eine individuelle Routennavigation möglich. Damit man unterwegs immer den schönsten Radweg findet, gibt es den MVV-Routenplaner auch als App, sowohl für Android wie iOS.

Taxi Guide München e.V.

✆ (01 75) 481 28 48, www.taxi-guide-muenchen.de
Angeboten werden qualifizierte Rundfahrten in zehn Sprachen für Einzelgäste oder Kleingruppen bis zu maximal acht Personen. Persönliche Wünsche werden berücksichtigt.

Yellow Cab ➜ aK4

www.citysightseeing-muenchen.de, ab € 16,90
Die Doppeldeckerbusse starten täglich zwischen 10 und 17 Uhr gegenüber vom Hauptausgang des Bahnhofs: Bahnhofsvorplatz vor dem Elisenhof.

ALTE PINAKOTHEK

München, Bayern

Seinen Status als heimliche Hauptstadt verdankt München hauptsächlich seinen Museen erster Güte. Mit unzähligen Räumen, in denen Alte Meister und Meisterwerke der frühen nordeuropäischen Renaissance vom 14. bis

18. Jahrhundert ausgestellt werden, konkurriert Münchens renovierte Alte Pinakothek bei hochrangigen Ausstellungen heute mit dem Pariser Louvre. Sie ist Teil des Münchner Kunstareals, auf dem sich neben der Münchner Universität auch das Museum Brandhorst, die Neue Pinakothek und die Pinakothek der Moderne befinden.

Rund 700 Gemälde europäischer Malerei aus dem 14. bis 18. Jahrhundert sind in den 19 Sälen und 47 Kabinetten der Alten Pinakothek ausgestellt – vor allem natürlich die berühmten niederländischen, italienischen und altdeutschen Meister. Hier hängen zahlreiche herausragende Werke; wer durch das Museum hastet, um Leonardo da Vincis »Maria mit dem Kind« oder Tizians »Dornenkrönung« zu sehen, dem entgehen womöglich die Werke von Memling, Brueghel, Hals und Dürer. Inbesondere Dürers letztes Werk, »Die vier Apostel«, ist eine große Attraktion des Museums.

Die Alte Pinakothek beherbergt auch eine der weltweit größten Sammlungen der Werke des flämischen Malers Peter Paul Rubens aus dem 17. Jahrhundert: Von seinen 62 Werken sind »Das Große Jüngste Gericht« und »Rubens Selbstporträt mit Isabella Brant in der Geißblattlaube« besonders bemerkenswert. Sein bedeutendster Schüler Anthonis van Dyck ist hier ebenfalls gut vertreten.

Das imposante Backsteingebäude im Stil der venezianischen Renaissance ist an sich ein architektonisches Meisterwerk, das Anfang des 19. Jahrhunderts von Leo von Klenze für die persönliche Kunstsammlung König Ludwigs I. erbaut wurde. Im Krieg stark zerstört, wurden die fehlenden Fassadenteile durch unverputztes Mauerwerk ersetzt, sodass »Verwundungen« sichtbar bleiben.

INFO: In München-Maxvorstadt gelegen. **INFO ALTE PINAKOTHEK:** Barer Str. 27, 80333 München, Tel. (089) 23 80 52 16, www.pinakothek.de, Öffnungszeiten Di–So 10–18, Di/Mi 10–20.30 Uhr, Eintritt € 7, ermäßigt € 5, So € 1, unter 18 J. € 3.

Peter Paul Rubens' »Rubens und Isabella Brant in der Geißblattlaube« (um 1609) in der Alten Pinakothek München

Ausgefallene Architektur: die BMW-Welt nahe dem Olympiapark

🏛 Alte Pinakothek ➜ aH5
Barer Str. 27, München
✆ (089) 23 80 52 16, www.pinakothek.de/alte-pinako
thek, tägl. außer Mo 10–18, Di/Mi bis 20.30 Uhr
Eintritt € 7/5, bis 18 J. € 3, So € 1, Tagesticket für Pinakotheken, Museum Brandhorst und Sammlung Schack
€ 12, 5er-Gruppe € 29
Europäische Malerei des 14. bis 18. Jh.

🏛 BMW-Welt mit Museum ➜ aA3
Am Olympiapark 2, München
✆ (089) 125 01 60 01, www.bmw-museum.com
Tägl. außer Mo 10–18 Uhr, Eintritt € 12/6, Familie € 24
Mit seinem Erlebnis- und Auslieferungszentrum hat der
Autobauer BMW einen extravaganten architektoni-
schen Coup gelandet, der sich seit seiner Eröffnung
zum absoluten Besuchermagneten entwickelt hat. Der
Komplex gehört zum Spektakulärsten, was München
zum Thema zeitgenössische Architektur zu bieten hat.
Er steht am Rand des denkmalgeschützten Ensembles
Olympiapark. Neben Wechselausstellungen begeistern
in der Dauerausstellung u. a. die BMW-Roadster und
die rollenden Kunstwerke der BMW Art Collection
Autofans.

🏛🎧 Deutsches Museum ➜ aN7
Museumsinsel 1, München
✆ (089) 217 93 33, www.deutsches-museum.de
Tägl. 9–17 Uhr, Eintritt € 14/4,50, Familie € 29
Die größte naturwissenschaftlich-technische Sammlung
der Welt. Das Museum wird im Rahmen einer

BMW MUSEUM

München, Bayern

Das auch als Salatschüssel oder Weißwurstkessel bekannte silbern-futuristische Gebäude ist zu einem Wahrzeichen Münchens geworden. Zusammen mit dem angrenzenden Flachbau beheimatet es die BMW Welt, die zugleich Ausstellungs-, Auslieferungs- und Erlebnisstätte sowie Museum ist. Das Museum bietet eine spannende Zeitreise durch die Vergangenheit, Gegenwart und Zukunft des Automobilherstellers BMW.

Zu sehen sind Motoren und Turbinen, Motorräder und Fahrzeuge in den unterschiedlichsten Variationen. Neben aktuellen und älteren, kleinen wie großen Ausstellungsstücken zeigt es extravagante Studien aus den letzten 20 Jahren.

Die markanten »Vierzylinder« der BMW-Konzernzentrale ragen über hundert Meter in den bayerischen Himmel

Aktuelle Prognosen richten den Blick in die Zukunft. Ziel der Museumsmacher ist es, den Besuchern nicht nur die zahlreichen historischen Exponate zu präsentieren, sondern durch die Begegnung mit spannenden Darstellungen rund um Mobilität, Kommunikation und Gesellschaft zu faszinieren.

Das 1972 eröffnete Museum wurde in den Jahren 2004–08 aufwendig umgebaut. Der Flachbau, in dem sich die Dauerausstellung befindet, ist nun mit der sogenannten Museumsschüssel, dem markanten Bau in Form einer Silberschale, verbunden. Die Dauerausstellung, die sich über rund 4000 Quadratmeter erstreckt, umfasst sieben Ausstellungshäuser sowie den Bereich Visionen, wo alternative Antriebsformen im Mittelpunkt stehen. Sie zeigt ausgewählte BMW Roadster sowie immer mindestens eines der von internationalen Künstlern gestalteten BMW Art Cars. Die Ausstellungshäuser präsentieren sieben Themenblöcke: Design, Firmengeschichte, Motorräder, Technik, Motorsport, Werbung, Baureihen. Hinzu kommen Wechselausstellungen. Zusammen mit dem BMW-Auslieferungszentrum, der Werksführung, Gastronomie und Shops ist das Museum Teil der neuen BMW Welt, die die Bedeutung des Unternehmens als Weltkonzern widerspiegeln soll.

INFO: In München-Milbertshofen gelegen. **INFO BMW WELT:** Am Olympiapark 1, 80809 München, Tel. (089) 125 01 60 01, www.bmw-museum.com, Öffnungszeiten Museum Di–So 10–18, letzter Einlass 17.30 Uhr, Eintritt € 12, ermäßigt € 6.

DEUTSCHES MUSEUM

München, Bayern

D as größte, älteste und vollständigste Museum seiner Art weltweit umfasst jeden denkbaren Aspekt naturwissenschaftlicher und technischer Entwicklung. Vorführungen und interaktive Medien präsentieren Bereiche

Auf einer Insel in der Isar: das Deutsche Museum München

wie Musik, Luft- und Raumfahrt, Fotografie, Physik, Textil und vieles mehr. Für Kinder und Erwachsene gleichermaßen faszinierend ist die Fülle an Ausstellungsstücken zum Mitmachen.

Hier einen ganzen Tag in Gesellschaft historischer Originale zu verbringen ist ein Leichtes: z. B. Deutschlands erstes U-Boot (erbaut 1906), die erste elektrische Lokomotive (Siemens, 1879), der Labortisch, auf dem die erste Atomspaltung stattfand, und Dutzende Automobile, u. a. der erste Benz von 1886. Unter den weiteren unbezahlbaren Artefakten findet man einen echt erscheinenden Nachbau der spanischen Altamira-Höhlen: eine Botschaft aus der Steinzeit, zu finden in der Abteilung für Kommunikation zwischen modernen Medien von Funk bis zur IT.

Die Luft- und Raumfahrt scheint, geht man von den Besucherzahlen aus, eine der beliebtesten Abteilungen zu sein. Hier sind verschiedene Pionierflugzeuge ausgestellt, vom StandardTyp-A der Gebrüder Wright, 1909 in den USA gefertigt, bis hin zu Militärflugzeugen der 1930er und 1940er Jahre. Der Abschnitt zur Raumfahrt reicht von frühen Versuchen auf diesem Feld, etwa Hitlers V-2, Codename A4, bis zu den aktuellsten Spacelab-Ausstellungen.

INFO: Auf der Museumsinsel im Zentrum von München gelegen. **INFO DEUTSCHES MUSEUM:** Museumsinsel 1, 80538 München, Tel. (089) 217 93 33, www.deutsches-museum.de, Öffnungszeiten tägl. 9–17 Uhr, Eintritt € 14, ermäßigt € 4,50, einige Bereiche werden bis 2025 modernisiert.

*Säulenblick auf
den Königsplatz*

grundlegenden mehrjährigen Modernisierungsmaß-
nahme bei laufendem Betrieb von Grund auf saniert.
Es geht vor allem um den Erhalt wertvoller Bestände
und die zukünftige Präsentation jener 80 000 Objekte,
die bis jetzt in Depots schlummern.

🏛 **Glyptothek** ➜ aH/aJ4
Königsplatz 3, München
✆ (089) 28 92 75 02, www.antike-am-koenigsplatz.
mwn.de, tägl. außer Mo 10–17, Mi bis 20 Uhr, Eintritt
€ 6/4, bis 18 J. frei, So € 1, Sanierung bis Nov. 2020
Sammlung griechischer und römischer Skulpturen.

🏛 **Jüdisches Museum** ➜ aM5/6
St. Jakobs-Platz 16, München, ✆ (089) 23 39 60 96
www.juedisches-museum-muenchen.de
Tägl. außer Mo 10–18 Uhr, Eintritt € 6/3
Die Ausstellung vermittelt einen lebendigen Eindruck
jüdischer Kultur im Alltag.

🏛 **Kunsthalle der Hypo-Kulturstiftung** ➜ aK6
Theatinerstr. 8 (in den Fünf Höfen), München
✆ (089) 22 44 12, www.hypo-kunsthalle.de
Tägl. 10–20 Uhr, Eintritt je nach Ausstellung
Wechselaustellungen von der Ur- und Frühgeschichte
bis zu zeitgenössischer Kunst, dazu ein vielfältiges Be-
gleitprogramm an Konzerten, Vorträgen und Events.

🏛 **Museum Brandhorst** ➜ aH6
Theresienstr. 35, München
✆ (089) 238 05 22 86, www.museum-brandhorst.de

Warhol meets Bavaria

MUSEUM BRANDHORST

München, Bayern

Joseph Beuys, Andy Warhol und Damien Hirst sind nur einige der Namen, die selbst ausgemachten Kunstmuffeln ein Begriff sind. Über 700 Werke dieser und anderer Vertreter der modernen und zeitgenössischen Kunst umfasst die Sammlung, die im 2009 eröffneten Museum Brandhorst präsentiert wird.

Ursprünglich in Privatbesitz des Sammlerehepaars Anette und Udo Brandhorst, befinden sich die Exponate heute in einem modernen Museumsbau, der auf dem Kunstareal der Münchner Maxvorstadt erbaut wurde und von den Bayerischen Staatsgemäldesammlungen betrieben wird. Das vom Berliner Architekturbüro Sauerbruch Hutton konzipierte Gebäude ist dabei mit seinen bis zu neun Meter hohen weißen Wänden und den hellen Holztreppen bereits ein Architekturkunstwerk für sich.

Standen zunächst europäische Nachkriegsmoderne und klassische Avantgarde – vertreten u. a. durch Pablo Picasso – im Sammlerinteresse des Paars, so verlagerte sich der Schwerpunkt dann auf zeitgenössische westdeutsche Künstler wie Gerhard Richter, Sigmar Polke, Georg Baselitz und Joseph Beuys sowie auf Kunst aus den Vereinigten Staaten. Über 170 Werke von Cy Twombly, einem der amerikanischen Vertreter des Abstrakten Expressionismus, sind so zusammengekommen und weltweit einmalig. Seinen Fotografien, Gemälden und Skulpturen ist in der Ausstellung eine gesamte Etage gewidmet.

Auch die weit über 100 Werke Andy Warhols suchen in ihrer Zusammenstellung in Europa ihresgleichen, denn sie umfassen sämtliche Schaffensperioden des Pop-Art-Protagonisten, von seinen frühen Zeichnungen aus den 1950er Jahren bis hin zu seinen Werkgruppen zur Glamourkultur der 1980er Jahre. Weitere Vertreter des Amerika-Fokus der Exponate sind Dan Flavin, John Chamberlain und Richard Tuttle.

Von der Lounge im Obergeschoss des Museums können Kunstliebhaber einen Blick auf die benachbarten Pinakotheken werfen.

INFO: In München-Maxvorstadt gelegen. **INFO MUSEUM BRANDHORST:** Kunstareal München, Türkenstr. 19, 80333 München, Tel. (089) 238 05 22 86, www.museum-brandhorst. de, Öffnungszeiten Di–So 10–18, Do bis 20 Uhr, Eintritt € 7, ermäßigt € 5, So € 1.

Cy Twomblys lyrischem »Rosen«-Zyklus (2007–08) widmet das Museum Brandhorst einen eigenen Raum

36 000 bunte Stäbe zieren die Fassade des Museums Brandhorst

Tägl. außer Mo 10–18, Do bis 20 Uhr
Eintritt € 7/5, So € 1
Die private Sammlung von Udo und Anette Brandhorst umfasst mehr als 700 Werke prominenter Künstler des 20. und 21. Jh. 1999 vermachte das Ehepaar dem Freistaat Bayern ihre Privatsammlung. Im Gegenzug verpflichtete sich die Stadt München, die Kosten für den Neubau des Berliner Architektenbüros Sauerbruch zu übernehmen. Spektakulär ist allein die Fassade: Sie besteht aus 36 000 Keramikstäben in 21 unterschiedlichen Farben.

🏛 🖼 Museum Mensch und Natur ➡ E4

Schloss Nymphenburg/Nordflügel, Maria-Ward-Str. 1
☏ (089) 179 58 91 20
www.mmn-muenchen.de
Di–Fr 10–17, Sa/So/Fei 10–18 Uhr
Eintritt € 3,50/2,50, bis 18 J. frei, So € 1
Entstehung der Erde, geologische Prozesse, wandelnde Vielfalt der Lebensformen, Genforschung und Ernährungsphysiologie sind nur einige Schwerpunkte dieses auch für Kinder überaus spannenden Museums.

🏛 Neue Pinakothek ➡ aH5

Barer Str. 29, München
☏ (089) 23 80 52 16
www.pinakothek.de/neue-pinakothek
Wegen Sanierung bis ca. 2025 geschlossen. Eine Auswahl der Meisterwerke der europäischen Malerei und Skulptur des 18. und 19. Jh. ist im EG der Alten Pinakothek und in der Sammlung Schack zu sehen.

🏛 NS-Dokumentationszentrum ➡ aJ5

Max-Mannheimer-Platz 1, München
☏ (089) 23 36 70 00

NEUE PINAKOTHEK

München, Bayern

Die Neue Pinakothek im Kunstareal München bietet einen spektakulären Überblick der europäischen Kunst vom Klassizismus bis zum Jugendstil. Die 1853 gegründete Sammlung, die auf die Privatbestände König Ludwigs I. zurückgeht, zeigt herausragende Werke europäischer Malerei und Skulptur vom späten 18. bis zum Beginn des 20. Jahrhundert. Schon damals sollte das Haus durch seine Lage gegenüber der Alten Pinakothek einen Dialog zwischen alter und neuerer Kunst ermöglichen. Die englische Malerei von Constable bis Turner ist hier ebenso vertreten wie deutscher und französischer Impressionismus oder Exponate des Symbolismus und der Biedermeier-Epoche.

Werke von Caspar David Friedrich zeigen Höhepunkte frühromantischer Empfindsamkeit. Gesellschaftsmaler wie Wilhelm von Kaulbach repräsentieren das neu erwachte Interesse an deutscher Geschichte. Der Saal mit Werken von Hans von Marées ist weltweit einzigartig. Zu den Meisterwerken französischer Kunst gehören die »Sonnenblumen« Vincent van Goghs (1888) und das »Stillleben mit Kommode« (um 1883/87) von Paul Cézanne.

Die Neue Pinakothek präsentiert aus ihrem Bestand von über 3000 Gemälden und 300 Skulpturen ständig eine Auswahl von mehr als 400 Werken.

Die Galerie war weltweit das erste Museum für moderne Kunst. Im Zweiten Weltkrieg wurde das Haus bei Luftangriffen völlig zerstört. Erst 1976 bis 1981 wurde es nach Plänen des Architekten Alexander Freiherr von Branca wiederaufgebaut. Während der sandsteinverkleidete Bau mit Erkern, Fluchttreppen und Rundbogenfenstern umstritten ist, finden die vorzüglichen Oberlichtsäle allgemeine Anerkennung. Anlässlich der Neueröffnung

Carl Spitzwegs millionenfach reproduzierter »Armer Poet« (1839) in der Neuen Pinakothek

wurden einige Bilder aus dem 18. Jahrhundert von der Alten in die Neue Pinakothek überführt, um die Entwicklung der Malerei im 19. Jahrhundert besser zeigen zu können. Sie bilden heute den Beginn des Rundgangs, der mit dem Übergang zum 20. Jahrhundert und Werken von Künstlern wie Ferdinand Hodler, Lovis Corinth, Egon Schiele, Gustav Klimt und Pierre Bonnard endet.

Im Westflügel des Museums befindet sich das Doerner Institut, das die gesamten Bestände der Bayerischen Staatsgemäldesammlungen betreut.

Info: In München-Schwabing gelegen.
Info Neue Pinakothek: Barer Str. 29, 80799 München, wegen Sanierung voraussichtlich bis zum Jahr 2025 geschlossen, einige Werke werden seit Sommer 2019 in der Alten Pinakothek (Ostflügel) und in der Sammlung Schack gezeigt.

www.ns-dokumentationszentrum-muenchen.de
Di–So, Fei 10–19 Uhr, Eintritt frei
Die Gedenkstätte des Terrors wurde über den Funda-
menten des »Braunen Hauses«, der 1945 zerbombten
NSDAP-Parteizentrale, errichtet. Auf dreieinhalb Stock-
werken wird hier die Geschichte der Stadt während der
Diktatur präsentiert.

🏛 Pinakothek der Moderne ➡ aH5/6
Barer Str. 40, München, ✆ (089) 23 80 53 60
www.pinakothek-der-moderne.info
Tägl. außer Mo 10–18, Do bis 20 Uhr
Eintritt € 10, bis 18 J. frei, So € 1
Internationale Malerei und Skulptur des 20. Jh. Graphi-
sche Sammlungen und Industriedesign, Spezialisierung
auf Architektur in Deutschland.

🏛 🐴 Spielzeugmuseum ➡ aL6
Marienplatz 15, München, Im Turm des Alten Rathauses
✆ (089) 29 40 01, tägl. 10–17.30 Uhr
Eintritt € 6, Kinder 4–17 J. € 2
Eine Sammlung europäischer und amerikanischer Spiel-
sachen aus zwei Jahrhunderten.

🏛 Städtische Galerie im Lenbachhaus ➡ aH4
Luisenstr. 33, München
✆ (089) 23 39 69 33, www.lenbachhaus.de
Di–So/Fei 10–18 Uhr, Eintritt € 10/5

Im Spielzeugmuseum

PINAKOTHEK DER MODERNE

München, Bayern

Vier bedeutende Museen aus den Gebieten Kunst, Grafik, Architektur und Design unter einem Dach – die Pinakothek der Moderne im Stadtbezirk Maxvorstadt ist eines der weltweit größten Häuser für die Kunst des 20. und 21. Jahrhunderts. Das offene und großzügige Gebäude, von Architekturkritikern einhellig als gelungen eingeschätzt, lädt dazu ein, Zusammenhänge zu entdecken und neue Einblicke zu gewinnen. Auf 12 000 Quadratmetern Ausstellungsfläche bietet das im September 2002 eingeweihte

Gemälde des Expressionismus in der Pinakothek der Moderne: August Mackes »Mädchen im Grünen« (1914)

Haus eine Erweiterung des Münchner Kunstareals mit Alter Pinakothek (Kunst bis zum frühen 18. Jahrhundert) und Neuer Pinakothek (Kunst vom späten 18. bis zum frühen 20. Jahrhundert).

Von Matisse bis zur Fotokunst: In der Sammlung für Moderne Kunst sind alle Richtungen mit bedeutenden Protagonisten vertreten. Expressionismus, Fauvismus, Kubismus, Neue Sachlichkeit, Bauhaus, Surrealismus, Abstrakter Expressionismus, Pop-Art und Minimal Art.

Im Bereich der neuen Medien und Videokunst verfügt das Museum über bedeutsame Einzelkompositionen, u. a. von John Baldessari (»Man running/Men carrying box«), Tadeusz Kantor (»Die tote Klasse«) oder Hiroshi Sugimoto (»World Trade Center«).

Die Staatliche Graphische Sammlung umfasst ca. 400 000 Blätter aller Epochen der Zeichenkunst und Druckgrafik vom 15. Jahrhundert bis zur Moderne. Schwerpunkte sind z. B. altdeutsche und niederländische Zeichnungen der Druckgrafik, darunter Werke von Albrecht Dürer und Rembrandt, italienische Zeichnungen von Michelangelo und Leonardo da Vinci sowie internationale Grafik der Moderne von Paul Cézanne, Henri Matisse, Paul Klee und David Hockney.

Die Neue Sammlung zählt zu den führenden Designmuseen der Welt und zeigt die Geschichte und Entwicklung des Designs und der Angewandten Kunst von der Zeit um 1900 bis zur unmittelbaren Gegenwart, vom Autodesign bis zu Möbeln (darunter die Thonet-Sammlung). Die Sammlung des Architekturmuseums der TU München präsentiert Wechselausstellungen namhafter Architekten.

INFO: In München-Schwabing gelegen. **INFO PINAKOTHEK DER MODERNE:** Barer Str. 40, Kunstareal München, 80333 München, Tel. (089) 23 80 53 60, www.pinakothek.de/pinakothek-der-moderne, Öffnungszeiten Di–So 10–18, Do bis 20 Uhr, Eintritt € 10, ermäßigt € 7, So € 1, unter 18 J. frei.

*Krone in der Schatzkammer
der Residenz*

Die Villa des Malerfürsten inklusive des dreigeschossigen, in Gold gehaltenen Neubaus wurde 2013 aufwendig saniert. Grundstock der Ausstellungen ist das Lebenswerk des gleichnamigen Künstlers. Hinzu kommen überregional interessante Wechselausstellungen im Kunstbau und als absoluter Besuchermagnet der ständigen Sammlungen die Präsentation der weltweit bekannten Werke der berühmten Maler aus der Epoche des Blauen Reiters.

🏛 Valentin-Karlstadt-Musäum ➡ aL7
Im Tal 50, im Isartorturm, München
✆ (089) 22 32 66, www.valentin-musaeum.de
Mo, Di, Do 11.01–17.29, Fr–So 11.01–17.59 Uhr
Eintritt 2,99/1,99, Fam. € 6,99
Die »Curiositäten-Schau« informiert auf eine durchaus humorvolle Weise über die beiden legendären Münchner Komiker mit ihrem sehr speziellen Humor.

◉🏛 Schatzkammer der Residenz ➡ aK6/7
Eingang Max-Joseph-Platz 3, München
✆ (089) 29 06 71, www.residenz-muenchen.de
Tägl. April–Mitte Okt. 9–18, Mitte Okt.–März 10–17 Uhr
Eintritt € 9/8, bis 18 J. frei
Kronen und Juwelen aus zehn Jahrhunderten.

◉🏛🌳 Schloss Nymphenburg mit Park ➡ E4
Schloß Nymphenburg 1, München
✆ (089) 17 90 80, www.schloss-nymphenburg.de
Tägl. April–Mitte Okt. 9–18, Mitte Okt.–März 10–16 Uhr
Eintritt € 15/13, bis 18 J. frei

Märchenkönig und rauschende Feste

SCHLOSS NYMPHENBURG

München, Bayern

Die Touristen kommen in Scharen, täglich, natürlich auch am Wochenende. Schloss Nymphenburg ist eine der Hauptattraktionen der Stadt. Doch keine Panik: In dem drei Quadratkilometer großen Schlosspark verlaufen

sich die Massen. Die ausgedehnte Barockanlage im Westen Münchens wurde als Sommerresidenz der bayerischen Kurfürsten gebaut. In Führungen ist von rauschenden Festen und Empfängen die Rede, von Glück und Leid der Herrscher und ihrer Gemahlinnen, vom barocken Überschwang und von schillernder Repräsentationslust.

Herausragend ist beispielsweise der mehrgeschossige Festsaal mit einem großartigen Deckenfresko von Johann Baptist Zimmermann. Märchenkönig Ludwig II. erblickte 1845 im Schloss das Licht der Welt. Bemerkenswert sind das Geburtszimmer des sagenumwobenen Monarchen sowie die viel bewunderte Schönheitsgalerie seines Großvaters, Ludwigs I., die attraktive Damen aus dem Bürgertum und Adel zeigt. Das wohl bekannteste Portrait stellt Lola Montez dar, eine spanische Tänzerin. Ihre Affäre mit dem König führte u. a. zu seinem späteren Abdanken.

Für das Schloss mit den Gewächshäusern, den Gartenschlösschen Amalien- und Badenburg sowie die Magdalenenklause sollte man sich einen Nachmittag Zeit nehmen. Im linken Gebäudeflügel befinden sich die Sammlung Bäuml mit erlesenen Stücken der 1761 gegründeten Porzellanmanufaktur Nymphenburg und das Marstallmuseum mit den Prunkkutschen der bayerischen Kurfürsten und Könige. Im nördlichen Pavillon ist das Museum Mensch und Natur untergebracht. Nur wenige Gehminuten entfernt findet sich mit dem Botanischen Garten eines der schönsten Biotope Deutschlands.

INFO: Im Münchner Stadtteil Neuhausen-Nymphenburg gelegen. **INFO SCHLOSS NYMPHENBURG:** Tel. (089) 17 90 80, www. schloss-nymphenburg.de, Öffnungszeiten tägl. April–15. Okt. 9–18, 16. Okt.–März 10–16 Uhr (Amalienburg, Badenburg, Pagodenburg, Magdalenenklause im Winterhalbjahr geschl.), Eintritt Schloss und Park € 15/13.

Die Nymphenburger Schlossschwäne.

Schloss Nymphenburg ist ein Geschenk des Kurfürsten Ferdinand Maria an seine Frau Henriette Adelaide. Eine zweiläufige Treppenanlage führt vom Ehrenhof in den Steinernen Saal mit seinen heiteren Rokoko-dekorationen. Zu den Attraktionen der Besichtigung des zentralen Würfelbaus gehört zweifellos die berühmte **Schönheitsgalerie** Ludwig I. Neben dem bekannten Porträt von Lola Montez ließ der königliche Schwerenöter aristokratische und bürgerliche Schönheiten seines Landes in Öl verewigen. Bei einem Spaziergang durch den Schlosspark sollte auf jeden Fall die Besichtigung der **Amalienburg** eingeplant werden. Das zartrosa Rokokojuwel ist ein Werk des berühmten François de Cuvilliés, der auch an der Innenaustattung der Residenz mitwirkte. Sehenswert sind auch die **Badenburg**, die **Pagodenburg** und die **Magdalenenklause**.

Turmbesteigungen → aL6
Frauenkirche (Dom): nur der südliche Turm ist zugänglich
Rathaus: Marienplatz, Sommer Mo–Sa 10–16 Uhr, So/Fei 10–17 Uhr, Eintritt € 4/3, bis 6 J. frei, bis 18 J. € 1
Peterskirche (Alter Peter): Rindermarkt, Mo–Fr 9–18.30 Uhr, Sa/So/Fei 10–18.30 Uhr, im Winter eine Stunde kürzer, Eintritt € 3, bis 6 J. frei, bis 18 J. € 1 €

Bavaria-Filmstadt → E5
Bavariafilmplatz 7, München
℃ (089) 64 99 20 00, www.filmstadt.de

*»Die unendliche Geschichte«
in den Bavaria-Studios*

BAVARIA FILMSTADT

München, Bayern

Auf den Spuren von Stars und Sternchen: Hier wurden Filmklassiker wie »Das Boot« oder »Die unendliche Geschichte« produziert. Wer originale Drehorte erleben will oder sich für spannende und verblüffende Details

aufsehenerregender Filmklassiker interessiert, der muss in den Süden von München fahren. Die Bavaria Filmstadt ist eines der größten und erfolgreichsten Film- und Fernsehstudios in Europa. Rund 400 Stunden Programm jährlich werden produziert, darunter viele Tatort-Folgen, die Telenovela »Sturm der Liebe« und die Inga-Lindström-Sendereihe sowie auch die Serien »Tierärztin Dr. Mertens« und »Rosenheim Cops«.

Nirgendwo sonst kann man die elektrisierende Stimmung eines erfolgreichen Medienunternehmens so hautnah erleben wie bei der rund 90-minütigen Führung auf dem Gelände der Bavaria-Film. Die Besucher erfahren viel über die Entstehung von Filmen, sehen originale Drehorte und bewegen sich durch echte Filmkulissen. Dabei gehören die Fabelwesen aus der »Unendlichen Geschichte« ebenso zum Programm wie Dekorationen und Requisiten aus Filmklassikern und neuen Produktionen wie »Das Boot« und »Die wilden Kerle: Hinter dem Horizont«. Neu sind das Klassenzimmer der 10 B aus »Fack ju Göthe« und die Requisiten der Neuverfilmung von »Jim Knopf und Lukas der Lokomotivführer«.

In einem eigenen Stadtviertel mit Wohn- und Geschäftshäusern wird die tägliche Dosis Liebe, Gefühl, Thrill und Fun für diverse Serien erschaffen. Über eine Großbildprojektion kann man beobachten, wie in den Studios gedreht wird. Computeranimierte, plastische Bilder, zum Greifen nah, werden im 4-D-Erlebnis-Kino der Filmstadt auf bewegten Sitzen zum multimedialen Rausch vom Feinsten.

Die interaktive Filmerlebniswelt rund um den Regisseur, Schauspieler und Comedian Michael Bully Herbig: Bullyversum in der Bavaria Filmstadt

Selbst einmal Star in einem kleinen Film sein und sich nach den Anweisungen des Regisseurs in Szene setzen – auch das bietet die Filmstadt. Im Bullyversum können die Besucher in vier verschiedenen Filmsets aus Bully Herbigs Erfolgsproduktion »(T) Raumschiff Surprise – Periode 1« ihr Talent vor laufender Kamera unter Beweis stellen. Original-Filmsets, gezielte Kameraeinstellungen und eine ausgefeilte Schnitttechnik lassen aus den gedrehten Szenen ein eigenes, kleines Weltraumabenteuer entstehen.

INFO: In München-Geiselgasteig gelegen. **INFO BAVARIA FILMSTADT:** Bavaria-filmplatz 7, 82031 München-Geiselgasteig, Tel. (089) 64 99 20 00, www.filmstadt.de, Öffnungszeiten tägl. Mitte März–Anfang Nov. 9–18, sonst 10–17 Uhr, letzter Einlass Filmstadt komplett 14.30 bzw. 13 Uhr, Eintritt mit Führung € 27,50, Kinder (6–17 J.) € 22, nur Führung € 14/12.

*Die Eisbachwelle
am Haus der Kunst*

Mitte März–Anfang Nov. 9–18, sonst 10–17 Uhr
Eintritt € 27,50/22, nur Führung € 14/12
Geboten wird eine Führung mit einer Reihe von Attraktionen. Man bewegt sich zwischen Original-Kulissen und nachgebauten Studios oder besucht eine interaktive Ausstellung.

🌳 🐕 Englischer Garten ➡ aE–aJ8–10
München
Mit 78 km langem Wegenetz zieht sich die große englische Parkanlage vom Haus der Kunst bis weit in den Norden der Stadt. Ob Radler oder Jogger, Sonnenanbeter, Hundebesitzer oder Spaziergänger – jeder kommt auf seine Kosten.

🌳 🚶 Olympiapark ➡ aA/aB1–3
Spiridon-Louis-Ring 21, München
Rund um die Uhr zugänglich, Eintritt frei
1972 bescherten die XX. Olympischen Sommerspiele den Münchnern die berühmte schwerelose Dachkonstruktion von Günther Behnisch & Partner über drei Sportstätten (Olympiastadion, Olympiahalle und Olympiaschwimmhalle). Nicht nur während der warmen Jahreszeit sondern auch im Winter ist das weitläufige Gelände ein beliebtes Naherholungsziel mit vielen Events rund ums Jahr.

🐟 📷 Sea Life Center ➡ aB3
Willi-Daume-Platz 1, im Olympiapark, München
📞 (01 80) 666 69 01 01, tägl. 10–17 Uhr, Sa/So 10–18 Uhr
Eintritt € 18,50, online günstiger
Faszinierende Einblicke in die Unterwasserwelt Europas ziehen Besucher in großen Scharen an.

🐾 📷 Tierpark Hellabrunn ➡ südl. aO2
Tierparkstr. 30, München, U3, Bus 52: Thalkirchen
📞 (089) 62 50 80, www.hellabrunn.de
April–Okt. tägl. 9–18, Nov.–März 9–17, Ende Dez. 9–16 Uhr, Eintritt € 17,70/7,70, nur mit Online-Ticket
Der Tierpark liegt in dem Landschaftsschutzgebiet der Isarauen. Auf dem 36 ha großen Gelände des Geo-Zoos leben die Tiere nach Kontinenten geordnet in natürlichen Lebensgemeinschaften, z. B. in der Giraffensavanne oder der Menschenaffen-Anlage.

ENGLISCHER GARTEN

München, Bayern

Den Militärgarten öffnete man 1789 für das Münchner Volk, weil man hoffte, damit das Übergreifen der Französischen Revolution auf Bayern zu verhindern. Es entstand der erste Volkspark in Europa, der inzwischen mit einer Fläche von 3,7 Quadratkilometern die größte zusammenhängende Grünanlage in einer deutschen Großstadt ist. Der Name Englischer Garten weist auf ein aus England stammendes Konzept der Landschaftsarchitektur des 19. Jahrhunderts hin, das den Park als begehbares, der Natur nachempfundenes Gemälde versteht. Dem fühlte sich auch der an der Anlage des Parks wesentlich beteiligte Gartenarchitekt Ludwig von Sckell verpflichtet.

Der Spaziergang war in früheren Zeiten als öffentlicher Müßiggang verpönt. Heute ist der Park nicht nur bei den Münchnern sehr beliebt. Vor allem am Wochenende herrscht hier reges Treiben. Ruhiger ist es an Werktagen oder in der Hirschau, dem Bereich nördlich des Isarrings – der Name »Englischer Garten« bezieht sich eigentlich nur auf den südlichen Teil –, zu dessen Erkundung es sich lohnt, ein Fahrrad zu leihen.

Der Rundgang beginnt am Japanischen Teehaus am südlichen Ende des Parks hinter dem Haus der Kunst. Der Pavillon wurde der Stadt zu den Olympischen Spielen 1972 von Münchens japanischer Partnerstadt Sapporo geschenkt. Seither findet im Sommer an jedem zweiten Wochenende zur vollen Stunde eine Teezeremonie statt.

Vorbei am Japanischen Wasserfall und den Eisbach entlang geht man auf den Monopteros zu, einen kleinen griechischen Tempel. Von hier aus hat man den wohl bekanntesten Blick über die Türme der Stadt. Einige Minuten später ist der Chinesische Turm erreicht. Die Pagode wurde 1789 nach dem Vorbild eines Turmtempels in Kew Gardens errichtet, dem berühmten botanischen Garten von London. Ein Besuch im Biergarten am Chinesischen Turm oder am Kleinhesseloher See rundet jeden Streifzug durch den Park am besten ab.

INFO: Im Münchner Nordosten an der Isar gelegen. **INFO ENGLISCHER GARTEN VERWALTUNG:** Englischer Garten 2, 80538 München, Tel. (089) 38 66 63 90, www.schloesser-bayern. de, ganzjährig geöffnet, Eintritt frei.

Biergarten am Chinesischen Turm mitten im Englischen Garten (München)

✕◨ Zum Augustiner ➡ aL5

Neuhauser Str. 27, München

✆ (089) 23 18 32 57, www.augustiner-restaurant.com

Mo–Sa 11–22, So/Fei 11–16 Uhr

Unverfälschte süddeutsche, großbürgerliche Gasthaus-kultur. Das einzige Lokal der Stadt, dessen komplette Innenausstattung aus der Prinzregentenzeit stammt. Brauhausatmosphäre pur! €€

✕ Zum Franziskaner ➡ aLK6

Residenzstr. 9, München

✆ (089) 231 81 20, www.zum-franziskaner.de

Tägl. 9.30–22 Uhr oder später, online reservieren

Zur Tradition des Hauses gehört der Frühschoppen ab 8 Uhr mit frischen Weißwürsten oder Leberkäs. €€

✕◨ Hofbräuhaus ➡ aL7

Am Platzl 9, München, ✆ (089) 290 13 61 00

www.hofbraeuhaus.de, tägl. 9–24 Uhr (Sommer)

»In München steht ein Hofbräuhaus …«

» O a n s ,   z w o a ,   g s u f f a «

HOFBRÄUHAUS

München, Bayern

In München steht, ja was denn sonst, ein Hofbräuhaus! Und das seit mehr als 400 Jahren. Ursprünglich eine königliche Kneipe, heute eines der berühmtesten Bierhäuser der Welt und ein Muss für jeden Besucher der bayerischen Landeshauptstadt. Sein Entstehen verdankt der Bierpalast dem bayerischen Herzog Wilhelm V. Weil seinem Hofstaat die Produkte der örtlichen Brauer nicht schmeckten, gönnte sich der Fürst den Luxus »ainpockisch Bier« zu importieren: Bier aus Einbeck in Norddeutschland, dem auch das Bockbier seinen Namen verdankt. Der fürstliche Bierkonsum verursachte erhebliche Frachtkosten. Der Transport war so teuer, dass Wilhelms Kammermeister den Gedanken hatte, dass es den Herzog vielleicht billiger käme, selbst anständiges Bier brauen zu lassen. Gesagt, getan. Das Hofbräuhaus war geboren. Das war 1589.

Das Haus war lange Zeit ein exklusives Etablissement, einzig die Mitglieder des Hofstaats kamen in den Genuss des Eigenbräus. Aber ab 1828 wurde auch für das gemeine Volk gezapft – eine goldrichtige Entscheidung. Das Hofbräuhaus entwickelte sich in kürzester Zeit zur beliebtesten Kneipe Münchens. Von 1890 an diente das Gebäude nur noch als Schenke.

Heute werden hier jährlich sagenhafte 20 Kilometer Weißwürste verzehrt, die morgens ab vier Uhr in Eigenproduktion vorbereitet werden. An gewöhnlichen Tagen werden 50 Hektoliter Bier gezapft, an Spitzentagen sind es mehr als 10 000 Maß. Es gibt keinen Ruhetag, täglich ist ab 9 Uhr geöffnet. Insgesamt passen 3000 Menschen in das Gebäude. Im Herzstück des Hauses, der Schwemme im Parterre, wo vor hundert Jahren noch Brauanlagen standen, können bis zu 1000 Gäste bewirtet werden. Für treue Stammkunden gibt es dort Regale, in denen sie ihre Bierkrüge aufbewahren. Der

Das weltbekannte Hofbräuhaus zählt zu den beliebtesten Touristenattraktionen Münchens

Innenhof mit dem Löwenbrunnen dient im Sommer als Biergarten.

Das Hofbräuhaus, ein Stammtisch der ganzen Welt, hatte schon zahlreiche prominente Besucher: u.a. Wolfgang Amadeus Mozart, die österreichische Kaiserin Sisi, Wladimir Iljitsch Lenin, die Tänzerin Josephine Baker und zahlreiche Vertreter des Vatikans – letztere in der Regel inkognito.

INFO: In der Münchner Altstadt gelegen. **INFO HOFBRÄUHAUS:** Platzl 9, 80331 München, Tel. (089) 29 01 36-100, www.hofbraeuhaus.de, Öffnungszeiten tägl. 9–23.30 Uhr. Reservierung nur in bestimmten Bereichen möglich.

Englischer Garten

An dem berühmtesten Wirtshaus der Welt kommt eigentlich niemand vorbei. Zünftig mit Biertischen- und -bänken, einer frisch gezapften Maß Bier und bayerischen Spezialitäten. Die passende Kleidung und Souvenirs gibt's im hauseigenen Trachtenladen. €

☒ ◨ Schneider Bräuhaus ➡ aL6

Tal 7, München
☎ (089) 290 13 80
www.schneider-brauhaus.de
Tägl. 8–23 Uhr
Die Küche punktet mit ehrlicher, original bayrischer Hausmannskost. Urige Gemütlichkeit gibt es gratis dazu. €

◨ Café Glockenspiel ➡ aL6

Marienplatz 28, München
Eingang in der Passage, von der Rosenstraße aus zugänglich
☎ (089) 26 42 56
www.cafe-glockenspiel.de
Mo–Do 9–24, Fr/Sa 9–1, So 10–19 Uhr, online reservieren
Treff über den Dächern der Stadt: Wer einen Platz hinter den großen Scheiben ergattert, wird mit tollem Panoramablick belohnt.

⬛ Schlosscafé im Palmenhaus ➧ E4

Schloss Nymphenburg, München, wenige Schritte vom Haupteingang rechts, hinter hohen, dichten Hecken

✆ (089) 17 53 09, www.palmenhaus.de

Di–Fr 11–18, Sa/So 10–18 Uhr, bei gutem Wetter Mo Kiosk geöffnet

Das Café ist in einem der ehemaligen Gewächshäuser eingerichtet. Das Preis-Leistungs-Verhältnis der Speisen könnte besser sein, aber das Ambiente im Sommer zwischen duftenden Rosen und im Winter unter dem Riesengemälde des jungen Ludwig II. hoch zu Ross hat schon was!

⬛ Biergärten im Englischen Garten ➧ aG9
– Am Chinesischen Turm ➧ östl aD10

✆ (089) 383 87 30, tägl. ab 10 Uhr

Dieser Biergarten, nur wenige Schritte vom weithin sichtbaren Aussichtspunkt Monopteros entfernt, ist die bekannteste Adresse für eine ausgedehnte Brotzeit in dem Landschaftspark.

– Hirschau ➧ aE10, Gyßlingstr. 15

Nähe Kleinhesseloher See

✆ (089) 36 09 04 90, Mo–Fr 12–22, Sa/So ab 11 Uhr

In dem etwas abseits gelegenen Biergarten, zu erreichen über die Fußgängerbrücke über den Ring auf der Höhe vom Kleinhesseloher See, gibt es oft Live-Musik von Bayerisch über Jazz und Swing bis zu Salsa.

– Seehaus, am Kleinhesseloher See

✆ (089) 381 61 30, tägl. 10–22 Uhr

Sehen und Gesehen werden heißt es direkt am Kleinhesseloher See.

⬛ Brauhäuser mit Biergarten:
– Augustiner-Keller ➧ aK3

Arnulfstr. 52, nahe Hauptbahnhof, €€
– Löwenbräukeller

Nymphenburger Str. 2, €
– Viktualienmarkt ➧ aL6

Viktualienmarkt 6, €

Weitere Biergärten:
⬛ Hirschgarten ➧ E4

Hirschgarten 1, München

✆ (089) 17 99 91 19

Im Englischen Garten: das Hirschau

Bier als Nationalgetränk

MÜNCHNER BIERGÄRTEN

München, Bayern

So lange es die Sonne von Frühjahr bis Herbst zulässt, dauert Münchens Biergartenzeit. Ob Jung oder Alt, Reich oder Arm, im Biergarten treffen sich die Münchner, um gemeinsam die weltberühmte Gemütlichkeit bei einer frischen Maß zu erleben. Und die Gäste der Stadt sind herzlich eingeladen sich dazuzusetzen!

Die ersten bayerischen Biergärten gab es schon im 16. Jahrhundert. Brauen war damals lediglich zwischen September und April erlaubt. Im Sommer wurde die Produktion wegen zu hoher Brandgefahr verboten. Um das Bier zu lagern, wurden spezielle Keller gebaut, meist in der Nähe der Brauereien (z. B. der Hofbräukeller am Wiener Platz). Da jedoch der hohe Grundwasserspiegel in München tiefe Keller ausschloss, musste dafür gesorgt werden, dass die Gewölbe möglichst kühl angelegt waren. Deshalb wurden in unmittelbarer Nähe meist Schatten spendende Bäume wie die großblättrige und robuste Kastanie gepflanzt.

Die Brauer stellten Tische und Bänke vor die Tür und boten das frische Bier zum Verzehr an. Eine Tradition, eingeführt von König Ludwig I., hat bis heute Bestand: Das Mitbringen von Brotzeiten ist ausdrücklich erlaubt. Eine Sitte, die erfahrene Biergartenbesucher uneingeschränkt nutzen, auch wenn vor Ort leckeres Essen serviert wird. Besonders beliebt sind Brezen (Brezeln), Radi (Rettich), Kartoffelsalat und Obazda (ein speziell zubereiteter Käse).

Am Chinesischen Turm, im Herzen des Englischen Gartens, liegt Münchens zweitgrößter Biergarten mit 7000 Plätzen. Er wird größtenteils von Touristen, Studenten und Lebenskünstlern aus aller Welt bevölkert. Die

Vom Frühjahr bis in den Herbst währt Münchens Biergartenzeit

Gäste treffen auf ein paar verstreute Münchner Originale. Dazu gibt's an den Wochenenden nachmittags zünftige Blasmusik.

Der Biergarten »Zum Aumeister« (2500 Plätze) am Nordrand des Englischen Gartens, weit ab vom Trubel der Gartenmitte und des Seehauses, ist eher ein ruhiger Ausflugsort. Familien oder Leute, die es etwas besinnlicher mögen, sind hier bestens aufgehoben.

Aber auch der »Augustiner Keller«, obwohl mitten in der Stadt gelegen, fast direkt neben den Gleisen des Hauptbahnhofs, ist eine Oase der Ruhe. Junge Leute mischen sich mit alten Bierdimpfeln, dazu kommt die halbe Belegschaft des Bayerischen Rundfunks. Wird's im ältesten Biergarten Münchens zu heiß, bietet der ehemalige Eiskeller Abkühlung. Das urige Biergewölbe, acht Meter unter der Erde, bietet reichlich Platz zum Feiern.

INFO CHINESISCHER TURM: Englischer Garten 3, 80538 München, Tel. (089) 383 87 30, www.chinaturm.de, Öffnungszeiten tägl. ab 10 Uhr. Preise auf Anfrage. **INFO ZUM AUMEISTER:** Sondermeierstr. 1, 80939 München (Freimann), Tel. (089) 18 93 14 20, www.aumeister.de, Öffnungszeiten Di–Sa 11–23, So 11–18/20 Uhr. Preise auf Anfrage. **INFO AUGUSTINER KELLER:** Arnulfstr. 52, 80335 München (Haidhausen), Tel. (089) 59 43 93, www.augustinerkeller.de, Öffnungszeiten tägl. 11–24 Uhr, Preise auf Anfrage.

Loden Frey: Stilvoll die Mode, edel das Geschäft

www.hirschgarten.de
Sommer 11.30–24 Uhr
Nicht weit vom Romanplatz entfernt liegt im Stadtteil Nymphenburg der mit Abstand größte Biergarten Münchens (9000 Plätze). Entspannte Atmosphäre unter schattigen Kastanien und am Wildgehege.

👁👁⊡✕ Dallmayr ➜ aL6
Dienerstr. 14–15, München
☎ (089) 213 51 30
www.dallmayr.de
Tägl. außer So 9.30–19 Uhr
Delikatessen aus aller Welt werden im historischen Gemäuer des Traditionsgeschäfts angeboten.

👁👁 Loden Frey ➜ aK6
Maffeistr. 7, München
☎ (089) 21 03 90, www.lodenfrey.com
Mo–Sa 10–20 Uhr
Edelklamotten für die ganze Familie, von exquisiter Trachtenmode bis zu Modernem.

👁👁 Ludwig Beck ➜ aL6
Marienplatz 11, München
☎ (089) 23 69 10, www.ludwigbeck.de
Mo–Sa 10–20 Uhr
»Ludwig Beck am Rathauseck« ist eine Institution. Auf vier Etagen gibt es u. a. internationale Designermode und Dekoartikel. ■

Schönes und Schauriges: Sechs Tipps für Aktivurlaub und Genuss

Schöne Ausblicke, Naturerlebnisse und Legenden – in Oberbayern kommt man schon bei leichten Wanderungen auf seine Kosten. Gurgelnde Wasserfälle bewundern, sich im Badesee abkühlen, den Wald mit botanischem Blick durchstreifen macht der ganzen Familie Freude. Mehr Action verspricht eine Floßfahrt oder das Gefühl des freien Falls in Sommerrodelbahnen und Outdoor-Rutschen. Und zur Belohnung geht´s dann in einen der vielen typischen Biergärten, wo neben Gerstensaft viele andere Stärkungen warten.

Auf Schusters Rappen in der Bobbahn: **Am Rießersee**

Insidertipp: Mit dem Rießersee im Vordergrund ist der Blick auf Deutschlands höchsten Berg besonders imposant. Die Gletscherbahn fährt jedoch vom türkisblauen Eibsee hinauf, ebenfalls ein Publikumsmagnet zu Füßen der Zugspitze.

Rasant rauschten einst die hölzernen Bobschlitten die kurvenreiche Natureisbahn hinab. Mit bis zu 120 Stundenkilometern stürzten sich waghalsige Sportler die wohl gefährlichste **Bobbahn** der Welt hinunter. Vor den Toren von Garmisch-Partenkirchen am Rießersee war sie 1936 Schauplatz der Olympischen Winterspiele. Ein Bobaufzug transportierte die Bobs hinauf. Exakt 1,525 Meter, 129 Höhenmeter und 14 Kurven, ausgemauert mit 15 000 aus dem See geschnittenen Eisquadern, waren bei der Abfahrt zu meistern. Der Bahnrekord der historischen Olympiade betrug eindrucksvolle 1:14 Minuten. Unfälle mit Todesfolge blieben auf der schon 1910 eröffneten Bahn aber kein Einzelfall. Nach den Europameisterschaften 1966 wurde sie geschlossen. Seit 2003 ist sie denkmalgeschützt und von 2013 bis 2015 erlebte sie ein kurzes Revival, als einige Teams in historischen und selbstgebauten Bobs an den Start gingen. All dies ist Geschichte. Heute lässt sich die Bobbahn mit festem Schuhwerk leicht durchwandern. Ich bleibe an der berühmten Bayern-Kurve stehen, die einst Olympiasieger aus der Lebensbahn warf. Ich schließe die Augen. An einer Gedenktafel ist der Wagemut früherer Bobpiloten wieder gegenwärtig.

Knapp 45 Minuten dauert der Spaziergang. Dann macht mich etwa 350 m vor dem früheren Zieleinlauf

Ausstellungsstücke
im Bobmuseum

das **Bobmuseum** neugierig. Filme und Ausstellungsstücke, darunter historische Bobs, erinnern an frühere Helden, tragische Unfälle und Bobsportgeschichte. Gemütlich geht es weiter rund um den Rießersee. Im Sommer lädt ein Naturbad zum Schwimmen und Stand-Up-Paddeln ein. Auch der einmalige Ausblick von der Sonnenterrasse des angrenzenden **Hotel Riessersee** verzaubert. Majestätisch erhebt sich schroff, als Spitze des Wettersteinmassivs, die Zugspitze. Mit 2962 Meter ist sie der höchste Punkt Deutschlands. ▬

🏛 **Olympia-Bobbahn-Museum** ➜ H3
Rieß 8, 82467 Garmisch-Partenkirchen
Auskunft GAP-Tourismus ✆ (0 88 21) 18 07 00
www.scr-bob.de, Jan.–Okt. Mi 14–16 Uhr, Eintritt € 5/3

🛏 **Riessersee Hotel** ➜ H3
Rieß 5, 82467 Garmisch-Partenkirchen
✆ (0 88 21) 75 80, www.riessersee-hotel.de

Gut zu wissen:
Rund um Garmisch-Partenkirchen lässt sich jeder Schritt beim Wandern genießen. Ideal für einen Wanderurlaub für alle Sinne und jeden Geschmack.

Auf Drachenspuren:
Zu den Tatzelwurm-Wasserfällen

Insidertipp: Für eine Pause bietet sich das Hotel Feuriger Tatzlwurm direkt am Unteren Tatzelwurm-Wasserfall an. Es ist ausgeschildert und bietet Parkplätze. Mit entspanntem Blick auf den Auerbach kann man auf der großen Sonnenterrasse bayerische Schmankerl genießen. Der regionaltypische Kaiserschmarrn ist köstlich.

Wildes Fauchen und Zischen höre ich bereits beim Aussteigen aus dem Auto. Ist es der bayerische Drache Tatzelwurm? Ist er ein Mythos oder gibt es ihn wirklich? Nach nur ein paar Minuten Gehzeit vom Parkplatz aus ist der Ursprung der gurgelnden Geräusche ausfindig gemacht. Gut 95 Meter tief stürzt sich der Tatzelwurm-Wasserfall über zwei Felsstufen in die Auerbach-Klamm. Über Jahrtausende haben die Wassermassen eine faszinierende Schlucht in den Fels gegraben und das Bachbett ausgewaschen. Einen Weg hinein gibt es nicht. So bleibt die Klamm wagemutigen Sportlern vorbehalten, die sich beim Canyoning in die teils reißenden Fluten stürzen. Oberhalb der Schlucht führt ein gut begehbarer und auch mit Kinderwagen geeigneter Weg durch grünen, schimmernden Mischwald. Von zwei Brücken aus sind beeindruckende Wassermassen, aufstäubende Nebel und in allen Regenbogenfarben schimmernde Luft zu bestaunen, die aus der Gumpei-Klamm auftauchen.

Um dieses, als Naturdenkmal ausgewiesene Geotop rankt sich eine Legende. Ein Fabelwesen soll hier hausen. Tief unten in den finsteren und lauten Engen des Wasserfalls. Sprungbereit lauert der sechsbeinige Tatzelwurm hier unten. Wallfahrer, die hier früher zahlreich zu einer kleinen Wallfahrtskapelle unterwegs wa-

Free Fall-Rutsche und Oberaudorf (links) und Tatzelwurm-Wasserfall am Sudelfeld (rechts)

ren, endeten als eine leichte Beute. Ein Happs mit dem riesigen Maul, und die Drachenmahlzeit war perfekt. So oder so ähnlich wird die Geschichte vom feuerspeienden Tatzelwurm-Ungeheuer im nahen **Gasthaus Feuriger Tatzlwurm** gerne erzählt.

Der namensgebende Drache mag ein Mythos sein, doch die Tatzelwurm-Wasserfälle sind auf jeden Fall ein packendes Naturschauspiel. Auf einem kurzen Spaziergang, der auf dem Hin- und Rückweg über die gleiche Strecke führt, sind sie einfach zu erreichen. Er ist auch machbar, wenn man nicht ganz so gut zu Fuß ist. Für einen ungehinderten Ausblick auf den unteren Wasserfall sind ein paar Natursteinstufen zu überwinden. Der untere und der obere Wasserfall sind das ganze Jahr über kostenfrei zugänglich. Im Herbst, wenn sich die Blätter bunt färben, ist ein Besuch besonders zu empfehlen.

Zwei Wege führen zu den Tatzelwurm-Wasserfällen. Vom Schliersee kommend über den Sudelfeldpass Richtung Österreich befährt man definitiv eine der landschaftlich schönsten Panoramastraßen Bayerns. Auf der Abfahrt Richtung Oberaudorf hinunter liegt rechts der gebührenpflichtige Waldparkplatz am Sudelfeld. Von hier lohnen eine leichte Genusswanderung und der Besuch der Tatzelwurm-Fälle. Alternativ kommt man über die Inntal-Autobahn direkt von Oberaudorf ebenfalls über die Tatzlwurmstraße zum Wanderparkplatz. ▬

🏔 **Erlebnisberg Oberaudorf** ➡ G7
Carl-Hagen-Str. 7, 83080 Oberaudorf
✆ (0 80 33) 303 50, www.hocheck.com
Sommer tägl. Sesselbahn/Rodelbahn 9.30–16.30 und Oberaudorfer Flieger/Freefall-Rutsche Mi–Fr 13.30–16.30, Sa/So 11.30–16.30 Uhr
Oberaudorfer Flieger € 23,90/16,90 (Walk & Fly), mit Bergbahnfahrt € 29,40/22,40, nur Bergbahn € 5,50, Oberaudorfer Triathlon (Rodeln, Fliegen, Rutschen) Erw./Kinder 8–15 Jahre € 36,90/27,90

◉🏔 **Feuriger Tatzlwurm** ➡ G7
Tatzelwurm 1, 83080 Oberaudorf
✆ (0 80 34) 300 80, www.tatzlwurm.de
Tägl. 12–14, 14–21, Bar bis 1 Uhr
Hotel und Gasthaus am unteren Wasserfall.

Gut zu wissen:
In Deutschlands höchstem freien Fall nach unten geht es unweit der Wasserfälle auf der Freefall-Rutsche in Oberaudorf. Adrenalin pur, für alle, die sich in einer 65 Meter langen Edelstahlrutsche über 24 Meter in die Tiefe stürzen wollen. Ausblick auf den weiß-blauen, bayerischen Alpenhimmel inklusive, denn die Rutsche ist teilverglast. Gerutscht wird in einem Rutschensack. Der Zustieg zu Fuß erfolgt über einen kleinen Weg ab der Talstation.
Oder es geht gleich zum Oberaudorfer Triathlon. Dann heißt es, direkt nach dem Rodeln umsteigen, per Oberaudorfer Flieger, dem hier endenden Flying Vox, vom Hochberg bis zum Freefall düsen und das letzte Stück rutschen.

Sich fühlen wie einst die Flößer:
Fluss frei ab Wolfratshausen

Insidertipps: Auf dem Loisachrundweg (6 km, 2,5 Std. ab S-Bahnhof) in Wolfratshausen kann man sich auf die Spuren der Flößer begeben. Auch wenn die Übersetzung von Loisach »die Liebliche« lautet, war sie früher ein ganz schön reißender Fluss. Hammerschmieden und Glashütten produzierten hier Waren, die von den Flößern in die großen Städte und von dort in die Welt transportiert wurden. Der Loisachrundweg eröffnet einen Blick auf die Stadt aus der Flussperspektive und führt zu den Stationen der Flößer wie dem Kastenmühlwehr und der Floßlände.

Was als gefährlicher Transport von Waren aus dem Isarwinkel bis weit die Donau hinab seinen historischen Ursprung hat, ist heute Gaudi mit Brauchtumscharakter. Während früher auf Fichtenstämmen Bau- und Brennstoff, aber auch Kalk und Gips aus dem Alpenvorland nach München transportiert wurden, ist heute auf einem Floß Platz für bis zu 60 Personen.

Drei Floßfahrten-Anbieter schippern in der Saison (1. Mai bis zweites Sept.-Wochenende) insgesamt gut 25 000 Menschen über die Isar. Der mal feucht-fröhliche, mal beschauliche Freizeitspaß auf dem Fluss hat das klassische Flößerhandwerk ersetzt. Im Zuge der Industrialisierung übernahmen Eisenbahn und Nutzfahrzeuge den Warentransportund um 1900 verschwand die ursprüngliche Erwerbsgrundlage der Flößer. Doch damals wie heute ist das Flößerhandwerk schwere physische Arbeit und daher ein reiner Männerberuf. Einer der Männer, die ihn heute ausüben, kombiniert seine Rasta-Locken mit dem Trachtenhut und ist der einzige schwarze Flößer in Bayern. Jason Charles Stich-Seitner kam 2003 aus seiner karibischen Heimat Tobago in die »Internationale Flößerstadt« Wolfratshausen. »Wer in Bayern war, aber nie aufm Floß, der war ned in Bayern«, so seine tiefe Überzeugung. In Lederhose manövriert er das 20 Tonnen schwere Floß über die Loisach und die Isar bis nach München. Jason liebt die Gaudi an Bord und gibt gerne den Animateur für seine Fahrgäste. Durch die Liebe ist er unverhofft nach Bayern geraten, wo er in der **Flößerei Josef Seitner** anheuerte. Den Winter verbringt er meist auf Tobago.

Ob für Einzelpersonen oder Gruppen – eine Floßfahrt, die ist lustig und ganz besonders als Betriebsausflug beliebt. Kurz nach dem Start sorgen Blasmusik und Brotzeit für Unterhaltung. Fünf bis sieben Stunden dauert die Reise und beinhaltet zuweilen auch sehr ruhige und naturbesinnliche Augenblicke. Auf der 28 Kilometer langen Strecke geht es über sieben Floßrutschen, darunter auch die größte Europas. Floßrutschen dienten zur Überwindung der Kraftwerke zur Stromgewinnung aus der Isar. 345 Meter lang ist die

Rutsche am **Kraftwerk Mühlthal**. Ihr Gefälle nimmt sukzessive ab, von 9 % über 7 % auf 5 %, und das Floß nimmt auf der Rutsche 40 Stundenkilometer Fahrt auf. Der Höhenunterschied beträgt 18 Meter. Von der Terrasse des **Gasthauses zur Mühle**, das ebenfalls Floßfahrten anbietet, können Gäste das Geschick der Flößer und die Fröhlichkeit auf der spritzigen Rutsche hautnah beobachten. ▬

Flößerei Josef Seitner ➡ F4
Lindenweg 1, 82515 Wolfratshausen
✆ (0 81 71) 785 18, www.flossfahrt.de
nur auf Vorbestellung Do–Mo Abfahrt 9 Uhr, ganzes Floß € 7210, Fahrt pro Person € 149 (inkl. Essen und Rücktransfer per Auto)

⊠ **Gasthaus zur Mühle** ➡ F4
Floßrutsche Mühltal
Mühlthal 10, 82064 Straßlach-Dingharting
http://gasthausmuehle.de, ✆ (0 81 78) 36 30
Tägl. außer Mo 10–23 Uhr

Gut zu wissen: Auf dem Hörpfad Flößerei (www.tourismus. wolfratshausen.de/ hoerpfad-floesserei) ist eine akustische Reise in die Zeit der Flößer möglich. Der Pfad startet am Flößerdenkmal und erklärt in sechs Stationen alles Wissenswerte über das älteste Transportmittel der Welt.

Die Welt in einem Wald:
Im Kranzberger Forst bei Freising

Kommst du mit auf eine Entdeckungsreise durch die Kontinente? Auf einer rund 100 Hektar großen Fläche im Kranzberger Forst unweit von Freising, geht es auf Weltreise. Ob auf Themenpfaden, per Weltwald-App oder einfach bei einem Spaziergang zu lauschigen Plätzchen – ein besonderes Erlebnis ist der Weltwald immer.
   In dem 1977 gegründeten Anschauungs- und Versuchsgarten des Wissenschafts- und Forschungscampus Weihenstephan wachsen und gedeihen über 300 Baum- und Straucharten aus aller Welt. Das Areal hat das königlich-bayerische Forstärar bereits Ende des 19. Jahrhunderts aus bäuerlichem Besitz erworben und mit teils exotischen Holzarten aufgeforstet. So bereichert eine Sammlung wertvoller Altbäume das Bayerische Landesarboretum.

Informationspavillon im Weltwald

Pavillon im Weltwald von Freising

Insidertipp: Unweit des Weltwalds liegt der Walderlebnispfad im Freisinger Forst, ein abwechslungsreicher Rundweg von etwa zwei Kilometer Länge. Er beginnt und endet an der Gaststätte Plantage mit großem Biergarten. Mal spielerisch, mal forschend, mal besinnlich kann man den Wald an 23 Stationen näher kennenlernen. Ein abschließender Biergartenbesuch ist geradezu obligatorisch.

Gut zu wissen: Die Weltwald-App liefert nicht nur spannende Informationen und Hintergrundwissen auf dem Smartphone, sondern weist wenn gewünscht auch den Weg zu einzelnen Baumarten. Wer die Themenpfade nutzt, kommt schnell von befestigten Wegen ab und entdeckt den Wald über Trampelpfade von innen. Keine Sorge, alle Pfade treffen am Zentralpavillon wieder zusammen.

Rund um den Zentralpavillon, in dem regelmäßig Ausstellungen über den Wald zu sehen sind, gibt es viel zu entdecken. Spielerisch bieten die Gärten der Kontinente kulturelle Einblicke in die Heimatländer der Weltwaldbäume. Schautafeln mit QR-Codes liefern Informationen, z. B. zu den Bäumen der ausgedehnten Laubwälder des östlichen Nordamerikas oder zu Nadelbäumen wie Douglasie, Gelb-Kiefer oder Mammutbaum, wie sie im Westen der USA verbreitet sind. Anschließen lässt sich ein Abstecher zu den heimischen und winterharten Vertretern aus Europa und Vorderasien oder eine Pause im Schatten des exotisch anmutenden Hibalebensbaums aus Ostasien. Der Weltwald bietet Groß und Klein vielfältige spannende Entdeckungen. ▬

Weltwald ➡ C5
St2084, 85354 Freising
✆ (0 81 61) 480 20, www.weltwald.de
ganzjährig frei zugänglich

Plantage Freising ➡ C5
Plantage 2, 85354 Freising
✆ (0 81 61) 631 55, www.plantage-freising.de
Di–Fr 16–23, Sa/So 11–23 Uhr

Himmlischer Biergartenblick in die Bayerischen Alpen: **Kloster Reutberg**

Reutberg, inmitten schönster Natur, bietet für jeden das passende Ausflugsziel im Oberland: ob Ruhe in der Klosterkirche, Köstlichkeiten im Biergarten, ein kühles Bad im moorigen Kirchsee oder eine Wanderung auf dem südostbayerischen Jakobsweg.

In idyllischer Lage umgeben von Wiesen, Feldern und Wäldern thront das **Kloster Reutberg**, 1618 als Kapuzinerinnenkloster gegründet und ab 1651 von den Franziskanerinnen weitergeführt, auf einer Anhöhe außerhalb von Sachsenkam. Dieser Ort ist wie geschaffen für einen **Biergarten.** In dem ehemaligen Kloster genießt man unter schattenspendenden, alten Kastanien zu einer deftigen Brotzeit oder bayerischen Schmankerln das frisch gezapfte Reutberger Klosterbier genießt. Die Tradition des Bierbrauens wird hier seit 1677 gepflegt, und das bei fantastischer Aussicht auf die Berge des Isarwinkels und des Karwendelgebirges.

Direkt am Kloster Reutberg starten und enden viele leichte Touren. Ob zu Fuß oder per Rad lässt sich entspannt der schattige Dietramszeller Wald entdecken. Er erstreckt sich zwischen Kloster Reutberg und Kloster Dietramszell. Der nahe, moorige Kirchsee lädt zur Abkühlung ein und ist ein Spot für atemberaubende Sonnenuntergänge. ▬

✕🏞🚌 **Klosterbräustüberl Reutberg** ➡ G5
Am Reutberg 2, 83679 Sachsenkam
✆ (0 80 21) 86 86, www.klosterbraeustueberl.de
Tägl. 10–23 Uhr

Gut zu wissen: Für den kleinen Hunger zwischendurch gibt es an der nördlichen Seite des Kirchsees einen zauberhaften kleinen Kiosk.

Insidertipp: Maria Elend (Am Weiherfeld 6, 83623 Dietramszell, stets geöffnet) ist eine Wallfahrtskapelle auf einer kleinen Lichtung zwischen den Klöstern Sachsenkam und Dietramszell. Laut einer Legende verhalf die Mutter Gottes im Dreißigjährigen Krieg einem Soldaten zur Flucht und rettete ihm das Leben, indem sie unter ihm die Erde öffnete. Noch heute besuchen Wallfahrer die an dieser Stelle 1690 entstandene Kapelle mit ihren hübschen Deckenfresken.

Idyllisch gelegen: Klosterbrauerei Reutberg

Tritt ein: Torbogen der Schlossbrauerei Stein

Ritterliches Bier aus der Höhlenburg:
Stein an der Traun

Gut zu wissen: Abends bietet es sich an, einen Tisch im nahen Bräustüberl Baumburg zu reservieren. Hochdekorierte Bockbiere und köstliche Gerichte stärken nach schaurigen Geschichten.

Wo einst Raubritter Heinz vom Stein in seiner Höhlenburg geraubte Jungfrauen und Schätze sammelte, lagert heute das Bier der **Schlossbrauerei Stein**. Zugegeben, für die schaurigen Geschichten über Heinz den Wilden fehlen bis heute stichhaltige Beweise. Auch die blutrünstige Raubrittersaga, die Lorenz Hübner 1782 unter dem Titel »Vaterländisches Trauerspiel um Hainz von Stein dem Wilden« verfasste, fiel der strengen Zensur des Adels zum Opfer. Damals ahnte niemand, wie wichtig das literarische Werk für die Höhlenburg von Stein an der Traun noch werden sollte. Heute werden bei allen Erlebnisführungen die schauerlichen Geschichten aus der Chronik vom abenteuerlichen Leben des Ritters Heinz von Stein erzählt.

Anfang des 13. Jahrhunderts soll der zwei Meter große Ritter im Chiemgau sein Unwesen getrieben haben. Sein Refugium war ein natürliches Höhlensystem, in dem bereits die Kelten Zuflucht gesucht hatten. Erste Teile der Burganlage wurden um 1100 erwähnt. Inzwischen besteht die Burg aus dem Hochschloss, der Höhlenburg und dem Neuen Schloss am Fuß einer 50 Meter hohen Felswand. Belagerung, Zerstörung und Wiederaufbau prägten die bewegte Burggeschichte mit wechselnden Besitzern. Unter der brasilianischen Kaiserwitwe Dona Amalia wurde die vermeintliche Raubritterburg Mitte des 17. Jahrhunderts zu einem beliebten Treffpunkt des europäischen Hochadels.

Wesentlich früher, nämlich ab 1489, schenkte ein Wirt vor Ort gebrautes Bier aus. So blickt die heutige

Insidertipp: Eine gemütliche, neun Kilometer lange Wanderung startet direkt an der Höhlenburg. Sie führt entlang der Traun bis zum Kloster Baumburg nach Altmark an der Alz.

Schlossbrauerei auf eine über 530 Jahre andauernde Brautradition zurück. Heute gibt es eine ansehnliche Bierpalette zur Verkostung. Vorausgesetzt die Besucher tauchen aus den Tiefen der Höhlenburg wieder auf. Betreten kann man sie bei den täglichen Führungen.

Mit ihren spektakulären Schlafsälen, Küche, Gefängnis, Folterkammer und großem Rittersaal ist die Höhlenburg einzigartig in ganz Europa. Die gruseligen Geschichten um den Raubritter Heinz von Stein machen jede Führung zu einem Erlebnis. ▬

Höhlenburg Stein an der Traun ➡ F9
Schlosshof 2, 83371 Stein an der Traun
✆ Führungen (0 86 21) 98 32 12, www.steiner-bier.de
Fr/Sa/So (Do nur an Feiertagen) 13 und 17 Uhr
Mindestteilnehmer 7 Pers., Eintritt Erw./Kinder bis 10 Jahre € 8/2
Dauer 1 ½ Stunden (inkl. Höhlenführung/Brauereibesichtigung/Getränkeverkostung mit Imagefilm im hauseigenen Braustüberl)

Mehr Tipps zu Oberbayern und anderen Destinationen finden Sie auf https://wellspa-portal.de

Bräustüberl Baumburg ➡ F9
Baumburg 12, 83352 Altenmark an der Alz
✆ (0 86 21) 51 55, www.bräustüberlbaumburg.de
Mo–Sa 10.30–22, So ab 10 Uhr

Deftige Brotzeit im Braustüberl der Höhlenburg

Das Neue Schloss von Ingolstadt unmittelbar an der Donau beherbergt heute das Armee-museum

Reiseregionen, Orte und Sehenswürdigkeiten

Der Norden

In erdgeschichtlicher Frühzeit luden die letzten Gletscher ihren Schotter in dieser Ebene ab und hinterließen das, was der Geologe als Endmoränenlandschaft bezeichnet. Heute dehnen sich bestellte Felder von Horizont zu Horizont. Wären da nicht jene Dorfkirchen mit den eigenwilligen Zwiebelturm-Kreationen, könnte man fast meinen, irgendwo in Norddeutschland unterwegs zu sein. Statt spektakulärer Naturphänomene gibt es kulturhistorisch einzigartige Sehenswürdigkeiten zu entdecken.

Dachau → D4

Knapp 14 Kilometer sind es von München bis zu dieser sorgfältig restaurierten, hübschen Kleinstadt, deren Name weltweit für das Nazi-Terrorregime steht. Im **Schloss**, einer ursprünglich vierflügeligen Renaissance-anlage, die sich Kurfürst Max Emanuel um 1715 zu einer Sommerresidenz im Stil des Barock umgestalten ließ, sollte man einen Blick in den Festsaal mit Kassettenholz-

decke aus der Zeit der Renaissance werfen. Lohnend ist auch ein Bummel durch den historischen Ortskern.

In der **KZ-Gedenkstätte** macht die Kahlheit des Terrains hinter hohen Mauern und Wachtürmen das Grauen fühlbar. In dieses erste KZ brachte die SS schon kurz nach der Machtergreifung 1933 Regimekritiker.

ℹ Tourist Information ➡ D4
Konrad-Adenauer-Str. 1, 85221 Dachau
✆ (081 31) 752 86, www.dachau.de

◉ KZ-Gedenkstätte ➡ D4
Pater-Roth-Str. 2 A, Dachau
Anfahrt mit der S2 Dachau-Petershausen, Bus ab dem dem Bahnhof Nr. 726 Richtung Saubachhausen
✆ (081 31) 66 99 70, www.kz-gedenkstaette-dachau.de
Tägl. 9–17 Uhr, Eintritt frei
Führung für Einzelbesucher auf Deutsch (ca. 2,5 Std.) tägl. 12 Uhr, Teilnehmerzahl beschränkt, Unkostenbeitrag € 3,50
Audioguides: Die Geräte gibt es im Besucherzentrum
Im Filmraum der Gedenkstätte wird tägl. die Dokumentation (Dauer ca. 22 Min.) gezeigt (9.30, 11, 13.30, 14.30 und 15.30 Uhr).

◉ ♣ Schloss ➡ D4
Schlossstr. 7, Dachau
✆ (081 31) 879 23, www.schloesser.bayern.de
Tägl. außer Mo April–Sept. 9–18, Okt.–März 10–16 Uhr
Eintritt € 2/1, Garten frei

Laubengang im Hofgarten Dachau

Denkmal im ehemaligen Konzentrationslager Dachau

Der Schlossgarten ist kostenlos geöffnet. Führungen im Schloss müssen bei der Tourist Information gebucht werden.

Eichstätt ➜ A3, B6

Die Universitätsstadt (knapp 140 000 Einwohner) inmitten des idyllischen Altmühltals, dem größten Naturpark Deutschlands, überzeugt mit dem heiteren Flair italienischen Barocks und einem geschlossenen Stadtbild aus Kirchen, Palästen und prunkvollen Bürgerhäusern. Wie ihre weltlichen Vorbilder beriefen hier die mächtigen Fürstbischöfe die besten Baumeister ihrer Zeit, die Eichstätt das gewünschte Maß an schwungvoller, höfischer Eleganz verpassten.

Der Innenstadtbereich gruppiert sich um drei Plätze. Da ist zum einen der eher beschauliche Marktplatz mit dem Willibaldsbrunnen als Blickfang. Südlich davon liegt der um vieles größere Domplatz mit der alles beherrschenden Kathedrale, zu den unvergänglichen Schönheiten der Innenausstattung zählt der Pappenheimer Altar.

Als architektonisches Gesamtkunstwerk gilt nicht zu Unrecht das in sich geschlossene Ensemble am Eichstätter Residenzplatz mit dem Halbrund der ehemaligen Hofkanzlei, den Kavaliers- und Domherrenhöfen sowie

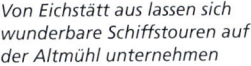

Von Eichstätt aus lassen sich wunderbare Schiffstouren auf der Altmühl unternehmen

ALTMÜHLTAL

Altmühltal, Bayern

Im Altmühltal steht die Zeit still. Wasser windet sich um bizarre Felsformationen und sonnige Almhänge. Mächtige Naturkräfte waren hier am Werk, um aus den Lagunen des Jurameers über die Jahrtausende hinweg eine einzigartige Fossilienlandschaft entstehen zu lassen. Heute ist das Altmühltal Deutschlands drittgrößter Naturpark. Malerisch erstreckt es sich von Mittelfranken bis Niederbayern und ist ein idealer Urlaubsort. Wanderern bieten sich schier unendliche Möglichkeiten, auf kürzeren Wegen oder auf Tagestouren die Schönheit der Region zu entdecken. Per Rad geht es beispielsweise auf dem beliebten Altmühlradweg am Fluss entlang quer durch den Naturpark von Gunzenhausen bis nach Kelheim. Zwischen Dietfurt und Kelheim – dort fließt die Altmühl in die Donau – lässt sich das Tal auf einem Panoramaschiff bestens erkunden. Mit dem Auto führt die deutsche Ferienstraße Alpen–Ostsee zwischen Treuchtlingen und Eichstätt an den Kehren der Altmühl entlang.

In diesem Teil ist der natürliche Lauf des Flusses noch erhalten, während der Charakter des Unterlaufs durch den Bau des umstrittenen Rhein-Main-Donau-Kanals stark verändert wurde. Beeindruckende Naturschauspiele wie der Donaudurchbruch bei Weltenburg oder die Felsgruppierung der Zwölf Apostel bei Esslingen lassen die Herzen höher schlagen. Im Altmühltal kann man hervorragend auf den Spuren von Steinzeitmenschen, Kelten, Römern und Germanen wandeln. Der Limes, ehemaliger Grenzwall des Römischen Reichs und seit 2005 Welterbe der UNESCO, führt mitten durch den Naturpark Altmühltal, spektakuläre Ausgrabungen sind beispielsweise im Römermuseum in Weißenburg zu bestaunen. Aus den Kalkfelsen bei Solnhofen stammen viele Fossilienfunde, die im Juramuseum in

Felsformation der Zwölf Apostel im Tal der Altmühl

Eichstätt oder im Gunzenhausener Fossilien- und Steindruckmuseum gezeigt werden.

Mehr als 50 Lehrpfade führen durch das Altmühltal – aufgeteilt nach unterschiedlichen Themen von der Geologie bis zur keltischen und römischen Geschichte. Es gibt auch eine Reihe von prächtigen Schlössern, hochherrschaftlichen Burgen und herrlichen Kirchen wie Schloss Hirschberg oder die Wehrkirche von Greding, die sehenswert sind. Neben Rad- und Wanderwegen bilden Kletterfelsen, Hochseilgärten und Tropfsteinhöhlen familientaugliche Ausflugsziele.

INFO: Der Hauptort des Altmühltals, Eichstätt, liegt ca. 80 km südlich von Nürnberg. **INFO NATURPARK ALTMÜHLTAL:** Informationszentrum Naturpark Altmühltal, Kardinal-Preysing-Platz 14 (Notre Dame 1), 85072 Eichstätt, Tel. (084 21) 987 60, www.naturpark-altmuehltal.de, Öffnungszeiten Mitte April–Okt. Mo–Fr 9–17/18, Sa/So/Fei 10–17/18 Uhr, sonst Mo–Do 9–12 und 14–16, Fr 9–12 Uhr.

Bastionsgarten auf der Willibaldsburg

der Mariensäule. Der ehemalige Hofgarten (Ostenstr. 26) der fürstbischöflichen Sommerresidenz mit Barockgarten, Englischem Garten und Arboretum bietet ein reizvolles Zusammenspiel von Natur und Architektur.

Die Gebäude der einzigen katholischen Universität Deutschlands machten die Stadt zu einem Pilgerort für Architekturstudenten: Den Diözesanbaumeistern Karljosef Schattner und Karl Frey ist es hier gelungen, eine auch in Fachkreisen viel bewunderte Symbiose aus italienischem Barock und moderner Sachlichkeit mit Beton, Glasfronten und Lochblechverkleidungen zu schaffen.

ℹ **Tourist Information** ➧ A3, B6
Domplatz 8, 85072 Eichstätt
✆ (084 21) 600 14 00, www.eichstaett.de

🏛 **Jura-Museum** ➧ A3, B6
Willibaldsburg, Eichstätt, Burgstr. 19
✆ (084 21) 60 29 80, www.jura-museum.de
Tägl. außer Mo April–Sept. 9–18, Okt.–März 10–16 Uhr
Eintritt € 5, bis 18 J. frei
Das Museum wurde in der Willibaldsburg hoch über dem Altmühltal untergebracht. Farnbäume, Meeresrauschen und subtropisches Klima – so sah die Welt vor rund 140 Millionen Jahren rund um Eichstätt aus. Der Schwerpunkt der Ausstellungen zur Ur- und Frühgeschichte liegt auf der Präsentation der Fossilien, die durch intensive Steinbruchtätigkeit aus der nahen Solnhofener Plattenkalke zutage gefördert wurden.

SOLNHOFENER PLATTENKALK

Solnhofen, Bayern

Ausgestorbene Urviecher, exotische Pflanzen, gut erhaltene Kleintiere wie Libellen, Krebse, Wespen, Seesterne, Würmer, Schnecken, Tintenfische, Muscheln, Fische oder Heuschrecken: Weltweit wird es wohl kaum eine Fossiliensammlung oder ein paläontologisches Museum ohne Fundstücke aus dem Solnhofener Plattenkalk geben.

Die kleine Ortschaft Solnhofen, mitten im Naturpark Altmühltal gelegen, ist Herkunftsort zahlreicher Fossilien aus der Jurazeit. Das 150 000 Jahre alte Plattenkalkvorkommen verteilt sich in der Region bis hin zu Städten wie Eichstätt, Zandt und Nusplingen.

Der berühmteste Fund ist der Urvogel Archaeopteryx. Als das Urvieh von Forschern im Jahr 1861 entdeckt wurde, stand fest, dass Vögel und Saurier eng verwandt sind. Eine weitere weltberühmte Entdeckung ist der Pfeilschwanzkrebs, auch Mesolimulus genannt. Er ist ein sogenanntes lebendes Fossil, das noch heute die Meere bevölkert. Für Schlagzeilen sorgten Anfang des 21. Jahrhunderts auch Funde der Kurzschwanzflugsaurier (Pterodactylus), die bewiesen, dass Flugsaurier sich auf vier Füßen vorwärts bewegten – sehr zur Verblüffung der Wissenschaft, die bis dato davon ausgegangen war, dass sich die ausgestorbenen Tiere beim Vorwärtstapsen wie Vögel auf dem Boden bewegt haben.

Mittlerweile sind mehr als 700 Tier- und Pflanzenarten des Plattenkalks wissenschaftlich erfasst worden. Zahlreiche weitere werden wohl folgen. Einen Besuch wert sind die verschiedenen Museen rund um Solnhofen. Im Jura-Museum Eichstätt sowie im Rathaus von Solnhofen sind die berühmten

Ammonit aus den Hobbystein-brüchen Solnhofen/Eichstätt

Urvögel im Original ausgestellt. Natürlich lohnt sich auch ein Ausflug in die Sammlersteinbrüche der Gemeinden Solnhofen, Eichstätt und Mörnsheim. Gegen eine kleine Gebühr kann man dort selbst nach Fossilien graben und darf sie auch behalten. Wer Glück hat, kann durchaus kleinere Exponate wie eine freischwimmende Seelilie, einen Krebs oder einen Knochenfisch finden.

INFO: Solnhofen liegt im Naturpark Altmühltal zwischen Ingolstadt und Nürnberg. **INFO JURA-MUSEUM EICHSTÄTT:** Willibaldsburg, Burgstr. 19, 85072 Eichstätt, Tel. (084 21) 60 29 80, www.jura-museum.de, weitere Infos vgl. S. 62. **INFO BÜRGERMEISTER-MÜLLER-MUSEUM:** Bahnhofstr. 8, 91807 Solnhofen, Tel. (091 45) 83 20 30, www.museum-solnhofen.de, Öffnungszeiten April–Okt. tägl. 9–17, Nov.–März So 13–16 Uhr oder nach Vereinbarung. **INFO MUSEUM BERGÉR:** Harthof 1, 85072 Eichstätt, Tel. (084 21) 90 55 90, www.museum-berger.de, Öffnungszeiten Mitte April–Juni und Sept. Mo–Fr 13.30–17, Sa/So 10–17, Juli/Aug. tägl. 10–17 Uhr oder nach Vereinbarung, Eintritt € 3, ermäßigt € 1, Steinbruch geöffnet, siehe online. **INFO FOSSILIEN- UND STEINDRUCK-MUSEUM:** Sonnenstr. 4, 91710 Gunzenhausen, Tel. (098 31) 88 26 55, www.fossilien-und-steindruck-museum.de, Öffnungszeiten von Gründonnerstag bis einschließlich 1. Advent tägl. 10–12 und 14–17 Uhr, Eintritt € 3,50, ermäßigt € 2.

◉ Fürstbischöfliche Residenz ➤ A3, B6
Residenzplatz 1 (Landratsamt), Eichstätt
℘ (084 21) 700, www.eichstaett.de/Veranstaltungen
Führungen mehrmals täglich € 2, Treffpunkt an der Pforte
Eine Führung durch die ehemalige Fürstbischöfliche Residenz vermittelt dem Besucher einen Eindruck vom glanzvollen barocken Lebensstil der mächtigen Fürstbischöfe.

⨯ Domherrnhof ➤ A3, B6
Domplatz 5, Eichstätt
℘ (084 21) 61 26, www.domherrnhof.de
Tägl. außer Mo 11–24 Uhr
Man setzt in dem barocken Gebäude auf gehobene Küche. €€–€€€

⨯ Gasthof Krone ➤ A3, B6
Domplatz 3, Eichstätt
℘ (084 21) 44 06, www.krone-eichstaett.de
Tägl. 10–24 Uhr
In dem historischen Haus mit Festsaal und Biergarten wird der Gast mit regionalen Spezialitäten verwöhnt. €

☕ Dom Café ➤ A3, B6
Marktplatz 5, Eichstätt
℘ (084 21) 26 98, https://domcafe.info
Mo, Mi–Sa 7–18, So/Fei 8–18 Uhr
Nicht nur die Einheimischen schätzen die verführerischen Kuchenkreationen des Hauses.

Residenz mit Brunnen und Mariensäule

Erding ➡ D6

Die immer noch gemütliche Kleinstadt im Norden Münchens, an der Grenzlinie zwischen Ober- und Niederbayern, liegt im Schatten des Großflughafens Franz Josef Strauß und gilt bei vielen Münchnern als ein beliebtes Naherholungszeit für eher geruhsame Radtouren im platten Voralpenland mit dem Erdinger Moos. Weit über die Grenzen Oberbayerns hat sich aber die weltweit größte Therme inklusive diverser Übernachtungsmöglichkeiten vor den Toren der Stadt zu einem Touristenmagneten entwickelt.

Erding bietet sich mit der weltgrößten Therme Touristen an

🏊 🕒 🏄 Therme ➡ D6

Thermenallee 1–5, Erding
📞 (081 22) 55 00, www.therme-erding.de
Mo–Fr 10–23, Sa/So 9–23 Uhr, Öffnungszeiten für einzelne Bereiche beachten, Eintritt Therme, Wellenbad und Rutschen: 2 Std. € 19, 4 Std. € 25, Tageskarte € 35, bis 3 J. frei, (Sa/So/Fei plus 4 €)
Allein 26 Rutschen garantieren in Europas größtem Erlebnisbad jede Menge Spaß und Action.

Freising ➡ C5

Dank seiner vielen Studenten ist Freising eine junge, lebendige Stadt – die auf eine stolze Vergangenheit zurückblicken kann. Von hier aus begann um 700 der

Blick auf den Dom St. Maria und St. Korbinian in Freising

heilige Korbinian mit der Christianisierung Bayerns. Weithin sichtbar liegt der Domberg mit dem ursprünglich romanischen, zur Zeit des Barock umgebauten, mächtigen fünfschiffigen Dom hoch über der Isar. Zu seinen außergewöhnlichen Sehenswürdigkeiten zählt die »Säule der Bestien« in der romanischen Krypta.

ℹ️ **Tourist Information** ➡ C5
Rindermarkt 20, 85354 Freising
✆ (081 61) 544 41 11, https://tourismus.freising.de
Mo–Fr 9–18, Sa bis 13 Uhr

🏛 **Diözesanmuseum Freising** ➡ C5
Domberg 21, Freising
✆ (089) 21 37 42 40, www.dimu-freising.de
Sanierung bis Sommer 2021
Eines der größten kirchlichen Museen der Welt mit Sammlungen christlicher Kunst wie mittelalterliche Tafelbilder, Skulpturen, seltene Tonplastiken, Reliquiengefäße, Kelche und Monstranzen. Zu sehen sind außerdem Werke von Friedrich Pacher, Erasmus Grasser, Lucas Cranach und Hans Leinberger.

Ingolstadt ➡ A4
Ingolstadt besaß schon 1472, also lange vor München, eine Universität, die über Jahrhunderte hinweg als eine der fortschrittlichsten in ganz Europa galt und die Stadt zu einem geistig-kulturellen Zentrum des Mittelalters erhob. Als die Universität dann im 19. Jahrhundert auf Anordnung Ludwig I. nach München verlegt

Tausendjähriges Bier

BAYERISCHE STAATSBRAUEREI WEIHENSTEPHAN

Freising, Bayern

W er waren die ersten Bierbrauer in Deutschland? Natürlich die Mönche! Und zwar die Benediktiner von Weihenstephan, die im Jahr 1040 die älteste Brauerei der Welt gründeten. Ihrem Abt Arnold war es gelungen,

der Stadt Freising das Brau- und Schankrecht abzuluchsen. Wenngleich vermutet wird, dass die Mönche auch zuvor schon heimlich Bier angesetzt hatten, durfte von nun an offiziell gebraut werden.

Hoch über der Stadt Freising auf dem Nährberg thront das alte Kloster auch heute noch. Von hier bietet sich ein atemberaubender Blick auf die oberbayerische Hochebene und die entfernt liegenden Alpen. Die Bayerische Staatsbrauerei Weihenstephan, vor beinahe 1000 Jahren Klosterbrauerei der Benediktinermönche, dann Königlich Bayerische Staatsbrauerei, ist heute als Regiebetrieb des Freistaats Bayern ein modernes, nach privatwirtschaftlichen Maßstäben geführtes Unternehmen. Eine einzigartige Verbindung von Tradition und moderner Wissenschaft begründet die Identität der beliebten Biere.

Abendstimmung an der Bayerisches Staatsbrauerei in Freising

An der Fachhochschule Freising, die am Fuße des Weihenstephaner Bergs liegt, gibt es den Studiengang »Brauwesen«. Organisatorisch gehört er zur Technischen Universität (TU) München. Die Fachhochschule hat eine eigene Versuchsbrauerei. Hier wird fast ausschließlich zu Lehrzwecken gebraut, ungefähr zwölf Hektoliter pro Woche. Die Absolventen der Bieruniversität können natürlich Braumeister werden.

Es versteht sich von selbst, dass in Weihenstephan auch heute noch das Reinheitsgebot von 1516 Grundlage allen Handelns ist. Hopfen, Gerste, Wasser und Hefe – mehr kommt nicht

in die Flasche oder ins Fass. Helles, Dunkles und Weißbier, zwölf verschiedene Biersorten werden in Weihenstephan hergestellt. Ein Drittel der Produktion geht ins Ausland. Von Australien über Brasilien, von Malaysia bis in die USA – nahezu weltweit sind die Biere zu bekommen.

Die Brauerei bietet einstündige Führungen an, der Rundgang beginnt mit einem Besuch des Museums »Zum Ursprung des Biers«. Anschließend geht's u. a. ins Sudhaus und in den Lagerkeller.

INFO: Freising liegt 33 km nordöstlich von München in Oberbayern. **INFO BAYERISCHE STAATSBRAUEREI WEIHENSTEPHAN:** Alte Akademie 2, 85354 Freising, Tel. (081 61) 53 60, www.weihenstephaner.de, Führungen nach Anmeldung Mo–Mi 10, Di auch 13.30 Uhr, Eintritt € 8, mit Verkostung € 11.

wurde, verfiel die Stadt in die Provinzialität, bis sie sich in der Nachkriegszeit wieder zu einem prosperierenden Ort entwickelte.

Erst kurz vor den Toren der Stadt weisen die beiden mächtigen ziegelroten Backsteintürme des Münsters den Weg in den historischen Kern. Diese »Festung Gottes« mit über Eck gestellten Türmen ordnete im 15. Jahrhundert Herzog Ludwig der Gebartete an.

Dem Münster zu Füßen duckte sich die Bürgerstadt, die sich als typische mittelalterliche Gründung hinter Gräben, Türmen und Toren wehrhaft verschanzte. Noch im 19. Jahrhundert wurde Ingolstadt zur bayerischen Landesfestung ausgebaut. Dieses nach Plänen Leo von Klenzes errichtete klassizistische Bollwerk macht den historischen Innenstadtbereich zusammen mit allen schon vorher errichteten Befestigungsanlagen heute zu einem großen Freilichtmuseum.

Für bürgerliche Wohnlichkeit hinter martialischen Mauern sorgte das wohlhabende Bürgertum zur Zeit von Barock und Rokoko. Beispiele dieser Epochen sind in der Theresien- und Ludwigstraße zu finden. Besondere Akzente setzt der üppige Rokokostuck des Ickstatt-Hauses (Ludwigstr. 5). Das Wohnhaus des Reformers Johann Adam Freiherr von Ickstatt (1702–76) zählt mit der höchsten Barockfassade Süddeutschlands zu den besonderen Sehenswürdigkeiten der Stadt.

Bei sonnigem Wetter ist der Platz vorm Rathaus von Ingolstadt ein beliebter Treffpunkt

Blick in die Ausstellung »Formen des Krieges 1600–1815« mit der Inszenierung einer Szene aus dem Dreißigjährigen Krieg im Bayerischen Armeemuseum

Zeitgleich entstand die Asamkirche Maria de Victoria. Der Grundstein zu diesem Betsaal der Marianischen Studentenkongregation wurde 1732 gelegt. Das bewährte Team Asam & Asam, der Maler Cosmas Damian und der Stuckateur Egid Quirin, baute dieses Rokokojuwel von unwirklicher Schönheit, dessen phänomenales Deckenfresko zu den großartigsten Leistungen der Illusionsmalerei gehört. Zu den außergewöhnlichen Kostbarkeiten der Kirche zählt die Lepanto-Monstranz, angeblich die wertvollste ihrer Art weltweit. Dargestellt ist die siegreiche Seeschlacht der Christen über die Türken bei Lepanto.

ℹ️ **Tourist Information** ➡ A4
– Am Rathausplatz, Moritzstr. 19, 85049 Ingolstadt
✆ (08 41) 305 30 30, www.ingolstadt-tourismus.de
– Ingolstadt Village Outlet Shopping, Otto-Hahn-Str. 1
✆ (08 41) 886 31 00

🏛 **Bayerisches Armeemuseum** ➡ A4
Paradeplatz 4, Ingolstadt
✆ (08 41) 937 70, www.armeemuseum.de
Di–Fr 9–17.30, Sa/So 10–17.30 Uhr
Eintritt € 3,50, bis 18 J. frei, So € 1
In der alten Festungs- und Garnisonstadt kann man sich die größte Waffensammlung Süddeutschlands ansehen. Diese wird in den 35 Räumen des Neuen Schlosses, einem der bedeutendsten gotischen Profanbauten Deutschlands, gezeigt. Zu den Prunkstücken der Exponate zählt auch ein türkisches Wohnzelt aus dem 17. Jh.

*Prächtiges Fresko an
der Decke der Asamkirche
Maria de Victoria*

🏛 🌼 Deutsches Medizinhistorisches Museum ➡ A4
Anatomiestr. 20, Ingolstadt
✆ (0841) 305 28 60, www.dmm-ingolstadt.de
Tägl. außer Mo 10–17 Uhr, Alte Anatomie wird bis Nov.
2020 saniert, bis dahin Eintritt € 3, bis 18 J. frei
Die Medizingeschichte wird anhand von 1200 Präparaten auch für den Laien verständlich dargestellt. Zeugnisse der frühen Hochkulturen Griechenlands, Roms sowie Ägyptens und Gegenstände der Chirurgie sind zu besichtigen. Neben der Alten Anatomie der einst weit über Ingolstadt hinaus berühmten Medizinischen Fakultät sind ein moderner Neubau und ein Arzneimittelgarten zu besichtigen.

👁 Asamkirche Maria de Victoria ➡ A4
Neubaustr. 11/2, Ingolstadt
✆ (08 41) 305 18 31
März–Okt. tägl. außer Mo 9–12 und 12.30–17, Mai–Sept. auch Mo, Nov.–Feb. tägl. außer Mo 13–16 Uhr
Das Rokokojuwel wurde nach Entwürfen der Brüder Asam im Auftrag der Marianischen Studentenkongregation gebaut. Neben dem mit 42 x 16 m weltweit größten Flachdeckenfresko zählt die Lepanto-Monstranz zu den Kostbarkeiten der Innenausstattung.

✕ Weißbräuhaus zum Herrnbräu ➡ A4
Dollstr. 3, Ingolstadt
✆ (08 41) 328 90
www.herrnbraeu.de
tägl. 8.30–24 Uhr

ASAMKIRCHE MARIA DE VICTORIA

Ingolstadt, Bayern

W üsste man nicht genau, wo sie steht, könnte man sie im Vorbeischlendern glatt übersehen – die Asamkirche Maria de Victoria in Ingolstadt. Eingepfercht zwischen Wohnhäusern, ohne hohen Turm und im Schatten des Münsters fällt das Gotteshaus auf den ersten Blick gar nicht auf. Dabei ist die Kirche ein Kleinod barocker Pracht und die Ausstattung ein Hauptwerk des bayerischen Rokoko.

1577 hatten die Jesuiten im Zuge der Gegenreformation die Akademische Marianische Kongregation der Universität gegründet. Zwischen 1732 und 1736 errichtete der Ingolstädter Stadtmaurermeister Michael Anton Prunthaller Maria de Victoria als Betsaal für die Bruderschaft.

Die äußeren Stuckarbeiten stammen vom Ingolstädter Bildhauer Wolfgang Zächenberger, die prachtvollen Verzierungen im Inneren schufen die Gebrüder Asam. Seinen Ruhm verdankt der Kirchenraum dem Deckenfresko von Cosmas Damian Asam, erschaffen im Jahr 1734. Mit einer Länge von 40 und einer Breite von 16 Metern gilt es als das größte Flachdeckenfresko der Welt. Dargestellt ist in einer Haupt- und verschiedenen Einzelperspektiven die Menschwerdung Gottes.

Asam realisierte das Fresko auf dem Höhepunkt seines Wirkens in nur sechs Wochen. Der Besucher sollte sich Zeit nehmen, die Details zu entdecken, was vor 2020 z. B. jeden Sonntag zwischen April und Oktober um zwölf Uhr ein Genuss war, der künftig weiterhin geplant ist.

Eine weitere Kostbarkeit lagert in der Schatzkammer der Kirche: die Lepanto-Monstranz, auch Türkenmonstranz genannt. Das Kunstwerk ist eine der bedeutendsten Goldschmiedearbeiten, die die deutsche Kirchengeschichte kennt. Geschaffen hat sie der Augsburger Goldschmied Johannes Zeckl.

1708 wurde die Monstranz aus Gold, Silber und Edelsteinen für die bürgerliche Kongregation beschafft – eine funkelnde Darstellung des Siegs über die osmanische Flotte in der Schlacht von Lepanto im Jahr 1571.

INFO: Ingolstadt liegt zwischen München und Nürnberg. **INFO ASAMKIRCHE MARIA DE VICTORIA:** Tourist Information am Rathausplatz, Moritzstr. 19, 85049 Ingolstadt, Tel. (08 41) 305 30 30, www.ingolstadt-tourismus.de, Öffnungszeiten Kirche Nov.–Feb. Di–So 13–16, März–Okt. Di–So 9–12 und 12.30–17 Uhr, Mai–Sept. auch Mo geöffnet

Kleinod des bayerischen Rokoko: die Innenausstattung der Asamkirche Maria de Victoria in Ingolstadt

Morgens werden Weißwürste und Brezen serviert, ab 11 Uhr gibt es mehr. Neben traditionellen Fleischgerichten sind die Mehlspeisen zu empfehlen. €€

⬛🍷 Schwedenschimmel ➡ A4

Münchener Str. 32, Ingolstadt
✆ (0841) 31 96 31 63, www.schwedenschimmel.de
Di–Sa 16–24 Uhr
Ein toller Ort, um den Tag mit einem ausgiebigen Frühstück zu beginnen oder bei einem Drink am Abend ausklingen zu lassen. €

Ausflugsziele:

🏛 Kelten-Römer-Museum ➡ E4

Im Erlet 2, Manching
Über die Autobahn A9 (Ausfahrt Manching) oder mit dem Linienbus Nr. 16 ab Hauptbahnhof Ingolstadt Richtung Manching/Geisenfeld, Haltestelle Am Schloßberg
✆ (084 59) 32 37 30, www.museum-manching.de
Di–Fr 9.30–16, Sa/So/Fei 10–17 Uhr
Eintritt € 6/2, bis 6 J. frei, Fam. € 7–13
Manching ist eine der am besten erforschten Keltenstädte Europas. Der moderne Museumsbau, eine Zweigstelle der Archäologischen Staatssammlung München, liegt

Blick in die moderne Dauerausstellung des Kelten-Römer-Museums Manching

in landschaftlich reizvoller Lage am Rand eines monumentalen Wallrings der Keltenstadt auf der Halbinsel zwischen Paar und Augraben.

Im sogenannten Keltensaal wird eine umfassende Rekonstruktion des Lebens im Manchinger Oppidum vor mehr als 2000 Jahren geboten. Prunkstück der Sammlung ist hier das einzigartige goldene »Kultbäumchen«.

Im Mittelpunkt des zweiten Bereichs stehen ohne Frage die Reste der beiden 15 m langen römischen Schiffe.

🏛️🎭 Dinosaurier Museum Altmühltal ➜ nördl. A4
Dinopark 1, 85095 Denkendorf
☎ (084 66) 90 46 813, https://dinopark-bayern.de/
Mo–Fr 9–18, Sa/So/Fei 8–18 Uhr
Eintritt € 19,50/9,50, bis 3 J. frei
Mit über 70 lebensgroßen Nachbildungen können sich im Dinopark Groß und Klein auf einem Erlebnispfad über die Urzeitgiganten informieren. Im Museum kann man echte Dinoskelette bestaunen und an Mitmach-Stationen nach Fossilien suchen.

Schleißheim ➜ D5
Mit dem **Neuen Schloss** erfüllte sich der Barockfürst Max II. Emanuel, genannt der »Blaue Kurfürst«, den Traum einer Sommerresidenz nach französischem Vorbild. Entstanden ist ein Gesamtkunstwerk der Top-künstler jener Zeit. Im kleinen **Schloss Lustheim** am Ende des französischen Gartens wird eine Sammlung von Meißner Porzellan gezeigt. Im **Alten Schloss** sind zwei Sammlungen des Bayerischen Nationalmuseums zu besichtigen: »Das Gottesjahr und seine Feste« sowie eine Sammlung zur Landeskunde Ost- und Westpreußens. Die Entwicklungsgeschichte des Motorflugs – vom Flugzeug Lilienthals bis zum Starfighter – zeigt das Deutsche Museum auf der **Flugwerft Schleißheim**.

📷🏛️ Deutsche Museum Flugwerft Schleißheim ➜ D5
Effnerstr. 18, Oberschleißheim, Ferdinand-Schulz-Allee (für Navigationssysteme), ☎ (089) 217 93 33
www.deutsches-museum.de/flugwerft
Tägl. 9–17 Uhr, Eintritt € 7/3, bis 5 J. frei
Neben einem historischen Teil mit Werfthalle und Kommandantur lockt eine weitere Ausstellungshalle mit gläserner Werkstatt, in der Flugzeuge der Luft- und

Große Galerie im Neuen Schloss Schleißheim

Schloss Schleissheim

Oberschleißheim, Bayern

Gleich im Dreierpack kommen die Sehenswürdigkeiten im Schloss Schleißheim daher. Am Nordrand Münchens, eingebettet in einen sehenswerten Landschaftspark, ist eine Anlage zu besichtigen, die als Juwel barocker Schlossarchitektur gilt. Das Neue Schloss Schleißheim wurde im Auftrag des Kurfürsten Max Emanuel (der Blaue Kurfürst) 1701 bis 1704 nach Entwürfen von Enrico Zuccalli begonnen und ab 1719 unter Joseph Effner vollendet.

Da der Kurfürst ein architektonisches Zeichen für seinen Anspruch auf die Königs- beziehungsweise Kaiserkrone setzen wollte, wählte er das Pariser Königsschloss (Louvre) und die Wiener Kaiserresidenz (Schönbrunn) als Vorbilder.

Von dem ursprünglich geplanten monumentalen Vierflügelbau ist nur der Hauptflügel übrig geblieben. Die prunkvolle Innenausstattung schufen bedeutende Künstler wie Johann Baptist Zimmermann, Cosmas Damian Asam und Jacopo Amigoni. Aufgrund seiner herausragenden Akustik eignet sich der Große Saal besonders gut für klassische Konzertveranstaltungen.

Im Schlosspark des Neuen Schlosses liegt auf einer künstlichen Insel das Jagd- und Gartenschloss Lustheim, das Kurfürst Max Emanuel anlässlich seiner Hochzeit mit der Kaisertochter Maria Antonia 1685 erbauen ließ. Gegen Ende des 17. Jahrhunderts fanden hier prunkvolle Feste und Bankette statt. Der Besucher taucht ein in die Atmosphäre dieser Zeit.

Im Festsaal ist vor allem das Deckenfresko von Francesco Rosa hervorzuheben (für einige Jahrzehnte war es das größte der Welt), ebenso die Meißener Porzellansammlung mit schönen Geschirren, Tafelaufsätzen und Tierfiguren.

Das Alte Schloss zählt mit seinen mehr als 200 Räumen und der Wilhelmskapelle zu einem der Hauptwerke des bayerischen Frühbarock. Es wurde von Herzog Maximilian I. anstelle des väterlichen Herrenhauses errichtet und enthält sowohl Elemente der einheimischen wie der italienischen Baukunst. Hier befindet sich auch die Sammlung Gertrud Weinhold »Das Gottesjahr und seine Feste«.

Info: Oberschleißheim liegt ca. 20 km nördlich von München. **Info Schloss Schleissheim:** Schloss- und Gartenverwaltung, Max-Emanuel-Platz 1, 85764 Oberschleißheim, Tel. (089) 31 58 72-0, www.schloesser-schleissheim.de, Öffnungszeiten Di–So April–Sept. 9–18, Okt.–März 10–16 Uhr, Gesamtkarte € 10, ermäßigt € 8.

Italienisches Vorbild spürbar: das Neue Schloss Schleißheim in Oberschleißheim

Schloss Lustheim

Raumfahrtsammlung des Deutschen Museums restauriert werden.

Schlossanlage Schleißheim ➡ D5
Max-Emanuel-Platz 1, Oberschleißheim
✆ (089) 315 87 20, www.schloesser-schleissheim.de
Anfahrt ab München mit der S1 Richtung Freising, Haltestelle Oberschleißheim, dann 15 Min. zu Fuß.
Tägl. außer Mo 9–18, Okt.–März 10–16 Uhr, Eintritt alle € 10, erm. € 8, bis 18 J. frei, Altes Schloss € 4/3, Neues Schloss 6/5, Schloss Lustheim 5/4
In der warmen Jahreszeit sind Schloss und Park Schauplatz für Konzerte.

Schrobenhausen ➡ B3
Die Geburtsstadt des Malerfürsten Franz von Lenbach ist das Herzstück der größten zusammenhängenden bayerischen Spargelregion. Einzigartig in der Region sind der malerische Stadtwall mit altem Baumbestand und die fast vollständig erhaltene Stadtmauer aus dem 15. Jahrhundert. Eingebettet in eine naturnahe Landschaft lädt die Kleinstadt mit dem historischen Stadtkern ganzjährig zu einem Besuch ein.

ⓘ Tourist-Information ➡ B3
Lenbachstraße 26, 86529 Schrobenhausen
✆ (082 52) 90 0
www.schrobenhausen.de/Tourismus

Botenturm (oben) und
Brunnen in der Lachen (unten)
in Schrobenhausen

Das Fünf-Seen-Land

Die »Badewannen Münchens« – Ammersee, Starnberger, Wörth-, Weßlinger und Pilsensee – sind stressfrei und ganz bequem mit der S-Bahn (S6, S8) von der Landeshauptstadt aus zu erreichen. Der vielfältige Reiz dieser Seenlandschaft erschließt sich am nachhaltigsten dem Fahrradfahrer oder dem, der an Bord eines der Rundfahrtschiffe das Panorama genießt, die im Fünf-Seen-Land nur auf dem Starnberger und dem Ammersee verkehren.

Bayerische Seenschifffahrt ➡ E4
📞 (086 52) 963 60, www.seenschifffahrt.de
Abfahrtzeiten und Ticketpreise vgl. Website
Nur auf dem Ammer- und Starnberger See fahren in der warmen Jahreszeit größere Rundfahrtschiffe, aber auf allen Seen gibt es Bootsausflüge.

Ammersee ➡ E/F3
Der Ammersee liegt inmitten eines hügeligen Bauernlands. Hier zeigt sich Oberbayern von der idyllischsten Seite. Natürlich kommen an den heißen Wochenenden viele Tagesausflügler, doch wer mit dem Fahrrad unterwegs ist, findet besonders am Westufer stets ein ruhiges Plätzchen. Hier herrscht wohltuende Normalität in wunderschöner Natur.

Der Starnberger See wurde bis ins 19. Jahrhundert »Würmsee« genannt, die heutige Bezeichnung geht auf das Jahr 1962 zurück

STARNBERGER-, AMMER-, PILSEN-, WÖRTH- UND WESSLINGERSEE

Fünf-Seen-Land, Bayern

Fünf Seen haben der Region ihren Namen gegeben: Starnberger See, Ammersee, Pilsensee, Wörthsee und Wesslingersee. Eingebettet in eine Postkartenlandschaft aus sanften Hügeln, verspielten Schlösschen und urigen Bauerndörfern laden sie zum Baden, Segeln, Surfen und Angeln ein. Die majestätische Kulisse der Bayerischen Alpen wusste schon der Märchenkönig Ludwig II. zu schätzen. Und auch seine Großcousine, die österreichische Kaiserin Elisabeth, Kosename »Sisi«, kam immer wieder in ihre Heimat zurück.

Ausflugslokal am Starnberger See

In dem kleinen Villenort Berg am Ufer steht ein schlichtes Holzkreuz, das sich im Wasser des Starnberger Sees spiegelt. Hier ertranken unter bis heute ungeklärten Umständen am 13. Juni 1886 König Ludwig II. und sein Psychiater Dr. von Gudden – einen Tag nachdem der König auf Neuschwanstein für unmündig erklärt und abgesetzt worden war. Der Starnberger See schlängelt sich lang und schmal durch die aus eiszeitlichen Moränen gebildete bergige Landschaft – nur 20 Minuten von München entfernt. Er ist nach dem Chiemsee der zweitgrößte See Bayerns. Bei einer Rundfahrt mit den Dampfern der Bayerischen Seenschifffahrtsflotte können Besucher langsam an Villen und Uferlandschaften vorbeigleiten. Die gut 50 Kilometer lange Uferstraße rund um den See ist zum großen Teil für Autos gesperrt, dafür haben Radler freie Fahrt.

Nicht so elegant wie am Starnberger See, sondern eher gemütlich ist die Atmosphäre am Ammersee. Seebäder und Liegewiesen laden zum Baden ein. Die am südlichen Ufer gelegene unbewohnte Schwedeninsel gehört zum Naturschutzgebiet Vogelfreistätte Ammersee-Südufer. Im Herbst halten sich hier bis zu 15 000 Zugvögel auf.

Auch die drei kleineren Seen – der beschauliche Wörthsee, der romantische Pilsensee und der idyllische Wesslingersee – sind beliebte Ausflugsziele und Naherholungsgebiete. Besucher können das Fünf-Seen-Land auf 220 Kilometern Wander- und 300 Kilometern Radweg erkunden. Gaststätten und Biergärten laden zu einer Brotzeit und einer Maß Bier ein – oft mit Blick auf die malerischen Alpengipfel.

INFO: Das Fünf-Seen-Land liegt südwestlich von München, bis Starnberg sind es von München etwa 30 km. **INFO FÜNF-SEEN-LAND:** Tourist Information, Hauptstr. 1, 82319 Starnberg, Tel. (081 51) 906 00, www.starnbergammersee. de. **INFO SCHIFFFAHRT STARNBERGER SEE:** Nepomukweg 4, Starnberg, Tel. (081 51) 80 61, www.seenschifffahrt.de, Saisonbeginn im April. **INFO SCHIFFFAHRT AMMERSEE:** Landsberger Str. 81, 82266 Inning, Tel. (081 43) 940 21, www.seenschifffahrt.de, Saisonbeginn im April. **REISEZEIT:** Frühsommer bis Herbst.

Dießen ➡ F3

Der Ort besitzt wie alle anderen Plätze rund um den Ammersee eine gute touristische Infrastruktur und hat sich außerdem als Sitz vieler Kunsthandwerker einen Namen gemacht: Töpfer, Weber und Holzschnitzer leben und arbeiten hier. Nicht zu Unrecht wird der zwischen 1732 und 1739 geschaffene Innenraum des **Marienmünsters** als »Thronsaal Gottes« bezeichnet. Der Bauplan stammt von Johann Michael Fischer, für die Innenausstattung konnten u. a. die damals viel beschäftigten Wessobrunner Stuckateure verpflichtet werden. Der Hochaltar mit den mächtigen Figuren der vier Kirchenväter wirkt wie ein lebendiger Bühnenraum. Und über allem wölbt sich der »Bayerische Himmel«. Auf dem riesigen Deckenfresko sind 28 Heilige und Selige aus dem Dießen-Andechser Grafengeschlecht dargestellt. Die Exponate im **Orff-Museum** erinnern an den bedeutenden Komponisten, der in Dießen lebte.

ℹ Tourist Information ➡ F3
Bahnhofstraße 15, 86911 Dießen am Ammersee
✆ ((081 51) 90 60 10, www.tourist-info-diessen.de

🏛 Carl-Orff-Museum ➡ F3
Hofmark 3, 86911 Dießen am Ammersee
✆ (088 07) 919 81, www.orff.de
aktuelle Öffnungszeiten online

Blick auf Dießen am Ammersee mit Marienmünster

Hier sind Leben und Werk des Komponisten dokumentiert, der im Kloster Andechs beigesetzt wurde.

🎎 Kunst-Pavillon am See ➡ F3
Seestr. 30, Dießen
☏ (088 07) 84 00
www.diessener-kunst.de
Im Pavillon am Dampfersteg werden die Erzeugnisse der ortsansässigen Maler und Kunsthandwerker verkauft.

🎎 Zinngießerei Schweizer ➡ F3
Herrenstr. 7, Dießen
☏ (088 07) 50 72, www.zinnfiguren.de
Mo–Fr 10–12, Mo/Di,Do/Fr 14–18, Sa 10–12.30 Uhr
Der nach traditionellen Mustern gefertigte Weihnachtsschmuck aus Zinn wird weltweit exportiert.

Ausflugsziel:

🔆🎴 Erdfunkstelle Raisting
Hofstätterweg, Raisting
☏ (088 07) 94 69 26
www.erdfunkstelle-raisting.de
Wer die Erdfunkstelle besichtigen möchte, sollte sich rechtzeitig per Telefon oder im Internet um die nötigen aktuellen Informationen kümmern.

Große Parabolantenen sichern die Kommunikation ins All

Scheuermann Villa an der Promenade in Herrsching

Knapp fünf Kilometer südlich vom Ammersee stehen die riesigen Antennenschüsseln der Erdfunkstelle, die für eine störungsfreie Kommunikation zu den Satelliten im All sorgen.

Herrsching ➜ E3

In Herrsching in der weiten Bucht am Ostufer des Ammersees fühlt man sich an sonnigen Sommer-Wochenenden an der Uferpromenade mit Dampfersteg fast wie in Italien. Ruhig geht es auf dem insgesamt acht Kilometer langen Seeuferweg außerhalb der Ortschaft zu. Im Kurpark am See fällt sofort das pittoreske **Kurparkschlösschen** auf. Die eigenwillige Villa ließ sich vor über 100 Jahren der Maler Ludwig Scheuermann errichten. Heute wird der Bau als Gemeindezentrum genutzt.

ℹ Tourist Information ➜ E3

Bahnhofsplatz 3, 82211 Herrsching
✆ (081 51) 90 60 40, www.herrsching.de

❶ Kloster Andechs ➜ F3

Hoch oben auf dem »Heiligen Berg« (Wanderweg, ca. 45 Min. vom S-Bahnhof) der Bayern thront die rosafarbene Kirche mit Benediktinerkloster. Nachweislich lag schon in vorchristlicher Zeit auf der Anhöhe eine Kultstätte, gefolgt von einer Burganlage der Grafen von Andechs. Der Reliquienschrein in der Heiligen Kapelle

*Künstlerhaus Gasteiger
in Holzhausen (links) und
Jugendstilsalon (rechts)*

ist seit Jahrhunderten Ziel der Pilger. Für die fantasti-sche Innenausstattung des Kirchenraums im Stil des Rokoko konnte Johann Baptist Zimmermann aus dem nahen Wessobrunn gewonnen werden. Ziel der meis-ten Ausflügler ist aber nicht vorrangig die Kirche, son-dern das berühmte Klosterbier im Bräustüberl.

⊙ ◐ ☒ Kloster Andechs ➡ F3
Bergstr. 2, Andechs, www.andechs.de
Wallfahrtskirche tägl. 8–18 Uhr, Eintritt frei

☒ ◐ Andechser Bräustüberl ➡ F3
Bergstr. 2, Andechs
℡ (081 52) 37 62 61
Tägl. 10–20 Uhr
Die Spezialität, das berühmte Klosterbier, wird in den Sälen und Stuben und im Biergarten mit herrlichem Weitblick serviert. Die Grill- und Wurstschmankerln kommen frisch aus der Klostermetzgerei. Daneben steht regionaler Käse zur Auswahl. €

Utting ➡ E3
Im hübschen, noch immer bäuerlichen Utting verlockt im Ortsteil Holzhausen inmitten eines Landschaftsparks mit Badewiese das **Künstlerhaus Gasteiger** zu einem Besuch. In der Jugendstilvilla lebte der gleichnamige Bildhauer während der Sommermonate.

⊙ Künstlerhaus Gasteiger ➡ E3
Eduard-Thöny-Str. 43, Utting
℡ (088 06) 6 99

KLOSTER ANDECHS

Andechs, Bayern

Auf halber Strecke zwischen Starnberger See und Ammersee liegt das Kloster Andechs, ältester Wallfahrtsort Bayerns und oberbayerisches Bierparadies. Es ist weit über die Region hinaus bekannt, weil das Bier in der eigenen Klosterbrauerei gebraut wird. Es ist allerdings gewöhnungsbedürftig, an heißen Sommerwochenenden Tausende Trinkfreudige heranströmen zu sehen, die in einer Mischung aus rustikaler Frömmigkeit und munterer Bierseligkeit unterm Kruzifix eine Maß nach der anderen herunterspülen und sich den Schaum vom Mund wischen.

Der Ammersee, drittgrößter See Bayerns, wird von bewaldeten Moränenhöhen umgeben und verdankt seine Existenz, wie die meisten oberbayerischen Seen, eiszeitlichen Gletschern. Sein Ostufer wurde von Geröllverschiebungen auf 180 Meter aufgetürmt und gilt als »heiliger Berg«. Darauf steht das Kloster Andechs, das im Jahr von etwa 30 000 Pilgern aufgesucht wird, vor allem rund um Christi Himmelfahrt. Schon im 10. Jahrhundert stand eine Burg auf dem Berg, zwei Jahrhunderte später herrschten dort die machtbewussten Reichsgrafen von Andechs-Meranien. 1455 gründete Herzog Albrecht III. das Kloster, weil der Reliquienschatz der Andechs-Meranier wiederentdeckt worden war. Die Benediktiner schmückten die ursprünglich gotische Hallenkirche (erbaut 1416–1423) Mitte des 18. Jahrhunderts im Stil des Rokoko aus. In der Heiligen Kapelle wird der Klosterschatz gehütet, dazu gehören eine Drei-Hostien-Monstranz (1435) und das Brautkleid der heiligen Elisabeth aus dem Fürstenhaus Andechs-Meranien. Der Komponist Carl Orff (1895–1982), der in der Nähe lebte, wurde in der Kirche beigesetzt.

Die Fastenzeit wird im katholischen Bayern eingehalten, bedeutet aber keinen vollständigen Verzicht: »Fastenbier« ist erlaubt, und weil es sehr nahrhaft ist, werden viele Hektoliter davon in hungrige Mägen gespült. Die Mönchsbrauer produzieren in ihrer technisch hochmodernen Brauerei das dunkle Doppelbock mit sieben Prozent Alkohol. Den muss man vertragen können, wenn man sich am Klosterbier laben will.

INFO: Andechs liegt 40 km von München entfernt. **INFO KLOSTER ANDECHS:** Bergstr. 2, 82346 Andechs, Tel. (081 52) 3760, www.andechs.de, Führungen nach Voranmeldung **REISEZEIT:** Mai–Okt.

Auf einem Hügel an der Ostseite des Ammersees: Kloster Andechs

www.utting.de, April–Okt. So 14–17 Uhr
Eintritt € 3,50/2,50
Im Rahmen einer Führung werden die Räume der Jugendstilvilla des Bildhauers Mathias Gasteiger (1871–1934) gezeigt. Zu besichtigen sind die im Original ausgestatteten Räume mit einigen Skulpturen des Künstlers.

Strandbad Utting ➧ E3
Seestr. 12 A, Utting
✆ (088 06) 76 80, www.strandbad-utting.de
Bei gutem Wetter tägl. 9–19 Uhr, Eintritt € 3/1,50
Kleines Freibad mit einem altmodischen Sprungturm aus Holz (nicht mehr zugänglich) und Biergarten.

Hochseilgarten Ammersee ➧ E3
Fahrmannsbachstr. 2, Utting
✆ (088 06) 923 49 20
www.hochseilgarten-ammersee.de; Mitte März–Mitte Nov., Eintritt 2 Std. ab € 19/9 (Online-Reservierung)
Auf dem Piratenschiff »Wilde Gretel« wird das Klettern zu einem Abenteuer. Kletterrouten auf vier Ebenen bis zu einer Höhe von 13 m mit einem ausgeklügelten Sicherheitssystem.

Ausflugsziel:

Kaltenberger Ritterturnier
Schloss Kaltenberg bei Geltendorf
Ticket-Hotline: ✆ (01 80) 611 33 11
www.ammersee-region.de/ritterturnier-kaltenberg

Blick von der Ilkahöhe (726 m) nahe Tutzing am Starnberger See auf die trügerisch nahe Kulisse der Alpen

Ritterturnieren wie im Mittelalter kann der interessierte Besucher auf Schloss Kaltenberg beiwohnen

Geltendorf Regionalbahn oder S-Bahn 4 ab München, Im Juli verpflichtet alljährlich »Seine Königliche Hoheit Luitpold Prinz von Bayern« professionelle Draufgänger zum Turnier. Das mittelalterliche Spektakel findet an drei aufeinander folgenden Wochenenden in der Regel jährlich statt, den Auftakt macht eine Gauklernacht.

Starnberger See ➡ E/F4

An klaren Föhntagen glitzert der See vor der so trügerisch nahen Kulisse der Alpen. Die bayerischen Herrscher erlagen als Erste der Schönheit des Orts. Berühmtheit erlangten die rauschenden Feste des vergnügungssüchtigen Barockfürsten Ferdinand Maria, der bis zu 500 Gäste auf sein Prunkschiff »Buccentaur« einlud.

In der Folgezeit verbrachten kaiserliche und königliche Urlauber aus europäischen Herrscherhäusern die Sommermonate am Ufer des Sees. Ihnen folgte im 19. Jahrhundert der Adel, das wohlhabende Großbürgertum im Schlepptau.

Es entstanden schlossähnliche Sommerresidenzen, die noch heute in Privatbesitz und daher unzugänglich

Badespaß bei Seeshaupt

sind. Viele der gigantisch teuren Seegrundstücke sind fest in der Hand der neuen Reichen aus München und der ganzen Welt.

Ammerland und Seeshaupt ➡ F4

In dem ehemaligen Fischerdorf **Ammerland** lebte Christoph-Carl von Bülow, genannt Loriot. Auch der vielseitig begabte Graf Pocci hatte hier sein Domizil. Der Zeremonienmeister der Wittelsbacher wohnte in dem etwas versteckt liegenden Schlösschen mit den beiden Zwiebeltürmen. Kaum jemand wird heute noch etwas mit dem Namen Graf Pocci verbinden. Doch einst machte ihn die Figur »Kasperl Larifari« berühmt.

Mit **Seeshaupt** ist der südlichste Punkt des Sees erreicht. Im Verlauf der großen Rundfahrt legt das Schiff beispielsweise auch hier an.

Wer zum Beispiel die gesamte Seeumrundung von gut 50 Kilometern nicht komplett mit dem Fahrrad bewältigen möchte, hat hier die Möglichkeit, an Bord eines der Ausflugsschiffe zu gehen, um nun von Deck aus entspannt die herrliche Landschaft zu genießen. Direkt vor den Toren des Orts liegt das Naturschutzgebiet Osterseen.

🎴🎴🎴 Naturschutzgebiet Osterseen ➡ G4

Von Seeshaupt bietet sich ein attraktiver Kurztrip ins nahe Naturschutzgebiet im Moorland um die Osterseen an. Auf einer Gesamtfläche von tausend Hektar

liegen verstreut im lichten Mischwald mit stillen Wanderwegen diverse Hoch-, Nieder- und Zwischenmoore.

☒ Landgasthof Osterseen ➡ G4
Hofmarkt 9, Iffeldorf, ℂ (088 56) 928 60
www.landgasthof-osterseen.de, Mo, Mi–Fr 12–14 und 18–21, Sa/So/Fei 11.30–14.30 und 18–21 Uhr
Von der Terrasse hat man einen traumhaften Blick über das Naturschutzgebiet. Leichte bayerische Küche. €€

Bernried ➡ F4
Nähert man sich Bernried am Westufer des Sees mit dem Schiff, taucht schnell die imposante Anlage des ehemaligen Augustinerchorherrenstifts auf. Der kleine Ort schmückt sich mit einigen gut erhaltenen und gepflegten Bauernhäusern aus Holz. Zum Publikumsmagneten hat sich das **Museum der Phantasie** mit der Sammlung von Lothar-Günther Buchheim entwickelt. Neben den von ihm gesammelten Werken weltberühmter Expressionisten werden volks- und völkerkundlicher Exponate des Kunsthandwerks aus aller Welt gezeigt.

🏛☺ Buchheim Museum der Phantasie ➡ F4
Am Hirschgarten 1, Bernried
ℂ (081 58) 99 70 55, www.buchheimmuseum.de

Lothar-Günther Buchheim in seinem Esszimmer in Feldafing, 1970er Jahre

BUCHHEIM MUSEUM DER PHANTASIE

Bernried, Bayern

Bernried gilt als die Schönheitskönigin am Starnberger See. Neben idyllischen Bauernhäusern, Alleen, Obstgärten und einem kleinen Kloster ist dort auch die Kunst zu Hause: im »Museum der Phantasie«, in dem u. a. die

wahrhaft sehenswerte Expressionistensammlung des Schriftstellers, Verlegers und Künstlers Lothar-Günther Buchheim (1918–2007) – Autor des Bestsellers »Das Boot« – gezeigt wird. Der gebürtige Chemnitzer besaß am Starnberger See schon seit seinen Studienjahren in München ein Domizil, hier starb er auch. Betreiber des Museums ist die Buchheim Stiftung.

Schon der erste Blick auf das Museumsareal ist malerisch: Vom Parkplatz aus fällt er auf Skulpturen und Pagoden, die sich im Höhenrieder Park am Ufer des Starnberger Sees verteilen. Der Kern der legendären Buchheim-Sammlung mit Gemälden, Aquarellen, Zeichnungen und Druckgrafiken ist in den nördlich gelegenen Hallen untergebracht. In den beiden mehrstöckigen Türmen des Museums sind die volks- und völkerkundlichen Sammlungen und eine Ausstellung mit eigenen Werken Buchheims zu besichtigen.

Werke der Nach-Expressionisten Otto Dix und Max Beckmann, die zu den Klassikern der Moderne zählen, stehen im Zentrum der Dauerausstellung. Auch die künstlerische Entwicklung der »Brücke«-Maler Kirchner, Heckel, Pechstein und Schmidt-Rottluff ist mit Grafiken und Aquarellen dokumentiert. Außerdem kann sich der Besucher bei einem Rundgang genauso von bayerischer Volkskunst wie auch von Kunsthandwerk aus Afrika inspirieren lassen.

Das Besondere an dem Ausstellungskonzept liegt darin, dass hier Kunst präsentiert wird, die sonst nur in verschiedenen Museen zu sehen wäre. Das macht den Besuch abwechslungsreich, denn es entsteht ein spannender Dialog zwischen der Kunst der Expressionisten und ihren Inspirationsquellen aus Afrika und der Südsee. Konzerte, Lesungen, Theater, Filmvorführungen und Vorträge sorgen für lebendigen Kulturgenuss.

In der Museumswerkstatt kann man selbst zum Künstler werden. Für bleibende Erinnerungen sorgt der Museumsshop mit Plakaten, Büchern und Souvenirs.

INFO: Bernried liegt am Westufer des Starnberger Sees. **INFO BUCHHEIM MUSEUM DER PHANTASIE:** Am Hirschgarten 1, 82347 Bernried, Tel. (081 58) 99 70 20, www.buchheimmuseum.de, Öffnungszeiten Di–So 10–18, Nov.–März bis 17 Uhr, Eintritt € 10, ermäßigt € 5. Besonders schön ist die Anfahrt zum Museum mit dem Museumsschiff »Phantasie« quer über den Starnberger See (Juni–Sept.; Reservierung erforderlich unter Tel. 081 51-80 61). **REISEZEIT:** Mai–Okt.

Kunstwerk für Fußball-Fans am Museum der Phantasie in Bernried

Tägl. außer Mo 10–18, Nov.–März bis 17 Uhr
Eintritt € 10/5
In dem reizvollen Bau des Architekturbüros Günter Behnisch & Partner tritt der Expressionismus in einen spannenden Dialog mit der ihn umgebenen Landschaft.

Ernst Ludwig Kirchner »Fehmarnküste mit Leuchtturm«, 1913, Öl auf Leinwand (links). Das Buchheim Museum in Bernried zeigt u. a. Werke von Ernst Ludwig Kirchner und Picasso (rechts)

 **Gasthof Drei Rosen** ➨ F4
Dorfstr. 11, Bernried
✆ (081 58) 90 40 53
www.dreirosenbernried.de, tägl. 11–22 Uhr
Die Wirtschaft mit Biergarten liegt im alten Dorfkern. Auf der Karte steht neben bayerischen Spezialitäten fangfrischer Fisch aus dem See. €€

Starnberg ➨ E4
Starnberg zeigt sich als moderne Stadt, in der man bei einem Bummel durch die Einkaufsstraßen gegenüber dem Bahnhof noch da und dort liebevoll gepflegte Gründerzeitarchitektur entdeckt. Unterhalb des Bahnhofs lädt die Uferpromenade mit den Anlegestegen zum gemütlichen Spaziergang ein, den man je nach Lust und Laune zu einer ausgedehnten Wanderung oder Radtour am See entlang fortsetzen kann. Wer auf die Anhöhe mit dem **Schloss** (heute Finanzbehörde) geht, wird mit einem Panoramablick über die Stadt und den See sowie auf die Berge belohnt. Gleich neben dem Gebäude steht die **Alte Pfarrkirche St. Josef**. Der Rokokobildhauer Ignaz Günther zeichnet für den grandiosen Hochaltar verantwortlich.

*Blick auf Starnberg mit Kirche
St. Josef und Starnberger See*

Im **Heimatmuseum**, einem ehemaligen Bauernhaus mit modernem Anbau, ist das Modell des besagten »Buccentaur« zu besichtigen. Außerdem erfährt man eine Menge über die erdgeschichtliche Vergangenheit des Starnberger Sees und über das Leben der ehemals hier ansässigen armen Bauern und Fischer.

🛈 Tourist Information Starnberger Fünf-Seen-Land
➡ E4
Hauptstr. 1, 82319 Starnberg
✆ (081 51) 906 00, www.starnbergammersee.de
Mo–Fr 9–17/18, Mai–Okt. auch Sa 10–13 Uhr

🏛 Museum Starnberger See ➡ E4
Possenhofener Str. 5, Starnberg
✆ (081 51) 447 75 70, www.museum-starnberger-see.de
Di–So 10–17 Uhr, Eintritt € 3/2
Die Sammlungen des Heimatmuseums informieren u. a. über das Leben der Bauern und Fischer.

*Der Starnberger »Buccentaur«
war ab 1663 Mittelpunkt der
barocken Seefeste, die Kurfürst
Ferdinand Maria veranstaltete*

✗ 🍷 H'ugo's Beach Club Undosa ➡ E4
Seepromenade 1, Starnberg
✆ (081 51) 99 89 30
www.hugos-beachclub.de
Tägl. 11–1 Uhr
Das Traditionshaus mit seiner großen Seeterrasse lockt im Sommer mit einer Reihe von Club-Events. Im Restaurant werden Gäste mit italienischer Küche verwöhnt. €€

⊠ ▣ Schlossgaststätte Leutstetten → E4
Altostr. 11, Starnberg-Leutstetten
℗ (081 51) 81 56, www.schlossgaststaette-leutstetten.
de, Mai–Sept. tägl. ab 10 Uhr
Urgemütliche Wirtschaft mit Biergarten gegenüber
dem Schloss, in dem heute die Nachkommen der Wittelsbacher leben. Die Küche ist für die Qualität ihrer
bayerischen Gerichte bekannt. €€

⊛ ☻ Ballonfahrten → E4
Kosterholzweg 1, Starnberg
℗ (081 57) 91 04, www.landstettener-ballonfahrten.de,
Mo–Fr 9–12 Uhr, ab € 175 pro Pers.
Vor der Traumkulisse der Alpen schwebt der Ballon
gemächlich über Starnberger und Ammersee. Angeboten werden auch Alpenüberquerungen.

Ausflugsziele:

☻ Schloss Berg → F4
Das Schloss am Ostufer des Starnberger Sees ist noch
immer in Privatbesitz der Wittelsbacher und kann nicht
besichtigt werden. Die nahe Votivkapelle wurde zur
Erinnerung an Ludwig II. errichtet. Das Kreuz im See

*Das Kreuz kennzeichnet die
Stelle, an der der Leichnam von
Ludwig II. gefunden wurde*

Im Schloss von Possenhofen wuchs Sisi auf

markiert die Stelle, an welcher der König und sein Arzt Dr. Gudden am 13. Juni 1886 tot aufgefunden wurden.

✕ ⛴ Hotel Schloss Berg ➜ F4

Seestr. 17, Berg
✆ (081 51) 96 30, www.hotelschlossberg.de
Auf der Terrasse direkt neben dem Anlegesteg lässt es sich bei Kaffee und Kuchen oder mittags und abends an sonnigen Tagen gut aushalten. Geboten werden auf der ständig wechselnden Wochenkarte Kreationen der internationalen Küche und bayerische Schmankerl. €€

Tutzing, Feldafing und Possenhofen ➜ F4

In **Tutzing** hat man die breiteste Stelle des Sees erreicht. Als »Perle am See« bezeichnet sich **Feldafing**. Hier verbrachte Kaiserin Sisi regelmäßig die Sommermonate im noch heute existierenden und nach ihr benannten Hotel. Im Schloss (Privatbesitz) von **Possenhofen** erlebte Sisi ihre glückliche Jugendzeit. Der Schlosspark geht in eines der schönsten, öffentlich zugänglichen Badeparadiese am See über.

✕ ⛴ Golfhotel »Kaiserin Elisabeth« ➜ F4

Tutzinger Str. 2, Feldafing
✆ (081 57) 930 90, www.kaiserin-elisabeth.de
Restaurant tägl. 12–14 und 18–21, Bierstube ab 17 Uhr Stimmungsvoll ist ein Essen im Wintergarten oder auf der Terrasse mit Blick in den Park, in dem die österrei-

chische Kaiserin mit einem Denkmal geehrt wird. Spezialitäten u. a. Salzburger Nockerl und Bayerische Ente. €€–€€€

☒🛏 Hotel am See → F4
Marienstr. 16–18, Tutzing
✆ (081 58) 995 00, https://hotel-am-see-tutzing.hotel-mix.de, Restaurant 10–22 Uhr
Kleinen Familienhotels direkt am See mit Privatstrand, Gartenlokal und guter Küche. €€

☒ Segel- und Sportbootschule Tutzing → F4
Marienstr. 13, Tutzing, ✆ (01 73) 383 30 47
www.segelschule-tutzing.de, Kinderkurse, Bootsverleih
Angeboten werden neben einem Segel-Grundkurs auf Seen und Binnenwasserstraßen Vorbereitungskurse für den Sportführerschein Binnen und See.

Ausflugsziel:

✿◉ Roseninsel → F4
www.roseninsel.bayern, Fährbetrieb ab Park Feldafing (Platanenrondell), Mai, Mitte Sept.–Mitte Okt. Di–So 11–18, sonst 10–18 Uhr, Kasino Mai–Mitte Okt. Di–So 12–18 Uhr, Hin- und Rückfahrt € 5
Auf der verwunschenen Insel bei Feldafing ließ Ludwig II. für die von ihm schwärmerisch verehrte Sisi weit über 1000 Rosen pflanzen.

Weßlinger See und Pilsensee → E3/4
Etwas im touristischen Abseits liegen zwischen Mischwäldern und Buckelwiesen diese beiden »Minibadewannen«. Die Hauptattraktion oberhalb des Pilsensees

Rosarium auf der Roseninsel bei Feldafing am Starnberger See

ist **Schloss Seefeld** (12. Jh.). Rund um den ehemaligen Wirtschaftshof haben mehrere Künstler ihre Ateliers eingerichtet, aber auch einige Boutiquen überraschen den Besucher mit einem exklusiven Warenangebot. Ziel der meisten Ausflügler ist das schöne Bräustüberl.

☒ 🅳 Bräustüberl Schloss Seefeld ➡ E3
Schlosshof 4 C, Seefeld
✆ (081 52) 991 20
www.braeustueberl-seefeld.de
tägl. außer Di 11–22 Uhr
Gehobene bayerische Küche; dazu wird das ausgezeichnete Graf-Toerring-Bier serviert. €€

Wörthsee ➡ E3
Der See wird dem Anspruch nach ländlicher Idylle immer noch gerecht. **Bachern** und **Steinebach** bewahrten trotz Zweitwohnungen betuchter Münchner ein lebendiges Dorfleben. Noch rattern landwirtschaftliche Fahrzeuge durch die Straßen und in der Luft liegt Stallgeruch. Frei- und Strandbäder bieten Badevergnügen.

☒ 🛏 Gasthof Woerl Paradieswinkel ➡ E3
Wörthseestr. 25, Seefeld-Hechendorf
✆ (081 52) 764 45
www.paradieswinkel.de
Tägl. 8–23 Uhr
Kleiner Gasthof mit schöner Seeterrasse. Traumstimmung am Abend; die Küche ist eher schlicht. €

Der 2,5 km lange Pilsensee im Fünf-Seen-Land

Rokoko im Pfaffenwinkel: Klosterkirche Rottenbuch

Pfaffenwinkel

Die Bezeichnung dieser Region geht auf die Pfaffen zurück, wie das Volk die geistlichen Herren im 18. Jahrhundert nannte. Aber genau jene Pfaffen traten nach dem Dreißigjährigen Krieg, in Zeiten der Gegenreformation, als Förderer und Auftraggeber der zahlreichen und einzigartigen Sakralbauten auf. Kirchen, Klöster und Kapellen liegen inmitten einer leicht hügeligen Alpenvorlandschaft.

Hohenpeißenberg/Peißenberg ➡ F/G3

Von dem fast 1000 Meter hohen Berg reicht der grandiose Weitblick bei klarem Wetter bis zum Großvenediger. Das Deckenfresko in der Gnadenkapelle **Mariä Himmelfahrt** im heiteren Rokokostil gleich neben der eigentlichen Wallfahrtskirche stellt die Gründung der Gnadenkapelle dar, bei der das wundertätige Gnadenbild von Schongau gestiftet wurde und später Ziel Tausender Wallfahrer wurde. Nicht allein dem Seelenheil der Pilger fühlten sich die Mönche verpflichtet, sie versuchten mit primitiven Messinstrumenten die Geheimnisse des Wetters zu ergründen. Heute forschen Wissenschaftler des Deutschen Wetterdienstes im benachbarten Observatorium. Im Nachbarort Peißenberg lohnt das Bergbaumuseum einen Besuch.

🏛️🎫 Bergbaumuseum ➡ G3

Am Tiefstollen 2, Peißenberg, ✆ (088 03) 51 02
www.peissenberg.de/bergbaumuseum

Grandiose Kulisse: der Hohe Peißenberg vor in Wolken geschmiegte Seen und Gipfel

WALLFAHRTSKIRCHE
MARIÄ HIMMELFAHRT

Hohenpeißenberg, Bayern

Der Bauersohn Christoph Lenker dürfte in Hohenpeißenberg einen ähnlichen Bekanntheitsgrad besitzen wie der Bundespräsident. Jedes Schulkind in der oberbayerischen Gemeinde im Pfaffenwinkel lernt, was dem Jungen 1580 widerfahren ist: Beim Viehhüten zündete er sich ein Feuer an und im Nu stand der Boden auf breiter Fläche in Flammen.

Christoph Lenker war auf Pechkohle gestoßen – ein Zufallsfund, der das Leben der Dorfbewohner bis heute prägt. Generationen von Adligen, Geschäftsleuten und Bauern in Hohenpeißenberg lebten vom Kohleabbau. Ab 1837 wurde der Bergbau systematisch betrieben. Der letzte Stollen war bis 1971 in Betrieb. Heute erinnert ein Museum in Peißenberg an die alten Zeiten.

Längst ist der Hohe Peißenberg ein Anziehungspunkt für Touristen und Wanderer. Nach Süden hin genießt der Besucher einen weiten Ausblick auf Karwendelgebirge, die Ammergauer Alpen und die Allgäuer Alpen. Von der Nordseite aus sieht man den Ammersee und einen Teil des Starnberger Sees. Die Gemeinde preist das Panorama als den »schönsten Rundblick Bayerns« an.

Aber nicht nur Ausflügler zieht es auf die 988 Meter hohe Erhebung im Pfaffenwinkel. Mehrmals im Jahr ist das Observatorium auf dem Hohen Peißenberg Treffpunkt für Meteorologen aus aller Welt. Die 1781 errichtete Bergwetterstation ist die älteste der Erde. Die regelmäßige Zusammenkunft hat der Anhöhe auch die Bezeichnung *mons doctus* eingebracht – Berg der Gelehrten.

Wahrzeichen des staatlich anerkannten Erholungsorts Hohenpeißenberg ist die Wallfahrtskirche Mariä Himmelfahrt, errichtet

Im Vorland des Ammergebirges: die Wallfahrtskirche Mariä Himmelfahrt auf dem Hohen Peißenberg

zu Beginn des 17. Jahrhunderts im Stil der ausgehenden Renaissance mit prächtigen barocken Altären.

Aus der Erbauungszeit finden sich heute noch die fein geschnitzten Emporenbrüstungen und die vornehme Kanzel von 1619 – eine Seltenheit bayerischer Kirchenkunst. Etwa hundert Jahre später als das Gotteshaus wurde die 1517 eingeweihte Gnadenkapelle Unserer Lieben Frau durch die heimischen Wessobrunner Künstler barockisiert.

INFO: Hohenpeißenberg liegt rund 70 km südwestlich von München. **INFO HOHENPEISSENBERG:** Verkehrsamt, Blumenstr. 2, 82383 Hohenpeißenberg, Tel. (088 05) 92 10 44, www.hohenpeissenberg.de.

Madonna in der Klosterkirche von Rottenbuch (links), Altar der Gnadenkapelle von Hohenpeißenberg (rechts)

Eintritt € 6/2,50, bis 5 J. frei
Fotos und Nachbauten vermitteln einen lebendigen Eindruck vom Pechkohlenbergbau. Bei einer Führung geht es 200 m tief in den ehemaligen Tiefstollen hinein.

Kloster Rottenbuch ➡ G3

Auch die Innenausstattung dieser **Klosterstiftskirche** des ehemaligen Augustinerchorherrenstifts ist eine schwerelose Rokokoschöpfung des Pfaffenwinkels. Wieder waren die vielbeschäftigten Wessobrunner Stukkateure am Werk: Vater und Sohn Schmuzer verpassten dem romanisch-gotischen Bau diese überzeugende Verjüngungskur.

◉ Klosterstiftskirche Mariä Geburt ➡ G3

Klosterhof 40, Rottenbuch
✆ (088 67) 91 10 18, www.rottenbuch.de
Sommer 8–19, Winter 8–18 Uhr, vgl. Augustinerchorherrenkirche S. 99

Kloster Wessobrunn ➡ F3

Von der ehemals mächtigen Abtei wurden große Teile während der Säkularisation 1803 zerstört. Seit 2012 ist die gesamte Anlage in Privatbesitz. Im Rahmen von Führungen durch das Pfarrbüro und das Kloster Wessobrunn können die berühmten Räumlichkeiten wie der Tassilosaal, der Fürstentrakt, das imposante Treppenhaus und vieles mehr besichtigt werden. Johann Schmuzer gestaltete die grandiosen Jagdszenen des

EHEMALIGE AUGUSTINERCHORHERRENKIRCHE ROTTENBUCH

Rottenbuch, Bayern

Die dreischiffige, kreuzförmige Stiftskirche Mariä Geburt ist mit 72 Metern Länge einer der großen Sakralbauten des oberbayerischen Pfaffenwinkels und wird auch das »Barockjuwel Rottenbuch« genannt. Die aus dem 11. Jahrhundert stammende ehemals romanische Basilika wurde in der Gotik erweitert und in der Mitte des 18. Jahrhunderts im Rokokostil prächtig ausgeschmückt. Die Klosteranlage liegt am Steilufer der Ammer hoch über dem romantischen Flusstal.

Das ehemalige Stift der Augustinerchorherren wurde vermutlich bereits im frühen 10. Jahrhundert gegründet. Zu dieser Zeit soll Eticho, ein Angehöriger der mächtigen Welfenfamilie, ein Kloster im Ammertal errichtet haben, möglicherweise in Oberammergau, wo die erste Pfarrkirche der Region nachgewiesen wurde. Auf Grund der günstigeren Lage und des angenehmeren Klimas verlegte Etichos Sohn Heinrich das Mönchskloster schon wenig später nach Rottenbuch, einer mit Rotbuchen bewachsenen Anhöhe über der Ammer.

Herzog Welf I. von Bayern stattete die kleine Einsiedelei im 11. Jahrhundert mit Gütern aus. Das Kloster gewann rasch an Bedeutung. Von der bald nach der Gründung errichteten Kirche hat sich das basilikale Schema erhalten. Ungewöhnlich für den bayerischen Raum sind die Anlage eines kreuzenden Querhauses und die Freistellung des Turms. Die Fresken im Inneren gehören zu den besten Arbeiten Matthäus Günthers. Im linken Seitenaltar befindet sich die anmutige Madonna von Erasmus Grasser von 1483. Sie ist das Einzige, was vom spätgotischen Hochaltar erhalten ist. Seit 1963 wirkt in einem Teil des ehemaligen Chorherrenstifts eine Gemeinschaft der Don-Bosco-Schwestern. Sie betreiben in Rottenbuch eine Fachakademie für Sozialpädagogik, eine Berufsfachschule für Kinderpflege, eine Schule für geistig behinderte Kinder mit heilpädagogischer Tagesstätte und Internat sowie einen Kindergarten, ein Bildungshaus und ein Altenheim für Angehörige ihrer Gemeinschaft.

Ein Barockjuwel im Pfaffenwinkel: die ehemalige Augustinerchorherrenkirche Rottenbuch

INFO: Rottenbuch liegt ca. 75 km südwestlich von München. **INFO AUGUSTINERCHORHERRENKIRCHE ROTTENBUCH:** Klosterhof 40, 82401 Rottenbuch, Pfarramt Tel. (088 67) 10 08, Öffnungszeiten tägl. Mai–Okt. 8–19, Nov.–April 8–18 Uhr. Führungen nach Anmeldung beim Pfarramt. **INFO ROTTENBUCH:** Tourist Information, Klosterhof 42, Rottenbuch, Tel. (088 67) 91 10 18, www.rottenbuch. de, Öffnungszeiten Mo und Do 13–16.30, Di/Mi und Fr 9–12.30 Uhr.

Deckenfreskos: Durch das lichte Grün eines Märchen-
walds jagen rosafarbene Hunde, Hasen und Füchse.
Aber auch in der Literaturgeschichte ist der Name der
Abtei von Bedeutung: Nach dem Kloster ist das älteste
deutsche Sprachdenkmal, das »Wessobrunner Gebet«
(um 814) benannt, dessen Text auf einem Findling
gegenüber dem Gasthof »Zur Post« nachzulesen ist.

◉ Kloster Wessobrunn ➡ F3
Wessobrunn
✆ (088 09) 921 10
www.klosterwessobrunn.de
Führungen durch den Fürstentrakt inkl. Benediktussaal,
Apothekenmuseum, historische Klosterapotheke und
-labor nach Anmeldung, 30–35 Minuten € 4

⊠ Zur Post ➡ F3
Gegenüber vom Kloster
✆ (088 09) 208
www.post-wessobrunn.de
Tägl außer Mi 10.30–21 Uhr
Traditionsgasthof mit guter bayerischer Küche. Sehenswert ist die Decke des Festsaals im ersten Stock aus dem
ehemaligen Theatersaal des Klosters. €€

Wessobrunner Schule

Im Laufe des 17. Jahrhunderts ließen sich im
Dorf Wessobrunn in unmittelbarer Nachbarschaft der Abtei mehrere Stuckateure nieder,
die sich in der Folgezeit nicht nur durch ihre
kunsthandwerklich überragenden Arbeiten,
sondern auch als Lehrmeister des Nachwuch-
ses einen Namen machten. Zu den berühmtesten Schülern der »Wessobrunner Schule«
zählen Feichtmayer, Schmuzer, Zimmermann
und Zöpf. Und so verwundert es nicht, dass
diese Ausbildungsstätte sich damals schon
bald europaweit zu einer Institution entwickelte. Ihr Markenzeichen waren Stuckarbeiten von virtuoser Eleganz.

Prälatengang im Kloster Wessobrunn

KLOSTER WESSOBRUNN

Wessobrunn, Bayern

Wahrscheinlich wird sich nie abschließend klären lassen, wer das Kloster in Wessobrunn denn nun gegründet hat. Infrage kommen eine Adelsfamilie aus Rott und Tassilo III., ein bayerischer Herzog. Während einer Jagd soll dieser eine Nacht im Rotter Wald verbracht haben. Der Sage nach hatte er im Schlaf eine göttliche Eingebung.

Die Legende geht so: Im Jahr 753 schläft der Herzog unter einer Linde ein und träumt von vier Quellen, die sich kreuzen. Engel steigen an einer Leiter

Die Pfarrkirche St. Johann Baptist und der »Grauer Herzog« genannte Wehrturm aus der Entstehungszeit der Klosteranlage Wessobrunn

in den Himmel auf, wo Petrus ein Liedchen trällert. Am nächsten Tag lässt Tassilo nach den Quellen suchen und entdeckt sie auch. An dieser Stelle wird dann das Kloster gebaut. Heute befindet sich an der Klostermauer die mächtige Tassilolinde. Der Baum hat einen Umfang von 14 Metern und soll tausend Jahre alt sein. Biologen bezweifeln dies jedoch.

Das heutige Kloster hat mit dem ursprünglichen Bau nicht mehr viel gemein. Bei einem Feuer im 13. Jahrhundert sind große Teile der Klosteranlage zerstört worden. Von dem spätromanischen Gebäude ist nur noch ein Wehrturm erhalten, der sogenannte »Graue Herzog«. Außerdem sind im Wessobrunner Saal im Bayerischen Nationalmuseum beeindruckende Sandsteinskulpturen aus der Klosterkirche zu besichtigen. In der Pfarrkirche St. Johannes steht noch ein großes Holzkreuz aus dem Jahr 1250, das sich einst im Kloster befand.

Bis zu Beginn des 19. Jahrhunderts lebten Benediktinermönche in dem Kloster, ab 1810 wurde begonnen, die Räume auszuschlachten, um damit die durch ein Feuer zerstörten Ortsteile von Weilheim wiederaufzubauen. Durch den Kauf der Klosteranlage verhinderte schließlich der Münchner Professor Johann Nepomuk Sepp im Jahr 1861 weitere Zerstörungen. Im Jahr 2014 wurde das Kloster von Martina Gebhardt erworben, seitdem wird hier Naturkosmetik hergestellt. Einen kleineren Teil nutzt die Pfarrei Wessobrunn.

Berühmt geworden ist das Kloster vor allem als Fundort des »Wessobrunner Gebets«, einer um das Jahr 814 entstandenen lateinischen Sammelhandschrift. Der Gebetstext findet sich heute in einem Gedenkstein gegenüber dem Gasthaus »Zur Post« in Wessobrunn. Das Kloster gilt zudem als Heimat der Wessobrunner Schule. Die etwa 600 bekannten Stuckateure, die hier ihr Handwerk erlernten, haben die Stuckkunst in Süddeutschland maßgeblich beeinflusst, als Höhepunkt ihrer Kunst gilt die Wieskirche. Der Fürstentrakt und das Treppenhaus des Klosters sind heute weltberühmt, prächtige Stuckarbeiten von Johann Schmuzer schmücken Wände und Decken.

INFO: Wessobrunn liegt zwischen Landsberg und Weilheim, südwestlich von München. **INFO KLOSTER WESSOBRUNN:** Klosterhof 4, 82405 Wessobrunn, Tel. (088 09) 921 10, www.klosterwessobrunn.de, Führungen von Martina Gebhardt Naturkosmetik GmbH und von der Pfarrei Wessobrunn vgl. Website.

Landsberg am Lech – ein mittelalterliches Kleinod mit barocker Bausubstanz

Landsberg am Lech ➜ E2

Romantisches Mittelalter und faszinierende Ausblicke auf Ziegeldächer in allen nur möglichen Rottönen bieten sich dem Auge von der Aussichtsplattform des spätgotischen **Bayertors**. Auf steiler Bergstraße geht es hinunter zum dreieckigen Hauptplatz, der von malerischen Giebelhäusern gesäumt wird. Blickfang ist das **Rathaus** mit seiner Prachtfassade. Sie ist ein Werk des begnadeten Rokokobaumeisters Dominikus Zimmermann, der später selbst in diesem Bau für einige Jahre als Bürgermeister die Geschicke der Stadt bestimmte.

Aber nicht nur dieser Profanbau trägt seine Handschrift: In der Stadtpfarrkirche **Mariä Himmelfahrt** schuf er den Rosenkranzaltar. Die zweigeschossige Orgelempore in der **Klosterkirche der Ursulinen** entstand nach seinen Plänen und die kleine **Johanniskirche** am Vorderanger, der nördlichen Verlängerung der Ludwigstraße, wird als Fingerübung zur weltberühmten Wieskirche gesehen. In der Tat gibt sie einen Vorgeschmack auf sein triumphales Alterswerk.

ⓘ Tourist Information ➜ E2
Hauptplatz 152, 86899 Landsberg am Lech
✆ (081 91) 12 82 46, www.landsberg.de

◉ Bayertor ➜ E2
Alte Bergstr. 448, Landsberg

Ab ins Mittelalter

ALTSTADT VON LANDSBERG AM LECH

Landsberg am Lech, Bayern

Mitten durch Landsberg verlief früher die Salzstraße, eine der größten Handelsstraßen Europas. Den Zöllen und Gebühren, die so in ihre Kassen flossen, verdankt die kleine Stadt bis heute ihren Glanz. Am besten betritt man die malerische Altstadt von östlicher Seite her, denn hier befindet sich das Wahrzeichen der Stadt, das gotische Bayertor der historischen Stadtbefestigung.

Der 35 Meter hohe Torturm gilt als einer der schönsten Süddeutschlands, hier hat man zudem eine herrliche Aussicht über die Altstadt und das Lechtal bis zu den Alpen. Hinter der sehr gut erhaltenen und fast geschlossenen spätgotischen Befestigungsanlage, die nach einem großen Ausbau der Stadt im 15. Jahrhundert errichtet wurde, verbirgt sich ein mittelalterlich anmutendes Ensemble aus Resten der älteren Stadtbefestigungen, verwinkelten Gassen, wunderbaren alten Häusern und Bauwerken sowie zahlreichen kleinen Plätzen, die mit Cafés und Bistros zum Verweilen einladen.

Ein Teil der ersten Stadtmauer aus dem 13. Jahrhundert ist der hübsche Schmalzturm mit spätgotischen Lilienfriesen und seinen bunten Dachziegeln auf dem Hauptplatz. An diesem Platz liegt auch das von Dominikus Zimmermann errichtete historische Rathaus, das mit seiner filigranen Giebelfront zu den prächtigsten Bauten der Stadt zählt. Wer sich für barocke Kirchen interessiert, sollte außerdem die von außen eher unscheinbare Johanniskirche mit ihren prunkvollen Altären und Fresken besichtigen.

Besonders gut lässt sich Landsberg auch bei einer der mittelalterlichen Stadtführungen kennenlernen, bei denen die kostümierte Guides die Gäste durch Stätten, Sitten und Gebräuche

Das Lechwehr mit der Altstadt von Landsberg am Lech.

der alten Zeit führen und dabei Geschichten erzählen.

INFO: Landsberg liegt rund 70 km südwestlich von München. **INFO LANDSBERG AM LECH:** Tourist Information, Hauptplatz 152, 86899 Landsberg am Lech, Tel. (081 91) 12 82 46, www.landsberg.de. Stadtführungen (ohne Anmeldung): Mai–Okt. Mi, Sa/So 14.30 Uhr, Treffpunkt Historisches Rathaus, Teilnahme € 5, Kinder € 2. Historische Themenführung nur nach Anmeldung.

103

Mai–Okt. Di–So 10.30–12.30 und 13–17 Uhr
Eintritt € 1/0,50
Das, der Inschrift nach, 1425 erbaute repräsentative Tor
gehört zur Befestigungsanlage der Landsberger Altstadt.

☒ Fischerwirt ➧ E2

Rossmarkt 197, Landsberg am Lech
✆ (081 91) 507 28, www.fischerwirt-landsberg.de
Mo 18–24, Di–Sa 10.30–14 und 18–24 Uhr
Grundsolide Regionalküche, Spezialität: Schweinebra-
ten und vorzügliche Fischgerichte. €€

Polling ➧ F3

Der Sakralbau des ehemaligen **Augustinerchorherrenstifts** ist eine der wenigen spätgotischen Hallenkirchen
auf bayerischem Boden. Während der frühen Barock-
zeit bekam der Innenraum von Georg Schmuzer seine
elegante Ausstattung. Im oberen Teil des Hochaltars
prangt das berühmte Pollinger Kreuz. Der Legende
nach soll ein Hirsch dem Klostergründer Tassilo den
Weg zu einem vergrabenen Kreuz gezeigt haben, das
ihn zur Gründung des Klosters veranlasste.

☒ ◪ Landgasthof Grünbacher Hof ➧ F3

St.-Ruppert-Str. 14, Polling-Grünbach

*Blick über Polling und
den Augustinerstift*

Weilheim mit Alpenpanorama

℡ (086 30) 694, www.gruenbacher-hof.de
Mi und Do 17–21, Fr-So 11–21 Uhr
Bayerische Schmankerl zu vernünftigen Preisen. €

Vilgertshofen ➜ F2
Weithin sichtbar liegt die **Wallfahrtskirche zur Schmerz-
haften Maria** einsam auf einem Hügel. Die überreiche
Ausstattung des heiteren Innenraums stammt von dem
Baumeister und Stuckateur Johann Schmuzer aus
Wessobrunn. Von Johann Baptist Zimmermann stammt
das Deckenfresko (Maria mit dem Leichnam Christi)
über dem Hochaltar. Zu den besonderen Festen dieser
Wallfahrtskirche zählt die »Stumme Prozession«. Männer, Frauen und Kinder stellen Szenen aus dem Alten
und Neuen Testament dar. Sie findet alljährlich am ersten Sonntag nach dem 15. August im Rahmen eines
kleinen Volksfests statt.

Weilheim ➜ F3
Mittelpunkt des kleinen historischen Stadtkerns ist der
Marienplatz mit der Mariensäule. Rings um die spätgotische Pfarrkirche **Mariä Himmelfahrt** scharen sich
malerische Bürgerhäuser. Für die Innendekoration der
Kirche konnten auch hier die Wessobrunner Stuckateure
gewonnen werden. Im Alten Rathaus ist heute das
sehenswerte **Stadtmuseum** Weilheim eingerichtet, das
mit seinen Exponaten Informationen über die gesamte
Gegend bereithält.

ℹ️ Tourist Information ➡ F3
Admiral-Hipper-Str. 20, 82362 Weilheim
☎ (08 81) 68 27 31, www.weilheim.de/touristinfo
Mo-Fr 8–12.30 und 14–16, Do bis 18 Uhr

🏛 Stadtmuseum Weilheim ➡ F3
Am Marienplatz, Weilheim
☎ (08 81) 68 26 00
Tägl. außer Mo 10–12 und 14–17 Uhr, Eintritt frei
Eines der ältesten Stadtmuseen Bayerns (gegründet 1882).

❷ Wieskirche ➡ G2
Am 14. Juni 1738 glaubte eine Bäuerin Tränen in den Augen des »gegeißelten Heilands«, einer völlig verstaubten Prozessionsfigur auf ihrem Dachboden, bemerkt zu haben. Das Wunder sprach sich wie ein Lauffeuer herum und lockte Wallfahrer in großen Scharen an. Da schon nach kurzer Zeit die schnell errichtete Kapelle dem Ansturm der Pilger nicht mehr gewachsen war, entschloss man sich zum Bau der »Wies«. Und so entstand in einem einzigartigen Zusammenspiel zweier genialer Künstler, der Brüder Dominikus und Johann Baptist Zimmermann, dieses Rokokojuwel (heute UNESCO-Weltkulturerbe).

◉ Wieskirche ➡ G2
Auskunft und Führungen: ☎ (088 62) 93 29 30
www.wieskirche.de, tägl. 8–20, Winter bis 17 Uhr, während des Gottesdienstes keine Besichtigung, vgl. S. 107

Das Rokokojuwel der Brüder Dominikus und Johann Baptist Zimmermann – die Wieskirche im Pfaffenwinkel

Tränen im Kleinod barocker Baukunst

WIESKIRCHE

Steingaden, Bayern

Als sich Mönche, Nonnen und Pfaffen in diesem Herzstück Bayerns niederließen, wussten sie schon, wo die schönsten Plätze sind. In der Landschaft zwischen den Flüssen Lech, Ammer und Loisach, dem südlichen Ammersee und dem Südende des Starnberger Sees bis zu den Ammergauer Bergen liegen Kirchen und Klöster so eng beieinander wie sonst nirgendwo im Lande. Nicht umsonst ist sie als Nicht umsonst ist die Gegend als »Pfaffenwinkel« bekannt.

Sie wartet mit zahlreichen sakralen Sehenswürdigkeiten auf, die berühmteste ist wohl die Wallfahrtskirche »Zum gegeißelten Heiland auf der Wies«, die 1984 in die Liste der UNESCO-Welterbestätten aufgenommen wurde.

Wer zum ersten Mal zur Wies kommt, wird sich womöglich wundern, warum ausgerechnet in dieser einsamen Gegend ein so prächtiges Gotteshaus mitten auf der Wiese errichtet wurde. Natürlich fängt auch hier – wie bei fast allen Wallfahrtskirchen – die Geschichte mit einem angeblichen Wunder an.

Eine Anfang des 18. Jahrhunderts für das Kloster Steingaden geschaffene Statue des »gegeißelten Heilands« schien den Patres erschreckend realistisch geraten zu sein und nicht für die Karfreitagsprozession geeignet. Irgendwie landete die anrührende Figur bei den Wieshofbauern, die sie innig verehrten. Beim Abendgebet am 14. Juni 1738 sollen aus den Augen des Heilands Tränen geflossen sein. Die Nachricht verbreitete sich in Windeseile und die Wallfahrer strömten in Scharen zur kleinen Kapelle auf der Wiese, die noch heute am Parkplatz steht.

Da entschied sich der Abt des Klosters Steingaden zu einem prächtigen Neubau: Die Wies entstand. 1749 konnte die Figur feierlich in den fertiggestellten Chorraum übertragen werden; 1754 wurde die Wieskirche eingeweiht.

UNESCO-Weltkulturerbe: die Wieskirche im Pfaffenwinkel

Dem genialen Barockbaumeister Dominikus Zimmermann war zusammen mit seinem Bruder, dem Maler Johann Baptist, ein unvergleichliches Meisterwerk gelungen, das häufig auch als »schönstes Rokokojuwel« oder »Kleinod barocker Baukunst« bezeichnet wird. Deckenfresko, Orgel und Altar fügen sich harmonisch in den Innenraum ein. Baumeister Zimmermann konnte sich von seiner Kirche gar nicht trennen: Er baute sich in Sichtweite ein Haus und lebte darin bis zu seinem Tod.

INFO: Die Wieskirche liegt zwischen Steingaden und Bad Bayersoien, 100 km südwestlich von München. **INFO WIESKIRCHE:** Pfarramt Wieskirche, Wies 12, 86989 Steingaden, Tel. (088 62) 93 29 30, www.wieskirche.de. Die Kirche kann tägl. im Sommer 8–20 und im Winter 8–17 Uhr besichtigt werden. Führungen nach telefonischer Anmeldung.

Zugspitz-Region

Die Region im kantigen Schatten der Zugspitze lockt zu jeder Jahreszeit mit einzigartigen Naturschönheiten. Begegnungen mit der ganz speziellen oberbayerischen Volkskunst und volkstümlicher Unterhaltung bereichern das Programm.

Garmisch-Partenkirchen ➡ H3

Die beiden ursprünglich selbstständigen Gemeinden wurden erst zu den Olympischen Winterspielen 1936 zu einer Stadt mit knapp 30 000 Einwohnern zusammengelegt und bieten bis heute rechts und links des Bindestrichs viel Eigenes.

Da stehen im lebendigen **Ortsteil Garmisch** rund um den Marienplatz noch eine Reihe wunderschöner Häuser wie die Alte Apotheke mit ihrer schwarz-weißen Sgraffitofassade oder gleich gegenüber ein Bürgerhaus mit einem üppig geschnitzten Erker. Und das reiche Rokokodekor der Neuen Pfarrkirche St. Martin ist ein weiteres Beispiel der Kunstfertigkeit des Wessobrunner Stuckateurs Joseph Schmuzer. Jenseits der Loisach liegt die Alte Pfarrkirche St. Martin. Sie ist einer der wenigen gotischen Sakralbauten in Bayern. Einzigartig ist das

Garmisch-Partenkirchen vor der grandiosen Kulisse der Zugspitze

überlebensgroße, um 1300 entstandene Christopherus-Fresko im Eingangsbereich.

Im **Ortsteil Partenkirchen** zeugen die prächtigen Bürgerhäuser an der Ludwigstraße vom einstigen Wohlstand ihrer Besitzer, die ihr Geld als Händler an der Route nach Italien verdienten. Im **Werdenfelser Heimatmuseum** erfährt der Besucher eine Menge über Geschichte und Kultur dieser Ecke Oberbayerns.

Das Stadion mit der **Olympia-Sprungschanze** und das **Olympia-Eissport-Zentrum** sind noch heute Austragungsort vieler Wettkämpfe. Die 2007 eingeweihte neue Olympia-Schanze ist mit einer Länge von 119 Metern und einer Turmhöhe von 38 Metern die größte Deutschlands. Traditionell wird hier alljährlich mit dem Neujahrsspringen die Saison eröffnet.

Die Olympia-Sprungschanze in Garmisch-Partenkirchen

ℹ️ **Tourist Information** ➜ H3
Richard-Strauss-Platz 2, 82467 Garmisch-Partenkirchen
✆ (088 21) 18 07 00, www.gapa.de

🏛 **Werdenfelser Heimatmuseum** ➜ H3
Ludwigstr. 47, Garmisch-Partenkirchen
✆ (088 21) 75 17 10
www.werdenfels-museum.de
Tägl. außer Mo 10–17 Uhr
Eintritt € 4,50/3, Kinder bis 14 J. frei
Ausstellung zu Geschichte und Kultur der Region.

✖️🍴 **Bräustüberl** ➜ H3
Fürstenstr. 23, Garmisch-Partenkirchen
✆ (088 21) 23 12, www.braeustueberl-garmisch.de
Tägl. außer Di 10–22 Uhr

Lüftlmalerei

Nachweislich wurde in Oberbayern mit dieser vom italienischen Fresko inspirierten Maltechnik im Barock begonnen. Der Name hat weder etwas mit dem Wind noch mit einem »bayerischen Lüftl« zu tun. Auch die Vermutung, dass einer der bedeutendsten seiner Zunft, ein gewisser Franz Seraph Zwinck (1748–92), sich aufgrund seines luftigen Arbeitsplatzes als Lüftlmaler bezeichnet haben soll, ist pure Spekulation. Die Ursprünge der Bezeichnung liegen im Dunkeln. Im Werdenfelser Land, in der Gegend in und um Bad Tölz und am Schliersee sowie in Berchtesgaden ließen sich wohlhabende Bürger die Fassaden ihrer Häuser mit weltlich burlesken oder religiösen Motiven schmücken. Die Meister dieser Maltechnik blieben weitgehend unbekannt.

Zieh, Sven, zieeeehhhhh!

GROSSE OLYMPIASCHANZE
UND VIERSCHANZENTOURNEE

Garmisch-Partenkirchen, Bayern

Es war die Jahreswende 2001/2002, als Sven Hannawald Skisprung-Geschichte schrieb: Als erstem Springer der Welt gelang es ihm, bei allen Wettbewerben der Vierschanzentournee als Sieger auf dem Treppchen zu stehen. Zwar gibt es für diese Sportart keine Hall of Fame, aber unter den Fans fällt der Name Sven Hannawald mit Bewunderung in der Stimme – und mit Gedanken an die Glanzzeiten deutscher Skispringer, die man damals noch »Adler« nannte.

Die Große Olympiaschanze (rechts) in Garmisch-Partenkirchen

Garmisch-Partenkirchen ist seit jeher der Inbegriff für Wintersport der Weltklasse. Am 7. Juni 1933 bekamen die Gemeinden Garmisch und Partenkirchen den Zuschlag, Gastgeber für die Olympischen Winterspiele 1936 sein zu dürfen. Aufgrund des bevorstehenden Großereignisses beschloss man, sich zu Garmisch-Partenkirchen zusammenzuschließen. Bis zum Beginn der Spiele gab es noch viel zu tun: In Rekordzeit wurden das Olympische Skistadion mit der Großen Olympiaschanze und das Olympia-Kunsteiszentrum für den bevorstehenden Wettbewerb quasi aus dem Boden gestampft, bestehende Anlagen wurden erweitert und viele neu gebaut. Die Standortwahl für die Große Olympiaschanze fiel auf den Gudiberg, der schon seit 1923 beliebter Ort für Skispringen der Extraklasse war.

1949 entwickelten die Mitglieder der Skiclubs Partenkirchen und Innsbruck die Idee der Vierschanzentournee. Die drei Stationen Partenkirchen mit dem schon damals stattfindenden Neujahrs-Skispringen, Innsbruck und Bischofshofen standen von Anfang an als Tourneeteilnehmer fest, aus Paritätsgründen machte man sich auf die Suche nach einem zweiten deutschen Partner, die Wahl fiel auf Oberstdorf.

Das erste Tournee-Jahr wurde schließlich 1953 eingeläutet. Um dieses sportliche Großereignis sowohl für Sportathleten als auch für Zuschauer gleichermaßen spannend zu gestalten, wurden die Schanzen im Laufe der Zeit regelmäßig den modernsten Anforderungen angepasst und umgebaut. So starten die Skispringer seit der Wintersaison 2007/08 beim traditionellen Neujahrsspringen in Garmisch-Partenkirchen von einer neuen Schanze mit einem Anlauf von 120 Metern, die alte Olympiaschanze wurde 2007 abgerissen. Der aktuelle Schanzenrekord liegt bei 143,5 Metern, von Simon Ammann 2010 und von Marius Lindvik im Jahr 2020.

INFO: Garmisch-Partenkirchen liegt ca. 90 km südwestlich von München. **INFO GARMISCH-PARTENKIRCHEN:** Tourist Information, Richard-Strauss-Platz 2, 82467 Garmisch-Partenkirchen, Tel. (088 21) 18 07 00, www.gapa.de. Tournee-Tickets unter www.vierschanzentournee.com. **REISEZEIT:** Zum Neujahrsspringen (1. Jan.) oder im Herbst.

Traditionswirtschaft. Auf der Speisekarte findet man alle typischen, bayerisch deftigen Gerichte, auch für Vegetarier. €€

⊠🍽☕🎿 Restaurant Seehaus Riessersee ➡ H3
Rieß 5, Garmisch-Partenkirchen, ℂ (088 21) 75 85 02
www.riessersee.de, tägl. 12–21 Uhr
Das Restaurant im Hotel Riessersee liegt direkt am See und bietet einen Traumblick in die Berge. Im Sommer locken Wanderwege und eine kleine Badeanstalt, im Winter Eisstockschießen und Schlittschuhlauf. €€

☕🕘🛒 Alpspitz-Wellenbad ➡ H3
Klammstr. 47, Garmisch-Partenkirchen
ℂ (088 21) 753 63 13, www.gw-gap.de
Mo–Sa 10–21, So 10–20 Uhr, Eintritt ab € 6,50/3,50
Das Badeparadies inmitten der herrlichen Gebirgslandschaft besitzt insgesamt im Innen- und Außenbereich eine Wasserfläche von 2200 m². Auf der Dachfläche umfasst der Saunabereich ganze 1000 m².

Ausflugsziele:

❸ 🖼 AlpspiX ➡ H3
www.zugspitze.de
Linienbus vom Bahnhof Garmisch-Partenkirchen bis Talstation Oberfelderkopf-Lift

Nichts für Leute mit Höhenangst: die Aussichtsplattform AlpspiX

Wenige Meter von der Bergstation des Oberfeldkopf-Lifts eröffnet sich der spektakuläre Blick von der frei-schwebenden Aussichtsplattform in Richtung Zugspit-ze und Höllental sowie 1000 Meter hinab in die Tiefe. Die beiden Gitter-Stahlstege in Form eines X enden 13 Meter freischwebend über dem Abgrund.

Höllentalklamm ➜ H3

Durch die Höllentalklamm mit ihrer engen Felsschlucht tost talabwärts der Hammersbach. Auf gesicherten We-gen erklimmt man sie frühestens ab Mitte Mai bis Ende Oktober zu Fuß ab dem Ortsteil Hammersbach oder dem Oberen Dorfplatz in Grainau. Parkplatz und Bus-haltestelle sind ausgeschildert. Einkehren kann man in der Höllentaleingangshütte oder der Höllentalanger-hütte. Weitere Infos: www.grainau.de, www.alpenver-ein-gapa.de/hoellentalklamm

Partnachklamm ➜ H3

www.partnachklamm.eu, tägl. Juni–Sept. 8–20 Okt.–Mai 8–18 Uhr, Eintritt € 6/3
Die Wildwasserschlucht wurde 1912 zum Naturdenkmal erklärt. Bis zu 80 Meter ragen die Felswände entlang dem ca. 800 Meter langen Weg empor, der sich vorbei an Wasserfällen auf schmalen Stegen über mehrere Brücken schlängelt. Oberhalb der Klamm führt der Weg zum Gasthof Partnachalm und weiter nach **Elmau** ➜ H3. In dem abgeschiedenen Tal liegt das Luxushotel Schloss Elmau (✆ (088 23) 180, www.schloss-elmau.de).

Eingebettet in die Bayerischen Alpen: Schloss Elmau

Zugspitzdorf Grainau,
Höllentalklamm

Tiefe Schluchten, reißende Bäche

HÖLLENTALKLAMM
UND PARTNACHKLAMM

Grainau und Garmisch-Partenkirchen, Bayern

Klamm ist der deutsche Begriff für Felsenschlucht, durch die ein Gebirgsbach fließt. Riesige Felswände, tosende Gewässer, Gischtspritzer in der Luft – wer Naturgewalten erleben möchte, der sollte sich auf den Weg durch die Höllentalklamm und die Partnachklamm machen.

Die Höllentalklamm erreicht man vom Grainauer Ortsteil Hammersbach oder vom Obergrainauer Dorfplatz aus. Von hier führt ein gut einstündiger Fußweg zur Höllental-Eingangshütte auf 1047 Metern und von da aus über einen kostenpflichtigen Weg weiter durch die Klamm. Auf Stegen, Felstreppen und durch schmale, relativ niedrige Tunnel läuft man durch die beeindruckende Klamm, während sich direkt vor den eigenen Augen die spektakulären Naturgewalten entfesseln. Der Hammersbach – vor der Klamm eher zahm – verwandelt sich in der etwa zwei bis fünf Meter engen und über 100 Meter hohen Felsschlucht zu einem reißenden Wildbach. Wer mag, geht dann weiter zur Höllentalangerhütte und wird von dieser Hochebene– aus mit einem gigantischen Blick auf die Zugspitze belohnt.

Freunde tosender Wassermassen und schäumender Strudel sollten die Partnachklamm in Garmisch-Partenkirchen nicht verpassen, die schon 1912 zum Naturdenkmal erklärt wurde. Wer sich 25 Minuten Fußmarsch ersparen möchte, der kann vom Olympia-Skistadion aus sogar ganz gemütlich mit der Pferdekutsche vorfahren. Vor Ort gibt es gleich mehrere Möglichkeiten, das einzigartige Naturschauspiel zu bewundern. Von der eisernen Brücke

Dem Verlauf des Wildbachs Partnach folgend: die Partnachklamm

in 68 Metern Höhe hat man einen fantastischen Blick in die spektakuläre Schlucht. Die Brücke, die schon 1914 erbaut wurde, verbindet die beiden Wandergebiete Hausberg und Eckbauer. Mutige Entdecker führt der Weg auf unmittelbar über den Wassermassen in den Fels gehauenen engen Stegen durch die 800 Meter lange Partnachklamm.

Wer sich auf den Weg in das Abenteuer einer Klammdurchquerung macht, der sollte in jedem Fall festes Schuhwerk und Regenkleidung dabeihaben. Für Familien ist es empfehlenswert, kleinere Kinder mit einem Klettergeschirr zu sichern.

INFO: Grainau liegt ca. 95 km, Garmisch-Partenkirchen ca. 90 km südwestlich von München. **INFO HÖLLENTALKLAMM:** Tourist Information Grainau, Zugspitzdorf, Parkweg 8, 82491 Grainau, Tel. (088 21) 98 18 50, www.grainau. de. Die Klamm (www.hoellentalklamm-info. de) ist nur in den Sommermonaten begehbar. Die Klammeingangshütte und die Höllentalangerhütte sind ganzjährig geöffnet. Eintritt € 5, Kinder (7–17 J.) € 2. **INFO PARTNACHKLAMM:** Garmisch-Partenkirchen Tourist Information, Richard-Strauss-Platz 2, 82467 Garmisch-Partenkirchen, Tel. (088 21) 18 07 00, www.gapa. de; www.partnachklamm-info.de, Eintritt € 5, Kinder (6–16 J.) € 2. **REISEZEIT:** Im Sommer.

Zum Königshaus am Schachen gelangt man nur zu Fuß

 Wanderungen unterhalb der Zugspitze ➜ H3

Vom Wanderweg entlang dem blaugrünen eiskalten **Eibsee** tief unterhalb der Zugspitze (2962 m) eröffnet sich ein herrlicher Blick auf Deutschlands Bergriesen. Von Garmisch-Partenkirchen verkehrt der Eibsee-Linienbus z. B. vom Bahnhof zum See.

Ein Super-Rundum-Panoramablick bietet sich ebenfalls vom **Wank** (1780 m), vom **Eckbauer** (1236 m) und vom **Hausberg** (1335 m) ➜ H3. Mit einer Kabinenbahn gelangt man zum jeweiligen Plateau mit Sonnenterrasse und Restaurant. Eine Vielzahl von Wanderwegen erschließt das Terrain. In der Wintersaison locken mittelschwere Pisten.

❹ Königshaus am Schachen ➜ J3

Vor der einzigartigen Bergkulisse mit Blick auf die Zugspitze ließ sich Ludwig II. das Gebäude im Stil einer kleinen Gründerzeitvilla errichten. Von außen ein eher schlichter Holzbau verbirgt sich im Inneren unerwartete orientalische Pracht. Im üppig ausgestatteten Türkischen Saal mit Springbrunnen pflegte der König seinen Geburts- und Namenstag zu verbringen.

Das Königshaus ist nur zu Fuß von Elmau (an der Strecke von Garmisch nach Mittenwald, Abfahrt Klais) oder Garmisch-Partenkirchen aus durch die Partnachklamm zu erreichen. In Elmau starten auch viele Mountainbiker ihre Tour zum Schachen.

❹ 🅔 Königshaus am Schachen ➜ J3

Berg Schachen, Garmisch-Partenkirchen
✆ (088 22) 920 30, www.schachenhaus.de

*Türkischer Saal mit Spring-
brunnen im Königshaus am
Schachen*

Führungen je nach Witterung Mai/Juni–Anfang Okt. tägl. 11, 13, 14 und 15 Uhr, Eintritt € 4,50/3,50, nur mit Reservierung, mit Berggasthof Schachen (auch Übernachtungsmöglichkeit).

Mittenwald ➡ H4

Inmitten des Werdenfelser Lands war Mittenwald im 15. Jahrhundert ein bedeutender Warenumschlagplatz an der alten Handelsroute von Venedig nach Augsburg. Bis heute lockt der Ort mit einem prächtigen historischen Ortskern. Schon Goethe bezeichnete bei seiner Durchreise Richtung Italien die Lüftlmalereien als ein »lebendiges Bilderbuch«. Beherrschende Themen der farbenprächtigen Wandgemälde sind der Handel und damit verbundene Tätigkeiten. Der barocke Glockenturm der Pfarrkirche **St. Peter und Paul** ist das Wahrzeichen des Orts und gilt als einer der schönsten seiner Art. Die Rokokoausstattung des Innenraums schufen die Wessobrunner Stuckateure.

In Mittenwald hat der Geigenbau Tradition. Zurückgekehrt in seinen Heimatort begann Matthias Klotz im 17. Jahrhundert in seiner Werkstatt mit der Fertigung der Instrumente, die nach wie vor in Fachkreisen einen guten Ruf genießen. Noch heute wird an der hiesigen staatlichen Schule der Nachwuchs ausgebildet.

Der 1,65 Kilometer lange **Leutasch-Mittenwald-Klammsteig-Erlebnispfad** passiert einen aus 23 Metern Höhe herabstürzenden mächtigen Wasserfall. Auf einem einen Kilometer langen Teilstück verläuft ein Stahlsteig in 50 Metern Höhe entlang des fast senkrecht

*Mit allen Sinnen fühlen:
Barfusswandern auf dem
Baumstamm*

abfallenden Felsens. Der schwindelfreie Wanderer erfährt auf 40 Infotafeln viel Wissenswertes über Geologie, Flora, Fauna, Mythen und Sagen.

ℹ️ **Tourist Information** ➡ H4
Dammkarstr. 3, 82481 Mittenwald
℡ (088 23) 339 81, www.alpenwelt-karwendel.de

🏛 **Geigenbaumuseum** ➡ H4
Ballenhausgasse 3, Mittenwald
℡ (088 23) 25 11
www.geigenbaumuseum-mittenwald.de
Tägl. außer Mo Feb./Mitte März, Mitte Mai–Mitte Okt., Mitte Dez.–6. Jan. 10–17, 7.–31. Jan., Mitte März–Mitte Mai, Mitte Okt.–5. Nov. 11–16 Uhr, Eintritt € 5,50/2
Das Museum zeigt das Geigenbauhandwerk und seine Historie.

🏃 **Wintersport** ➡ H4
www.dammkar.de
www.skiparadies-kranzberg.de
Das Dammkar bietet Abfahrten (6,5 km) für den Könner, die Abfahrten vom Kranzberg sind wesentlich ungefährlicher.

🚠 **Karwendelbahn** ➡ H4
Alpenkorpsstr. 1, Mittenwald

Die 350-jährige Mittenwalder Geigenbau-Tradition wird im Geigenbaumuseum dokumentiert

Imposante Aussichten sind auf dem Mittenwalder Klettersteig garantiert

KARWENDELBAHN

Mittenwald, Bayern

Bevor die Karwendelbahn 1967 ihren Betrieb aufnahm, sprachen die Einwohner des oberbayerischen Mittenwald vom »Dammkar-Wurm«. So nannten sie die tägliche Karawane aus Hunderten Wintersportlern, die sich zu Fuß zum über 2000 Meter hohen Dammkar quälten, einem beliebten Skigebiet in den Alpen, unmittelbar an der österreichischen Grenze.

Der Ruf nach einer komfortablen Beförderungsanlage wurde immer lauter. Schließlich stellten Arbeiter 1957 den Rohbau einer Seilbahn fertig. Zu mehr reichte allerdings zunächst das Geld nicht. Erst neun Jahre später, am 7. Juni 1967, nahm die Karwendelbahn ihren Betrieb auf. Bis zu 350 Menschen gelangen pro Stunde in zwei Gondeln auf die Bergstation. Die Fahrt dauert knapp zehn Minuten.

Die Bergstation in 2244 Metern Höhe ist zu jeder Jahreszeit Ausgangspunkt für verschiedene Gebirgstouren mit unterschiedlichem Schwierigkeitsgrad. Wintersportler freuen sich auf sieben Kilometer unpräparierte Abfahrten.

Oberhalb von Mittenwald: die Bergstation der Karwendelbahn in 2244 Metern Höhe

Deutschlands längste Skiroute führt durch spektakuläre Felskulissen und ist für Könner ein großes Vergnügen. Wer eher gemütlich wandern möchte, wählt z. B. den etwa einstündigen Rundgang um die Karwendelgrube, ein Naturschutzgebiet für Alpenschneehühner.

Der atemberaubende Anblick des Karwendelgebirges lässt sich jedoch auch bei einem Glas Weißbier genießen, und zwar in der Berggaststätte neben der Seilbahnstation. Hier wird das Panorama ganz bequem aus Liegestühlen bestaunt. Gleich neben der Bergstation erläutert eine Ausstellung in Deutschlands höchstem Natur-Informationszentrum alles Wissenswerte über das alpine Ökosystem und den Lebensraum Karwendel.

Die Gondelbahn verkehrt abhängig von Jahreszeit und Witterung. Informationen zum aktuellen Betrieb sollten vorab unbedingt telefonisch erfragt werden. Auf der Website der Karwendelbahn finden sich auch Tipps für Wanderungen und geführte Bergtouren.

INFO: Mittenwald liegt im oberbayerischen Landkreis Garmisch-Partenkirchen und im oberen Isartal, knapp 100 km südlich von München zwischen dem Karwendel- und dem Wettersteingebirge, fast unmittelbar an der österreichischen Grenze. **INFO KARWENDELBAHN:** Alpenkorpsstr. 1, 82481 Mittenwald, Tel. (088 23) 937 67 60, Wetter- und Sportinfo Tel. (088 23) 53 96, www.karwendelbahn.de, Öffnungszeiten tägl. im Sommer 8.30/9–16.30/18, im Winter 9/10–16.15 Uhr, Berg- und Talfahrt € 32,50, Kinder und Jugendliche (6–17 J.) € 22,50.

Panorama-Rundweg auf dem Karwendelgebirge

☏ (088 23) 937 67 60, www.karwendelbahn.de
Anfang Mai–Anfang Sept. 8.30–18, Mitte Sept.–Mitte
Okt. 8.30–17, Mitte Okt.–Anfang Nov. 9–16.30 Uhr, bei
Skibetrieb ab 9 Uhr, Berg- und Talfahrt € 32,50/22,50
In wenigen Minuten bringt einen die Schwebebahn
hinauf auf 2244 m Höhe. Allein schon der Blick von der
Sonnenterrasse auf das Panorama ist atemberaubend.
Vom Plateau aus lassen sich spannende Wanderungen
und Klettertouren unternehmen. Sehenswert ist die
Ausstellung »Bergwelt Karwendel« im Naturinforma-
tionszentrum.

❺ Zugspitze ➡ H/J3

Deutschlands höchster Berg (2962 m) wurde 1820 zum
ersten Mal erklommen. Seit 1930 fahren die Gäste bequem mit der Zahnradbahn hinauf zum Zugspitzplatt.
Von dort geht es mit der Gletscherbahn zum Gipfel und
zur Aussichtsterrasse. Der atemberaubende
Panoramablick reicht von der Terrasse des Schneefern-
erhauses von den Hohen Tauern zum Großglockner und
Großvenediger, auf die Zillertaler, Stubaier- und Ötz-
taler Alpen bis hin zu Ortler- und Berninagruppe. Oben
am Schneefernergletscher gibt es eine komfortable
Sechser-Sesselbahn sowie einige Schlepplifte. Das
Gipfelrestaurant »Panorama 2962« mit seinem atem-

Oberbayern ist Spitze – Hitliste der Superlative

Der höchste Berg Deutschlands ist die Zugspitze mit 2962 m.

Die größte Sprungschanze Deutschlands ist nach wie vor die Olympia-Schanze in Garmisch-Partenkirchen. Ihr Turm hat eine Höhe von 38 m, die Anauflänge beträgt 82,5 m und die Anlaufgeschwindigkeit liegt bei ca. 91 km/h.

Die längste Burg der Welt ist mit 1051 m und 2 cm die Burg von Burghausen. Sie steht seit 2010 im Guinness-Buch der Rekorde.

Der sauberste See Deutschlands ist der Königssee. Er ist 8 km lang, 190 m tief und 5 km² groß. Über dem See ragt die 1800 m hohe Ostwand des Watzmann auf.

Die schönste Sommerrodelbahn Deutschlands wurde auf dem Blomberg bei Bad Tölz gebaut. Auf einer Länge von 1300 m zieht sich die Bahn vom Gipfel ins Tal. www. blomberg-bahn.com/de

Die älteste Brauerei der Welt ist die fast 1000 Jahre alte Benediktiner Klosterbrauerei von Weihenstephan in Freising.
www.weihenstephaner.de

Das größte Volksfest der Welt ist nach wie vor das Münchner Oktoberfest, auch Wies'n genannt. Während der zwei Wochen werden alljährlich um die 5 Mio. Maß Bier getrunken und über 200 000 Paar Schweinswürstel verzehrt. Das Fest findet alljährlich Ende September/Anfang Oktober statt, nach der Corona-Pandemie wohl wieder 2021.

Die größte naturwissenschaftlich-technische Sammlung der Welt kann man im Deutschen Museum in München besichtigen.
www.deutsches-museum.de

Die stärkste Jodschwefelquelle Deutschlands gibt es in Bad Wiessee.

Die älteste Schmalspur-Dampfstraßenbahn Deutschlands, der »Feurige Elias«, verkehrt während der Sommermonate zwischen dem Bahnhof von Prien am Chiemsee und dem Dampferanlegesteg.

Weltkulturerbe in Oberbayern: die Wieskirche bei Steingaden.

ZUGSPITZE

Garmisch-Partenkirchen, Bayern

Knapp verpasst. Die deutschen Berge haben es nicht wie ihre Schweizer und Österreicher Artgenossen auf 3000 Meter Höhe geschafft. Auch wenn die Zugspitze mit 2962 Metern die magische Grenze fast erreicht. Die fehlenden 38 Meter macht der höchste Berg Deutschlands allerdings allein durch seine fantastische Aussicht wett.

Glücklicherweise kann dank moderner Technik heute jeder den Gipfel erreichen, von Garmisch-Partenkirchen oder auch von Ehrwald in Österreich führen Seil- und (auf deutscher Seite) Zahnradbahnen auf den Gipfel. Wer die sportliche Variante bevorzugt, hat die Qual der Wahl: Aufstiege aller Schwierigkeitsgrade sind im Angebot. Da über 2200 Höhenmeter zu überwinden sind, sollten mindestens sieben bis zehn Stunden für die Besteigung eingeplant werden. Entsprechende Kondition vorausgesetzt.

Wie auch immer der Gipfel erreicht wird, es warten Ausblicke, die ihresgleichen suchen. Wenn das Wetter mitspielt, sind bis 250 Kilometer Fernsicht möglich.

Von der Münchner Stadtsilhouette über den Großglockner bis hin nach Innsbruck und zu den Dolomiten kann das Auge schweifen – bayerisches Voralpenland mit dem Staffelsee inklusive.

Im Winter heißt das höchstgelegene Skigebiet Deutschlands Skifahrer und Snowboarder willkommen, auf den traumhaften Hängen hoch über dem fernen Tal zu wedeln. Oder auch einfach nur innezuhalten, mit einem tiefen Atemzug die glasklare, klirrend kalte Luft zu atmen und dabei das einzigartige Panorama der schneebedeckten Bergwelt aufzunehmen.

Wie man sich auch fortbewegt, in jedem Fall laden auf dem Weg Hütten und Bergrestaurants zur Einkehr ein. Auf der Spitze werden Besucher mit einer Ausstellung belohnt, die sich rund um die Geschichte der Zugspitze dreht und besonders Technikinteressierte mit Informationen zum Bau der Zugspitzbahn erfreut. Der Eintritt ist übrigens kostenlos.

INFO BAYERISCHE ZUGSPITZBAHN: Einstieg Bergbahn: Olympiastr. 27, 82467 Garmisch-Partenkirchen, Einstieg Seilbahn: Am Eibsee 6, 82491 Grainau, Tel. (088 21) 79 70, www.zugspitze.de, Berg- und Talfahrt € 59,50 Kinder € 32. **INFO TIROLER ZUGSPITZBAHN:** Obermoos 1, A-6632 Ehrwald, Tel. (00 43 56 73) 230 92 53, www.zugspitze.at, Berg- und Talfahrt € 48, Jugendliche (16–18 J.) € 38,50, Kinder (6–15 J.) € 29.

Auf dem Westgipfel der Zugspitze

beraubenden Vier-Länder-Panoramablick ist Treffpunkt von Sportlern und Sonnenanbetern. Insgesamt ermöglichen sechs Lifte den Zugang zu 20 schneesicheren Pistenkilometern, auf denen neben Alpinskifahrern auch Snowboarder auf ihre Kosten kommen.

Für die Berg- und Talfahrt ist eine Kombination von zwei »Aufstiegshilfen« zu empfehlen. Mit der Zahnradbahn geht es von Garmisch zum Zugspitzplatt und von dort mit der Gondel zum Gipfel. Mit der Seilbahn Zugspitze ist in nur wenigen Minuten wieder die Talstation erreicht.

🏔 Bayerische Zugspitzbahn AG ➡ H3
Zugspitzbahnhof, Olympiastr. 27
Garmisch-Partenkichen
✆ (088 21) 79 70
Wetter-Service: ✆ (088 21) 79 79 79
www.zugspitze.de

🏔 Seilbahn Zugspitze ➡ H3
www.zugspitze.de, Ticket: Sommer € 59,50/45,50/32, Winter € 49,50/39,50/25
Ab der Talstation Eibsee pendelt eine von der Bayerischen Zugspitzbahn betriebene Seilbahn auf den Gipfel. In gläsernen Kabinen wird der Höhenunterschied von knapp 2000 m stündlich überwunden.

Rekordseilbahn zur Zugspitze

*Einmal auf Deutschlands
höchstem Gipfel stehen!
Fantastischer Panoramablick
von der Zugspitze*

*Sonnenuntergang am
1758 Meter hohen
Teufelstättkopf in den
Ammergauer Alpen*

Ammergauer Alpen

Mit einer Fläche von 227 km² sind die Ammergauer Berge seit 1963 das größte Naturschutzgebiet Bayerns. Nicht zuletzt die Wandermöglichkeiten machen diese Region zu einem der beliebtesten Ziele von Urlaubern und Ausflüglern innerhalb Deutschlands. Schließlich erlag schon Ludwig II. der Faszination dieser abwechslungsreichen Landschaft.

Kloster Ettal ➡ H3

Nach einem mehrjährigen unfreiwilligen Aufenthalt in Rom legte Kaiser Ludwig der Bayer 1330 den Grundstein zu diesem Ritterstift. Nach dem Vorbild des Templerordens wurde dem Stift eine Benediktinerabtei angegliedert. Für den Bau der gotischen Kapelle stiftete Ludwig eine Madonna aus weißem Marmor, die sich in seinem Reisegepäck befand. Noch heute ist sie Ziel vieler Pilger.

Das mächtige Kloster blickt auf eine jahrhundertelange, bewegte Baugeschichte zurück, die erst im 18. Jahrhundert ihren Abschluss fand. So wurde z. B. der ehemals gotische Zentralbau während des Barock nach Plänen von Enrico Zucalli dem Zeitgeschmack an-

BENEDIKTINERABTEI ETTAL

Ettal, Bayern

Sanfte Berggipfel umgeben die hohen Mauern des Klosters Ettal. Die Kirche der Benediktinerabtei gehört zu den schönsten Werken des bayerischen Rokoko. Nach dem Kunstgenuss schmecken das Ettaler Bier und die Klosterliköre.

Die Benediktinermönche, die 900 Meter hoch in den Alpen nahe Garmisch-Partenkirchen und Oberammergau nach den Gesetzen ihres Ordens leben – »ora et labora«, bete und arbeite –, haben das Kloster zu einem florierenden Wirtschaftsunternehmen gemacht.

Weithin bekannt sind Likördestillerie und Brauerei. Seit 600 Jahren komponieren die Patres feine Liköre nach überlieferten Rezepten – der »Original Ettaler Kloster Liqueur« hat Abnehmer in der ganzen Welt. »Benediktiner Trunk« und »Kloster Dunkel« – seit dem 16. Jahrhundert von den Ettaler Benediktinern gebraut – sind begehrte Biersorten. Weitere Gewerbebetriebe mit insgesamt 160 Mitarbeitern sind ein Hotel, ein Kunstbuchverlag, eine Schaukäserei und ein Souvenirladen. Die Haupttätigkeit der Mönche ist jedoch die Ausbildung der Schüler des klostereigenen Internats.

Kaiser Ludwig der Bayer wollte mit der Stiftung des Klosters eine Trumpfkarte im Streit mit dem Avignoner Papst Johannes XXII. ausspielen, indem er seine Frömmigkeit unter Beweis stellte. 1370 wurde der zwölfeckige Kirchenbau geweiht. Ein aus Pisa mitgebrachtes Marienbild, die sogenannte »Ettaler Madonna«, wurde bald zum Ziel von Wallfahrten.

Um dem Andrang von Menschen gerecht werden zu können, wurde die Kirche im 18. Jahrhundert umgebaut – im Geschmack des Hochbarock. Der Münchner Hofarchitekt Enrico Zucalli und der Wessobrunner Künstler Joseph Schmuzer arbeiteten bis 1762 nacheinander an der Komposition in Weiß und Gold.

»Horror vacui«? Das Benediktinerkloster Ettal im Graswangtal

Das Kuppelfresko mit über 400 Einzelfiguren ist ein Werk von Johann Jakob Zeiler, der die Betrachter in den Erlösung verheißenden Himmel entführen will.

INFO: Ettal liegt etwa 85 km südwestlich von München. **INFO BENEDIKTINERABTEI ETTAL:** Kaiser-Ludwig-Platz 1, 82488 Ettal, Tel. (088 22) 740, www.kloster-ettal.de, Öffnungszeiten tvgl. Website.

Schlafzimmer im Schloss Linderhof (links) und Maurischer Kiosk im Schlosspark (rechts)

gepasst. Nach seinen Entwürfen entstand die mächtige Kuppel, die Verblendung der gotischen Kirche mit einer schwingenden Marmorfassade gehört ebenfalls zu seinen Ideen. Die Fassadengestaltung Zucallis verleiht der großen Vierflügelanlage bis heute ein schlossähnliches Aussehen. Im Innenraum legten die besten Künstler der Rokokozeit Hand an. Im **Klosterladen** gibt es schmackhafte Liköre aus eigener Produktion, die nach alten Rezepten aus 40 Kräutern hergestellt werden.

⊚ 🏛 ✕ 🏨 **Kloster Ettal** ➜ H3
Kaiser-Ludwig-Platz 1, 82488 Ettal
✆ (088 22) 740, www.kloster-ettal.de, mit Klosterladen und Klostermarkt am Wochenende, Café, Biergarten und Hotel, Öffnungszeiten vgl. Website, Kloster und Alpengarten, Eintritt frei

❻ Linderhof ➜ H2

Streng genommen gehört diese Top-Sehenswürdigkeit gar nicht mehr zu Oberbayern, sondern zum Allgäu. Aber die Oberbayern sehen das nicht so eng. Sie werben ganz locker weltweit für ihre Region mit dem »Märchenschloss« des »Kini«.

Inmitten eines Landschaftsgartens mit französischen, italienischen und englischen Stilelementen ließ sich Ludwig II. das kleinste seiner Schlösser bauen. Zu den viel bestaunten Details der Innenausstattung des überreich dekorierten Schmuckkästchens im Stil des Neorokoko gehören das Paradeschlafzimmer und das

Von der Jagdhütte zum Schloss

SCHLOSS LINDERHOF

Ettal, Bayern

Ein ewig Rätsel will ich bleiben mir und anderen«, so schrieb König Ludwig einst seiner Erzieherin, und dieses Rätselhafte fasziniert die Menschen noch heute. Der Dichter Paul Verlaine nannte Ludwig II. den »einzigen wahren König dieses Jahrhunderts«. Der menschenscheue Träumer, das Gegenbild eines Bürgerkönigs, ist in Bayern noch heute als »der Kini« präsent und wird als Idol verehrt. Seine Schlösser, die nie ein Fremder betreten sollte, wurden seit seinem Tod von mehr als 50 Millionen Menschen besucht.

Sie sind steinerne Zeugen der idealen Gegenwelt, die Ludwig II. sich in seiner Abwendung von der Gegenwart errichtete. Nachdem er 1864 zum König gekrönt wurde, hatte er auch für Schloss Linderhof große Träume. Neben der exotischen Welt des Orients und der ritterlich-romantischen Epoche des Mittelalters war es der glanzvolle Hof der Bourbonen, der Ludwig II. in seinen Bann gezogen hatte. In der Ortschaft Linderhof wünschte sich der König den Nachbau der Schloss- und Gartenanlage von Versailles, der prachtvollen Residenz des Sonnenkönigs Ludwig XIV. Das Landhaus Linderhof war zum Militärfohlenhof Schwaiganger gehörendes landwirtschaftliches Anwesen nahe Ettal. Doch die von Carl von Effner 1868 in einem ersten Plan entworfene, stark verkleinerte Version der Versailler Gartenanlage konnte in dem engen Tal nicht realisiert werden (ihre Länge betrug immerhin noch etwa 1,2 km).

Noch in der Planungsphase ließ Ludwig II. das Försterhaus, nun als Königshäuschen bezeichnet, zum angenehmeren Aufenthalt während der Bauabwicklung renovieren und erweitern. Er kannte das Gebäude, da er es als Kronprinz bei Jagdausflügen mit seinem Vater genutzt hatte. Vor dem zunächst noch in Holz ausgeführten Arbeits- und Speisezimmer entstanden ab 1872 auch die ersten beiden Gartenpartien, das heutige Ost- und Westparterre.

Erst als Ludwig 1873 die Insel Herrenwörth im Chiemsee erworben und das Versailles-Projekt dorthin verlagert hatte, entwickelte sich aus diesem Provisorium die Schloss- und Gartenanlage, wie sie heute noch Bestand hat. Linderhof ist der einzige größere Schlossbau, den Ludwig II. vollendet erlebte.

INFO: Ettal liegt etwa 85 km südwestlich von München. **INFO SCHLOSS LINDERHOF:** Schloss- und Gartenverwaltung, Linderhof 12, 82488 Ettal, Tel. (088 22) 92 03 49, www. schlosslinderhof.de, Öffnungszeiten tägl. April–Mitte Okt. 9–18, Mitte Okt.–März 10–16.30 Uhr, Eintritt € 8,50, ermäßigt € 7,50, im Winter € 7,50, ermäßigt € 6,50 (Parkbauten geschl.).

Das Märchenschloss des »Kini« – Schloss Linderhof bei Ettal

Goldene Putte vom Brunnen des Schlosses Linderhof

»Tischleindeckdich« im Speisesaal. Der Spaziergang durch den weiten Park führt u. a. zum Maurischen Kiosk und der Blauen Grotte. Dort ließ sich der König nachts zu den Klängen aus Lohngrin auf dem künstlichen See in einem Schwanenboot umherrudern.

ℹ ◉ ♠ Schloss- und Gartenverwaltung Linderhof
➡ H2
Linderhof 12, Ettal
✆ (088 22) 920 30, Ticket-Reservierung nur online
www.schlosslinderhof.de
Tägl. April–15. Okt 9–18, 16. Okt.–März 10–16.30 Uhr
Eintritt € 7,50 (2020 wegen Corona), bis 18 J. frei

❼ Neuschwanstein/Hohenschwangau ➡ H2
Die einzigartige Lage **Schloss Neuschwansteins** auf einem Felsen über der Pöllatschlucht mit Blick auf die nahen Berge könnte kaum dramatischer sein. Als Vorbild zu diesem Fantasiegebilde mit Zinnen und Türmen diente dem königlichen Auftraggeber seine Vorstellung einer mittelalterlichen Ritterburg. Die Pläne ließ er vom Theatermaler Christian Jank anfertigen; die Bauaufsicht wurde dem Architekten Eduard Riedel ab 1869 übertragen. Doch nicht Burgenromantik allein bestimmt das Konzept dieses sicherlich berühmtesten Schlosses Ludwig II. Vielmehr ist es eine Hommage an den von ihm so verehrten Richard Wagner.

Und so ist es nur allzu verständlich, dass sich Ludwig bei der Vorgabe zu den so düster wirkenden Wand-

Thronsaal im Schloss Neuschwanstein

Die Kinderstube Ludwigs II.

SCHLOSS HOHENSCHWANGAU

Schwangau, Bayern

Irgendwann im Jahr 1832 brach der 21-jährige Kronprinz Maximilian von Bayern zu einer Wanderung durch das Allgäu auf. Ein Ausflug, der Geschichte schreiben sollte. Denn vier Kilometer von Füssen entfernt, in der Gemeinde

Schwangau, erblickte der junge Prinz eine alte Burgruine – landschaftlich reizvoll gelegen, aber vollkommen verwahrlost. Es war die 600 Jahre alte Burg Schwanstein, ehemals Sitz der Ritter von Schwangau.

Maximilian kaufte die Überreste und ließ die Festung im englischen Tudorstil bis 1837 neu aufbauen. Der königlichen Familie diente das Anwesen als Sommerresidenz. Es war zugleich die Kinderstube Ludwigs II. Seine Mutter Marie von Bayern lebte nach dem Tod ihres Sohns noch fast drei Jahre im Schloss und verstarb dort 1889. Heutiger Eigentümer ist der Wittelsbacher Ausgleichsfonds.

In unmittelbarer Nachbarschaft zu Schloss Neuschwanstein gelegen ist Hohenschwangau inzwischen zum Anziehungspunkt für Wanderer sowie kunstgeschichtlich interessierte Besucher aus aller Welt geworden. Mit der Bauleitung hatte Maximilian seinen Kunstlehrer, den Architektur- und Theatermaler Domenico Quaglio (1787–1837), betraut, der kurz vor der Vollendung starb. Die Gestaltung der Räume erfolgte nach Entwürfen von Moritz von Schwind.

In diesem Zustand hat sich das romantische Schloss bis heute erhalten. Die Inneneinrichtung aus der Biedermeierzeit ist noch unverändert, 90 Wandgemälde zieren die Zimmer.

Besonders eindrucksvoll wirkt das ehemalige Schlafzimmer von Königin Marie. Der Raum wurde ganz in orientalischer Tradition eingerichtet – in Erinnerung an eine Reise Maximilians, die ihn 1832 nach Griechenland und in die Türkei geführt hatte. Vom Schloss fällt

Blick von Schloss Neuschwanstein auf die Lechtaler Alpen, rechts Schloss Hohenschwangau, die Sommerresidenz Maximilians II.

der Blick auf die bewaldeten Allgäuer Bergzüge des Schwarzenbergs und des Kienbergs.

INFO: Schwangau liegt im Allgäu, ca. 4 km von Füssen entfernt. **INFO SCHLOSS HOHENSCHWANGAU:** Hohenschwangau, 87645 Schwangau, Tel. (083 62) 93 08 30, www.hohenschwangau.de und www.schwangau.de, Öffnungszeiten tägl. April–Mitte Okt. 9–17, Mitte Okt.–März 10–16 Uhr. Eine Besichtigung der Anlage ist nur im Rahmen einer Führung möglich. Eintritt € 13, ermäßigt € 12, unter 18 J. in Begleitung frei.

*Von Löwen getragen:
Brunnen vor der Kulisse
von Hohenschwangau*

bildern ebenfalls von der Thematik der Opern des Komponisten inspirieren ließ. Abgesehen von der Gestaltung seines privaten Wohntrakts galt die ganze Aufmerksamkeit des Monarchen der Fertigstellung des Sänger- und Thronsaals. Allein über zwei Geschosse erstreckt sich der nie genutzte 15 Meter hohe, im orientalischen Stil erbaute Thronsaal. Den Sängersaal schmücken Wandbilder mit Szenen der Parzivalsage, und auch die Fresken der Privatgemächer zeigen Motive aus Wagners Opern.

Gegenüber dem Touristenmagneten Neuschwanstein liegt **Hohenschwangau**, die ältere ehemalige Sommerresidenz von König Maximilian II. Angeregt von der Burgenromantik ließ sich der Vater Ludwigs II. auf den Ruinen einer mittelalterlichen Burganlage einen neogotischen Prachtbau errichten.

Die großen, düster wirkenden Wandfresken zeigen neben der Geschichte von Schwangau auch Szenen der deutschen Sagenwelt. In der damaligen Abgeschiedenheit des Ammergebirges begann sich das Kind Ludwig für die Werke Richard Wagners zu interessieren. Kurz nach dem Tod seines Vaters empfing der junge Monarch an seinem 19. Geburtstag den von ihm hochverehrten Meister auf diesem Schloss.

ℹ Ticketcenter Neuschwanstein-Hohenschwangau
➡ H2
Alpseestr. 12
✆ (083 62) 93 08 30
www.ticket-center-hohenschwangau.de
Da die Besucherzahl begrenzt ist, empfiehlt es sich, unbedingt im Voraus zu reservieren!
Eintritt Neuschwanstein € 13/12, Kinder bis 18 J. frei,
Eintritt Hohenschwangau € 18, Kinder bis 7 J. frei

◉ ❼ Schloss Neuschwanstein ➡ H2
Neuschwansteinstr. 20
Schwangau
www.neuschwan stein.de
Tägl. April–Mitte Okt. 9–18, Mitte Okt.–März 10–16 Uhr, nur mit Führung
Das fantastische Märchenschloss Ludwigs II. zählt zu Deutschlands berühmtesten Bauwerken und zieht jährlich über eine Million Besucher aus aller Welt an.

Die letzte Fantasie des »Märchenkönigs«

SCHLOSS NEUSCHWANSTEIN UND EINE KUTSCHFAHRT IN BAYERN

Schwangau, Bayern

D rehen Sie die Zeit zurück und begeben Sie sich in einer Pferdekutsche auf die Spuren des exzentrischen Königs Ludwig II. entlang der Königsstraße: Originalgetreue Kutschen aus dem 19. Jahrhundert bieten Platz für bis zu neun Passagiere, die am liebsten auf den lederbezogenen Sitzen hinter dem uniformierten Kutscher Platz nehmen. Die atemberaubende Schönheit der bayerischen Wiesen und Wälder, von Bergen und kristallklaren Seen wird durch den Klang der Kuhglocken und das Klappern der Pferdehufe untermalt. Die nahezu verkehrsfreien alten Kutschwege führen Sie in gemütlichem Tempo entlang vereinzelter Dörfer, historischer Gasthöfe und Dorfkirchen mit Zwiebeltürmen zu König Ludwigs extravagantem Schloss Neuschwanstein vor einer märchenhaften Bergkulisse.

Von den drei Schlössern, die König Ludwig bauen ließ, ist Neuschwanstein bei Weitem sein theatralischstes Werk. Dieser Türmchenbau war die Inspiration für Disneys Dornröschenschloss. Für den Entwurf beauftragte Ludwig anstelle eines Architekten den höfischen Bühnenbildner, einen Experten im Realisieren der königlichen Wünsche und Launen. Vom nahe gelegenen Schloss Hohenschwangau aus überblickte der König die Arbeit an Neuschwanstein.

Es sollte 17 Jahre dauern und horrende Kosten verschlingen, bis das Schloss fertiggestellt war. Nur 170 Tage lebte Ludwig in seinem Traumschloss, bevor er auf mysteriöse Weise starb, nachdem man ihn gezwungen hatte, aufgrund seiner geistigen Verwirrung abzudanken. Mehr zur Geschichte der Wittelsbacher erfährt der Besucher im Museum der Bayerischen Könige, das in einem ehemaligen Grandhotel in Hohenschwangau untergebracht ist.

Schloss Neuschwanstein thront in einzigartiger Lage auf einem Felsen über der Pöllatschlucht

Info: Schloss Neuschwanstein liegt in der Nähe des Forggensees im Allgäu und des Orts Schwangau. **Info Schloss Neuschwanstein:** Ticketcenter Neuschwanstein-Hohenschwangau, Alpseestr. 12, 87645 Hohenschwangau, Tel. (083 62) 93 08 30, www.neuschwanstein.de, Öffnungszeiten tägl. April–Mitte Okt. 9–18, Kassenöffnung 7.30–17, Mitte Okt.–März 10–16, Kassenöffnung 8.30–15 Uhr, Besichtigung nur mit Führung, Reservierung empfohlen, Eintritt € 13, ermäßigt € 12, unter 18 J. in Begleitung frei. **Info Museum der Bayerischen Könige:** Alpseestr. 27, Hohenschwangau, Tel. (083 62) 88 72 50, Öffnungszeiten tägl. 9–17 Uhr, Eintritt € 11, ermäßigt € 10, bis 18 J. frei. **Reisezeit:** Mai–Okt.

⊚ Schloss Hohenschwangau ➡ H2

Alpseestr. 30, Schwangau, www.hohenschwangau.de
Mi–So 9–16 Uhr, nur mit Führung, vgl. S. 129
Auf den Ruinen einer mittelalterlichen Burg ließ Maximilian II. einen neogotischen Prachtbau erbauen.

Oberammergau ➡ H3

Weltweit steht der Name des Bilderbuchdorfs für sein Passionsspiel, dessen Entstehungsgeschichte schnell erzählt ist: Im Verlauf einer Pestepidemie gelobten die Überlebenden zum Dank für ihre Rettung alle zehn Jahre die Leidensgeschichte Christi aufzuführen. Das **Festspielhaus** bietet rund 4800 Zuschauern Platz und wird in den neun Jahren zwischen zwei Passionsspielen (nächste Aufführung 2022) während der Sommermonate in der Regel für Gastspiele genutzt. Aufgeführt werden z. B. die Opern Nabucco oder Aida von Verdi.

Oberammergau ist aber auch der Ort der Lüftlmalereien, die abgesehen von Mittenwald kaum woanders in dieser Dichte und Vielfalt zu sehen sind. Dass es sich bei den Motiven vorrangig um biblische Themen handelt,

Von Hand gemalt: Lüftlmalerei an einem Haus in Oberammergau

erklärt sich von selbst. Der Spaziergang könnte also zu einer Nachhilfestunde in Sachen Bibelfestigkeit werden.

Das Fassadengemälde des **Pilatushauses** (Ludwig-Thoma-Straße) schuf der Lüftlmaler Franz Seraph Zwinck. Die monumentale Scheinarchitektur zur Gartenfront täuscht ein von Säulen getragenes Zwischenstockwerk vor, zu dem zwei geschwungene Treppen hinaufführen. Von dort aus beobachten die Hohen Priester wie die Schergen den gefesselten Jesus dem römischen Statthalter Pontius Pilatus vorführen.

ℹ️ Tourist Information ➡ H3
Eugen-Papst-Str. 9 A, 82487 Oberammergau
✆ (088 22) 922 74 40, www.ammergauer-alpen.de

🎎 Lebende Werkstatt im Pilatushaus ➡ H3
Ludwig-Thoma-Str. 10, Oberammergau
Di–So 13–18 Uhr, Eintritt frei
Hier kann man den Herrgottschnitzern bei der Arbeit zuschauen und lokales Kunsthandwerk erstehen.

🚠 Laber-Bergbahn ➡ H3
Ludwig-Lang-Str. 59, Oberammergau
✆ (088 22) 47 70, www.laber-bergbahn.de
Tägl. Dez.–März 9–16.30, April–3. Nov. 9–17 Uhr
Berg- und Talfahrt € 16,50/6
Vom Gipfel des Laber öffnet sich eine herrliche Aussicht auf Ester- und Wettersteingebirge. In diesem Gebiet lassen sich schöne Wanderungen unternehmen.

🚠🥾 Ettaler Manndl (1633 m) ➡ H3
Der Höhenunterschied von ca. 750 m lässt sich mit etwas Kondition in ca. 4,5 Std. auch mit Kindern bewältigen. Nach ca. 2 Std. auf einem Forstweg erreicht man den kleinen, gut gesicherten Klettersteig zum Gipfel. Detailliertes Material gibt's im Fremdenverkehrsamt.

🎭 Passionstheater ➡ H3
Theaterstr. 16 A, Oberammergau
✆ (088 22) 92 27 40, www.ammergauer-alpen.de
Di–So 10—17 Uhr, Eintritt € 6/5, Kinder bis 17 J. € 2
Bis zu den nächsten Passionsspielen im Jahr 2022 ist die Bühne frei für Opern- und Theaterproduktionen sowie Konzerte. Tagesaktuelle Informationen – auch zu den Führungen – gibt es im Internet.

Der Ettaler Manndl ist auch mit Kindern zu besteigen

Passionsspiele in Oberammergau

Oberammergau, Bayern

Die friedliche Gemeinde in den bayerischen Alpen erwacht alle zehn Jahre zum Leben, um einem 1633 abgelegten Gelübde Folge zu leisten. Zu jener Zeit suchte die Pest weite Teile Europas heim und hinterließ allerorts Tod, Hunger und Not. Um von der Pest verschont zu bleiben, versprachen die Bewohner, die Passion Christi in Zukunft regelmäßig neu zu inszenieren. Die Pest war vorüber und 1634 fand die Uraufführung des Spiels durch Bauern auf einem Feld statt. Seither wurde das Passionsspiel weiterentwickelt und verfeinert. Geblieben ist die unerschütterliche Ernsthaftigkeit, mit der die gesamte Gemeinde teilnimmt und ihr inniges Gelübde in Ehren hält.

Inmitten einer atemberaubenden Landschaft wird der Ort von festlicher Atmosphäre erfüllt und Alt und Jung versammeln sich in farbenprächtigen handgefertigten Kostümen. Trotz internationaler Bekanntheit konnten diese Festspiele bislang einer Kommerzialisierung entgehen. Das historische Gelübde ist noch immer das Wichtigste im Leben der Oberammergauer. Die Oberammergauer Passionsspiele wurden im Dezember 2014 in das bundesweite Verzeichnis des immateriellen Kulturerbes aufgenommen.

Info: Oberammergau liegt etwa 80 km südwestlich von München. **Info Passionsspiele Oberammergau:** Die Passionsspiele finden in jedem auf 0 endenden Jahr statt (die nächsten Passionsspiele fallen ins Jahr 2022). Die Aufführung der 16 Akte aus den letzten fünf Tagen im Leben Jesu dauert etwa 6 Std., www.passionsspiele-oberammergau.de. **Reisezeit:** 2022 finden die Spiele von Mitte Mai bis Anfang Oktober statt.

Seit dem 17. Jahrhundert werden in Oberammergau die Passionsspiele aufgeführt

Tölzer Land

Typisch für diese Ecke Oberbayerns sind sanfte End-
moränenhügel, das schroffe Karwendelgebirge im Hintergrund und dazu friedlich dahinplätschernde Flüsse
wie Isar und Loisach. Eingebettet in die beschauliche
Natur findet man auch hier idyllische Dörfchen. Tradi-
tionspflege ist ein fester Bestandteil der Alltagskultur.

Bad Tölz ➡ G5
Beiderseits der breiten Isarbrücke liegt Tölz: diesseits
des Flussübergangs der historische Kern der alten
Handelsstadt an der ehemals berühmten Salzstraße,
jenseits der Kur- und Badeort rund um die heilenden
Jodquellen. Die steil ansteigende **Marktstraße** verlockt
zu einem Bummel entlang der Bürgerhäuser unter weit
vorgezogenen, alpenländischen Dächern. Wie in Mittenwald oder Oberammergau schmücken herrliche
Lüftlmalereien die Fassaden und geben dem gesamten
Ensemble etwas von einer bühnenwirksamen Inszenierung. Hoch oben auf dem Kalvarienberg zieht die weithin sichtbare Doppelturmfassade der Kirche die Blicke
magnetisch an. Von der Aussichtsplattform reicht der
Weitblick bis zum Karwendel. Die Stadt liegt am Knotenpunkt mehrerer Radwanderwege, darunter der Isar
und der Bodensee-Königssee-Radweg.

*Tölzer Land – die Kirche
des Klosters Benedikt-
beuern mit ihrer markanten
Doppelturmfassade (errichtet
ab 1699)*

Sommer in Bad Tölz: belebte Cafés auf der Marktstraße

ⓘ Tourist Information ➧ G5
Max-Höfler-Platz 1, 83646 Bad Tölz
☏ (080 41) 786 70, www.bad-toelz.de

⊠ⓓ Forellenhof Walgerfranz
Bairawieser Str. 43, Bad Tölz
☏ (080 41) 96 65, tägl. außer Mi 11.30–22 Uhr
Gasthaus im Landhausstil mit Biergarten und Kinderspielplatz. Geboten wird fangfrischer Fisch und typisch bayerische Küche. €€

⊟⊠ⓓ Posthotel und Gasthaus Kolberbräu
Marktstr. 29, Bad Tölz
☏ (080 41) 768 80, www.kolberbraeu.de
Tägl. 7.30–24 Uhr
Im Traditionslokal in der ehemaligen Posthalterei an der wunderschönen, steil ansteigenden Marktstraße wird bayerische Küche auf hohem Niveau serviert, im Sommer auch vor dem Haus. €€

Ausflugsziele:

⊞⊠⊼ Jachenau ➧ G/H4
www.jachenau.de
Das Hochtal bietet sich im Sommer als Ziel für gemütlichere Rad- und Wandertouren an, im Winter sind jede Menge Langlaufloipen gespurt.

◉⊠⊠ⓓ Kloster Reutberg ➧ G5
Am Reutberg 2, Sachsenkam
☏ (080 21) 86 86

TÖLZER LEONHARDIFAHRT

Bad Tölz, Bayern

Die Prozession zu Ehren des heiligen Leonhard von Limoges, des Schutzpatrons der Pferde und Landwirtschaftstiere, ist ein fester Bestandteil des altbayerischen Brauchtums. Der wohl bekannteste dieser feierlichen Umzüge findet jährlich um den 6. November in Bad Tölz statt. Der Brauch ist in der Stadt bereits seit dem 17. Jahrhundert belegt. Der religiös motivierte Umritt mit Umfahrt hat aber eigentlich eine noch viel längere Tradition. Ihr Ursprung ist in vorchristlichen Zeiten zu finden, wo Pferde, vor allem Schimmel, als höheren Mächten geweiht und als besonders gesegnet galten. Seit 1856 können Besucher dem Festumzug beiwohnen. Auf dasselbe Jahr geht auch das Tölzer Regelwerk zur Leonhardifahrt zurück, das von Pfarrer Josef Pfaffenberger verfasst wurde. Mit diesen Regeln wollte er dafür sorgen, dass die zuvor immer wieder wegen ihrer anschließenden Gelage in Verruf gekommenen Umritte, die bis dahin rund ums Jahr stattgefunden hatten, in geordnete Bahnen gelenkt wurden. Seither wird nur noch einmal im Jahr zur Wallfahrt mit Pferden aufgerufen und immer nach dem selben Ablauf:

Bereits früh morgens finden sich bis zu 80 feierlich geschmückte Vierergespanne sowie mehrere Hundert Pferde mit zahlreichen Reitern in historischer Tracht im Kurviertel ein. Wenn sich der Zug schließlich auf der historischen Marktstraße in Bewegung setzt, wird er vom Läuten der Kirchenglocken begleitet.

Auf den mit Blumen und Daxen (Tannenzweigen) verzierten Truhenwagen sitzen oder stehen je acht bis zwölf Teilnehmerinnen, deren Festtagstrachten sich je nach Alter und Familienstand unterscheiden. Die Gespanne stammen teilweise noch aus dem 18. Jahrhundert und das Verbot von Gummireifen macht die Tölzer Leonhardifahrt besonders authentisch. Oben auf dem Kalvarienberg angekommen findet in der Leonhardikapelle ein feierlicher Festgottesdienst statt. Eine eiserne Votivkette, das Attribut des Viehpatrons, umgibt die kleine Kapelle, die 1718 zu Ehren der schmerzensreichen Gottesmutter errichtet wurde. Zum Abschluss umrunden die Wagen die Kapelle zweimal; Wallfahrer und Pferde erhalten hierbei ihren Segen. Gegen Mittag tritt die Prozession ihren Rückweg an. Endpunkt ist die Mühlfeldkirche, wo erneut ein Segen gesprochen wird.

Den traditionellen Ausklang der Brauchtumsveranstaltung bildet der Wettkampf im Goaßlschnalzen, dem kunstvollen und lauten Knallen mit der Fuhrmannspeitsche.

INFO: Der Kurort Bad Tölz an der Isar liegt etwa 50 km südlich von München in Oberbayern. **INFO BAD TÖLZ:** www.bad-toelz.de. **INFO TÖLZER LEONHARDIFAHRT:** immer um den 6. Nov., www.toelzer-leonhardi.de.

Eine Prozession zu Pferd: die Tölzer Leonhardifahrt

www.klosterbraeustueberl.de
Tägl. 10–23 Uhr
Hoch über dem moorigen Kirchsee sollte man sich den herrlichen Weitblick vom gemütlichen Biergarten des Klosters nicht entgehen lassen. €

Lenggries/Brauneck → G5

Das Dorf im flachen Isartal ist ein beliebtes Wandergebiet für Aktive jeden Alters. Im Winter lockt das nahe Brauneck mit seinem Skizirkus.

Wackersberg → G5

Das nahe Wackersberg bietet sich während der warmen Jahreszeit als Ausgangspunkt für leichte Wanderungen an, im Winter kommen dann die Langläufer. Zu den Attraktionen des Sommers gehört die rasante Fahrt auf Deutschlands schönster Sommerrodelbahn (1300 m) vom **Blomberg** → G4/5.

Kloster Benediktbeuern → G4

Egal von welcher Seite man sich auf der Landstraße dem Kloster im Schatten der Benediktenwand nähert, man sieht schon von weitem die Doppelturmfassade der frühbarocken Klosterkirche St. Benedikt. Die mächtige Anlage entstand nach dem Dreißigjährigen Krieg in einem Zeitraum von mehr als hundert Jahren über den Fundamenten eines romanischen Vorgängerbaus. Für die Fresken des Innenraums zeichnet die Familie Asam verantwortlich: Vater Hans Georg begann im Altarraum mit dem Deckengemälde, seine Söhne Cosmas Damian und Egid Quirin übernahmen die Arbeiten an der Decke des Langhauses. Zu den Kleinodien zählt der

Das Hochtal Jachenau: Tummelplatz für Wanderer und Langläufer

Wo die Carmina Burana zu Hause waren

KLOSTER BENEDIKTBEUERN

Benediktbeuern, Bayern

Dies ist eine der Hochburgen des katholischen Christentums. Der heilige Bonifatius war hier, er weihte 750 die erste Kirche auf bayerischem Boden. Vom bereits 739 gegründeten Benediktinerkloster ging eine Alphabetisierungswelle aus, in der Schreib- und Unterrichtsschule wurden Codices verfasst. Berühmte Theologen und Philosophen haben hier gewirkt, aber auch Naturwissenschaftler und Künstler. 1273 fand an diesem Ort die erste Fronleichnamsprozession in Bayern statt. Und weil 1803 bei der Säkularisierung des Klosters in der Bibliothek die Carmina Burana entdeckt wurden, eine Sammlung von Vagantenliedern aus dem 13. Jahrhundert, konnte später der Komponist Carl Orff ins Spiel kommen: Er vertonte 1936 die Liedsammlung und verschaffte ihr damit Weltruhm.

Klosterkirche Benediktbeuern

Benediktbeuern, nicht nur eines der ältesten, sondern auch schönsten deutschen Klöster, baut sich auf vor der imposanten Kulisse der Benediktenwand (1081 m) im Alpenvorland. Man sitzt hier mit einer Maß Bier und einer Brezen unter Apfelbäumen und hört aufgeregte Ausflüglern mit Gamsbart am Hut zu. Zweitürmig ist die Kirche, die Wandpfeilerhalle mit Emporen und doppelgeschossigem Chor, erschaffen vom Weilheimer Baumeister Kaspar Feichtmayr im Stil des italienischen Hochbarock (1686). Sie imponiert mit viel Stuck, Fresken, Rokokoschmuck und dekorativen Plastiken.

Das Kloster überstand mehrere verheerende Brände und wurde danach umso schöner ausgeschmückt. Nach der Säkularisierung 1803 lebte der Optiker und Physiker Joseph von Fraunhofer in Benediktbeuern, arbeitete als Werkmeister einer Glashütte, entdeckte »seine« Linien, die bedeutsam für die Entwicklung der Spektralanalyse waren, und stellte das schlierenfreie Flintglas her. Das renommierte Fraunhofer-Institut trägt seinen Namen. 1930 wurde die Anlage von den Salesianern Don Boscos erworben, die hier eine Theologische Studienanstalt einrichteten; daraus ging die Philosophisch-Theologische Hochschule Benediktbeuern hervor. Rund 600 Studierende lernen hier. In den ehemaligen Klosterräumen ist neben anderen Einrichtungen religiöser Bildung, Wissenschaft und Erziehung auch eine Jugendherberge untergebracht, spezialisiert auf Klassenfahrten, Jugendfreizeiten und Exkursionen in die bayerische Bergwelt.

INFO: Benediktbeuern liegt ca. 60 km von München entfernt. **INFO KLOSTER BENEDIKTBEUERN:** Don-Bosco-Str. 1, 83671 Benediktbeuern, Tel. (088 57) 880, www. kloster-benediktbeuern.de, Teile sind tagsüber frei zu besichtigen, andere sind nur im Rahmen einer Führung zugänglich.

Kochel am See im Zwei-Seen-Land

Rokokoraum der Anastasiakapelle. Sie ist ein Gemeinschaftswerk aller berühmten südeuropäischen Künstler jener Zeit.

Zu den großen Überraschungen der Neuzeit gehört der Fund der Handschrift der lateinischen Vagantenlyrik in der Klosterbibliothek, die Carl Orff den Stoff zur »Carmina Burana« lieferte.

Kloster Benediktbeuern ➡ G4
Don-Bosco-Str. 1, Benediktbeuern
☎ (088 57) 880, www.kloster-benediktbeuern.de
Tägl. 9–18 Uhr, Eintritt frei, vgl. S. 139

Kochelsee ➡ G4
Der warme See liegt in einer Moorlandschaft und lockt mit dem Freizeitzentrum »trimini« neben Urlaubsgästen auch Tagesauflügler. Mit einem Denkmal ehrt der Ort seinen berühmten Freiheitskämpfer. Der Schmied von Kochel führte das Bauernheer in der blutigen Schlacht gegen die damalige Besatzungsmacht Österreich an. Er und viele andere fanden in der Weihnachtsnacht 1705, die als »Sendlinger Mordweihnacht« in die Annalen einging, in München am Sendlinger Berg den Tod.

Schmied-Von-Kochel Denkmal in der Ortsmitte Kochel am See

ℹ Tourist Information
Bahnhofstr. 23, 82431 Kochel am See
☎ (088 51) 338, www.zwei-seen-land.de

Kristall trimini
Seeweg 2, Kochel am See
☎ (088 51) 53 00

KOCHELSEE

Kochelsee, Bayern

Es war im Januar 1704, als Tiroler Truppen, angetan vom Reichtum der Abtei in Benediktbeuern, zum Angriff bliesen. Verzweifelt versuchten die Mönche, sie aufzuhalten, indem sie die einzige Brücke an der Loisach

zerstörten. Vergebens: Die Tiroler nahmen den Weg über den zugefrorenen See. In ihrer Not riefen die Mönche ihre Schutzpatronin, die heilige Anastasia, an. Mit Erfolg – ein starker Föhn brachte das Eis des Sees zum Schmelzen, die Tiroler mussten sich zurückziehen und das Kloster war gerettet.

Heute hätten es die Tiroler Plünderer einfacher gehabt, denn der Kochelsee ist gut über die A 95 von München nach Garmisch zu erreichen. Zahlreiche Wanderwege erschließen die Schönheiten des Sees und der steilen Berge, die zum oberbayerischen Alpenrand gehören. Dabei muss nicht unbedingt gekraxelt werden, der Wanderweg von Altjoch nach Schlehdorf beispielsweise ist für jedermann zu schaffen. Naturliebhaber sollten unbedingt das Naturschutzgebiet Loisach-Kochelseemoore im Norden des Sees besuchen. Pflanzen wie das Knabenkraut und Vogelarten wie Kiebitze und Wiesenpieper sind hier beheimatet. Dieses Gebiet ist auch für Fahrradtouren bestens geeignet, eine beliebte Strecke durch die einzigartige Schönheit der Natur führt auf 35 Kilometern auch am Kochelsee vorbei von Eschenlohe bis zum Kloster.

Kein See ohne Schiffe: Selbstverständlich gibt es auch am Kochelsee die Möglichkeit, die Schönheit des Sees und des ihn umgebenden Bergpanoramas ganz entspannt an Deck eines der Linienschiffe zu genießen, die von Mai bis Mitte Oktober regelmäßig zwischen Kochel und Schlehdorf verkehren.

Das Bonbon für die Kunstliebhaber am See ist das Franz-Marc-Museum in Kochel. Der

Heimattage in Kochel am See

Maler, Mitglied und Mitbegründer der legendären Künstlergruppe »Blauer Reiter«, lebte in dieser Bilderbuchlandschaft im Voralpenland. Heute ist sein Haus ein Museum, das die Werke des berühmten Expressionisten im Dialog mit denen der anderen Brücke-Künstler sowie Vertretern der deutschen Nachkriegskunst zeigt.

INFO KOCHEL AM SEE: Tourist Information, Bahnhofstr. 23, 82431 Kochel am See, Tel. (088 51) 338, www.zwei-seen-land. de. **INFO SCHIFFFAHRT:** Motorschifffahrt Kochelsee, Kirchenweg 1, Kochel am See, Tel. (088 51) 416, www.motorschifffahrt-kochelsee.de. **INFO FRANZ-MARC-MUSEUM:** Franz-Marc-Park 8–10, Kochel am See, Tel. (088 51) 92 48 80, www.franz-marc-museum. de, Öffnungszeiten Di–So 10–18, Nov.–März nur bis 17 Uhr, Eintritt € 8,50, ermäßigt € 3,50, bis 6 J. frei.

https://kristall-trimini.de
Tägl. 9–22 Uhr, Tageskarte Freizeitbad € 14,50/6, Sauna mit Aufpreis. vgl. Website
Verschiedene Becken, Saunen und Rutschen. Neuer Wellness- und Saunabereich.

Ausflugsziele:

Kesselbergstraße ➙ G4
Sa/So/Fei für Motorräder gesperrt
In 36 Serpentinen führt die grandiose Kesselbergstraße vom Kochelsee hinauf zum Walchensee. An der Strecke locken Aussichtspunkte.

Walchenseekraftwerk ➙ G4
Altjoch 21, Kochel am See
✆ (088 51) 772 25, www.uniper.energy/de/walchensee kraftwerk, Mi–So 10–17 Uhr, Eintritt frei
Die Anlage, die auf der Kesselbergstraße (Hinweisschild) angefahren wird, wurde auf Betreiben des Gründers des Deutschen Museums in München, Oskar von Miller, gebaut. Zur Erzeugung elektrischer Energie nutzt man die 200 m Höhenunterschied zwischen Walchen- und Kochelsee. Das Wasser schießt durch sechs Druckrohre ins Tal hinunter und treibt dort die mächtigen Turbinen an.

Murnau ➙ G3
Auch wenn sich die Menschen der Gemeinde an der Wende vom 19. zum 20. Jahrhundert keinesfalls uneingeschränkt darüber freuten, dass sich bei ihnen Künstler niederließen, lebt der Ort heute nicht zuletzt vom Ruhm der ehemals ungeliebten Außenseiter.

Im Münterhaus in Murnau entstanden die Ideen und Kunstwerke, für die heute die Künstlergruppe »Blauer Reiter« berühmt ist

WALCHENSEEKRAFTWERK UND KESSELBERGSTRASSE

Kochel am See, Bayern

Ein riesiger Fisch, ein Waller, so erzählten sich früher die Leute, hause auf dem Grund des Walchensees, etwa 70 Kilometer südwestlich von München. Und mit dem Ungetüm, einer Art bayerischem »Nessie«, sei nicht zu spaßen. Würden die Bewohner des Oberlands vom Glauben abfallen, würde der Fisch für verheerende Überschwemmungen sorgen. Die Angst, sich den Zorn des Seeungeheuers zuzuziehen, war so groß, dass von 1450 bis 1805 täglich in einer Gruftkapelle eine Messe gelesen wurde, um Schlimmes zu verhindern.

Oskar Miller, Ingenieur und Pionier des Fortschritts, hatte es anfangs schwer, seine Vision gegen den Aberglauben durchzusetzen. Bereits Ende des 19. Jahrhunderts hatte er die Idee, dem verschlafenen Land der Petroleumlampen und Pferde-Trambahnen die Elektrizität zu schenken. Und er wusste auch schon genau, wie: Er wollte den Höhenunterschied von 200 Metern zwischen Walchen- und Kochelsee zur Gewinnung elektrischer Energie nutzen. Inspiriert durch Besuche verschiedener Industrieanlagen in Europa und Nordamerika organisierte Miller 1882 eine Ausstellung im Münchner Glaspalast, die zur Initialzündung für die Elektrizitätsversorgung in Bayern wurde.

Der Bau des Walchenseekraftwerks war in der Zeit nach dem Ersten Weltkrieg eine Meisterleistung. Bis zu 2000 Arbeiter und Ingenieure arbeiteten gleichzeitig an dem Riesenprojekt. Schwere Bauteile wie Turbinen oder Generatoren mussten unter unvorstellbaren Anstrengungen herangeschafft werden. Am 24. Januar 1924 war es dann so weit: Zum ersten Mal schoss das Wasser des Walchensees über sechs Rohre ins Kraftwerk. Auch heute noch ist das Bauwerk mit einer Jahreserzeugung von rund 300 Millionen

Blick vom Herzogstand auf Kochel- und Walchensee, dazwischen das Walchensee-Kraftwerk

Kilowattstunden eines der größten Wasserkraftwerke der Welt, ein Viertel der Energie geht ins Stromnetz der Deutschen Bahn.

Für Motorrad-Freaks lohnt sich noch ein Abstecher zur Kesselbergstraße zwischen dem Kochel- und dem Walchensee. Auf der kurvenreichen Strecke wurden bereits vor hundert Jahren Auto- und Motorradrennen durchgeführt. Trotz Überholverbots und Höchstgeschwindigkeit von 60 Kilometern muss man auch heute noch mit wagemutigen PS-Rittern selbst in den engsten Serpentinen des historischen Rennkurses rechnen.

INFO: Kochel am See liegt ca. 70 km südwestlich von München. **INFO WALCHENSEEKRAFTWERK:** Infozentrum, Altjoch 21, 82431 Kochel am See, Tel. (088 51) 772 25, www.uniper.ernergy/de/walchenseekraftwerk, Öffnungszeiten tägl. Mai–Okt. Mi–So 10–17, Nov.–April bis 16 Uhr.

Murnau: Stadtbild vor spektakulärer Kulisse

Untypisch für die Gegend ist die Reihe der in Rosa, Lichtblau oder Zartgrün gestrichenen Fassaden entlang der Marktstraße. Im Zuge der Verkehrsberuhigung wurde diese Straße mit ihren Einzelhandelsgeschäften, Cafés und behäbigen Gasthäusern zur Fußgängerzone erklärt.

Zu einer Pilgerstätte ersten Ranges hat sich das **Münterhaus** entwickelt. 1909 bezogen Gabriele Münter und Wassily Kandinsky dieses sogenannte Russenhaus. Zusammen mit ihren Künstlerfreunden Franz Marc, Marianne von Werefkin, Alexej Jawlensky und Paul Klee entwickelten sie mit dem Expressionismus eine völlig neue Form der Darstellung. In die Weltliteratur ging Murnau durch den Schriftsteller Ödön von Horvath ein. Er lebte dort in den 1920er Jahren, bevor er vor den Nationalsozialisten floh.

Im **Schloss**, einst als Burg zur Bewachung der Handelsstraße Richtung Italien angelegt, sind Leben und Arbeit der Künstlerkolonie dokumentiert.

Die Badeplätze am nahen Staffelsee verlocken zu einem entspannten Strandtag.

🛈 **Tourist Information** ➜ G3
Untermarkt 13, 82418 Murnau
✆ (088 41) 47 62 40
www.murnau.de

🏛 **Museen, die an die Künstlergruppe »Blauer Reiter« erinnern:**
– Münterhaus
Kottmüllerallee 6, Murnau

MURNAU AM STAFFELSEE

Murnau, Bayern

In der Ferne das Alpenpanorama mit Zugspitze, rund herum Staffelsee, Riegsee und Froschhauser See und dann noch das Naturschutzgebiet Murnauer Moos: Abwechslungsreicher kann man sich ein Urlaubsparadies in Mitteleuropa kaum erträumen. Es ist leicht zu verstehen, wieso sich Maler wie Wassily Kandinsky und Gabriele Münter, Alexej von Jawlensky und Franz Marc die oberbayerische Voralpenlandschaft bei Garmisch-Partenkirchen als Motiv für ihre Gemälde ausgesucht haben.

Außer Tänzern und Komponisten standen auch Paul Klee und August Macke in engem Kontakt mit der Künstlergemeinschaft »Der Blaue Reiter«, die sich Anfang des 20. Jahrhunderts in Murnau niederließ. Ihre Werke, teilweise zu besichtigen im Museum der Stadt, zeigen märchenhafte Zauberwelten, Farbfantasien, metaphysische Tiersymbolik und mathematisch-musikalische Abstraktionen.

In dem bayerischen Bilderbuch-Idyll mit Dirndl, Lederhosen und Plattlertanz zur Blasmusik entstand eine Malerei, die nicht mehr dem Vorbild der Natur im gewohnten Sinn folgte, sondern den subjektiven Eindruck erfasste und die vorangegangene impressionistische Ausdrucksweise völlig hinter sich ließ. Ungemischte, kontrastreich gesetzte Farben und flächige, auf die Grundform reduzierte Bildgestaltung zeichnen die Werke aus. Ihren Namen erhielt

Das Murnauer Moos südlich von Murnau vor der Kulisse der hohen Berge des Estergebirges und des Wettersteins

die Bewegung, die neben der »Brücke« als zweite bedeutende Gruppierung des deutschen Expressionismus gilt, durch »Die blauen Pferde« des Malers Franz Marc.

Wer in den Orten rund um den Staffelsee Urlaub machen will, muss aber nicht unbedingt mit der Staffelei reisen. Es reichen auch ein Fahrrad oder ein Paar Wanderschuhe, um die wunderschöne Landschaft zu erkunden. Es gibt schattige Biergärten und urige Gastwirtschaften. Auf dem Gebirgsfluss Loisach ist eine Schlauchbootfahrt zu empfehlen, auf dem See kann gesurft werden. Wer's gemütlich mag, leihe sich ein Boot oder buche eine Inselrundfahrt. Die Fußgängerzone von Murnau mit erstklassigen Restaurants und zahlreichen Galerien für zeitgenössische Kunst zählt zu den schönsten in Oberbayern. Hotels, Pensionen und Ferienwohnungen sind zertifiziert und bieten meist ein gepflegtes Ambiente. Fünf Campingplätze liegen direkt am See.

INFO: Die Kleinstadt liegt ca. 70 km südlich von München. **INFO MURNAU:** Tourist Information Murnau, Untermarkt 13, 82418 Murnau am Staffelsee, Tel. (088 41) 47 62 40, www.murnau.de.

☏ (088 41) 62 88 80
www.muenter-stiftung.de
Tägl. außer Mo 14–17 Uhr, Eintritt € 3
– Schlossmuseum
Schlosshof 2–5, Murnau
☏ (088 41) 47 62 07, www.schlossmuseum-murnau.de
Tägl. außer Mo 10–17 Uhr, Juli–Ende Sept. Sa/So 10–18,
Dez. Di–Fr 13–17, Sa/So 10–17 Uhr, Eintritt € 6/2
– Franz Marc Museum
Mittenwalder Str. 50, Kochel
(088 51) 92 48 80
www.franz-marc-museum.de
Tägl. außer Mo April–Okt. 10–18, Nov.–März 10–17 Uhr
Eintritt € 8,50/3,50

Ausflugziel:

🏛️🎫 **Freilichtmuseum Glentleiten** ➜ G4
An der Glentleiten 4, Großweil
☏ (088 51) 18 50, www.glentleiten.de
April–Sept. tägl. 10–17/18, sonst Di–So 10–17 Uhr
Eintritt € 7/2 (6–15 J.), Familienkarte € 14
Auf dem 40 ha großen, schön gelegenen Gelände des
Freilichtmuseums Glentleiten stehen über 60 restau-

*An Walchensee und
Herzogstand verbrachte
Ludwig II. gern seine Zeit*

rierte ländliche Gebäude aus ganz Oberbayern. In den Werkstätten wird historisches Handwerk gezeigt. Viele der hergestellten Produkte werden sind neben Lebensmitteln aus Bio-Anbau im »Dorfladen« zu haben.

Walchensee ➜ G/H4

Der türkisblaue See gilt unter Surfern als einer der windsichersten Oberbayerns. Parkplätze sind entlang der Uferstraße mit ihren Hotels Mangelware. Die besten und absolut ruhigen Badeplätze liegen am gegenüberliegenden Ufer, das zu Fuß oder mit dem Fahrrad zu erreichen ist. Autofahrer zahlen eine Mautgebühr.

Mitterkaseralm im Freilichtmuseum Glentleiten

Ausflugsziel:

🚠 Herzogstandseilbahn ➜ G/H4

Am Tanneneck 6, Walchensee
📞 (088 58) 236
www.herzogstandbahn.de
Berg- und Talfahrt im Sommer € 15/6 (6–15 J.)
In nur vier Minuten schwebt man vom Dorf Walchensee hinauf zum **Herzogstand**, dem Lieblingsberg Ludwig II. Vom Panoramaweg öffnen sich immer wieder Ausblicke hinunter zum See.

*Tegernsee – Blick
von Ufer zu Ufer*

Bayerisches Oberland

Das bayerische Oberland im Schatten des Wendelsteins zwischen Isar und Inn ist zu jeder Jahreszeit einfach wunderschön. Berge und Seen versprechen erlebnisreiche Urlaubstage sowohl für den sportlich Aktiven als auch für jene, die es, abgesehen von ein paar Besichtigungen, gemütlicher angehen lassen wollen.

Tegernsee ➧ G5/6

Neben den heißbegehrten Ufergrundstücken am Starnberger See gelten nach wie vor entsprechende Areale am Tegernsee als gefragte Adressen bei den Reichen und Superreichen. Der Faszination des Tals erlagen seit Beginn des 20. Jahrhunderts Künstler wie die Schriftsteller Ludwig Ganghofer und Ludwig Thoma oder der Kammersänger Leo Slezak. Schon lange zuvor zogen sich im 8. Jahrhundert zwei Mönche auf der Suche nach Gott in die damalige Waldeseinsamkeit zurück. Aus ihrer Einsiedelei entwickelte sich die mächtige Benediktinerabtei an einer der schönsten Stellen des Sees. Über 1000 Jahre galt das Kloster mit seiner riesigen Bibliothek als kultureller Mittelpunkt Bayerns. Zur Zeit der Säkularisation wurde es geplündert und aufgelöst. Zu Beginn des 19. Jahrhunderts erwarb Max I. Joseph die Anlage und ließ sie für seine Gemah-

TEGERNSEE

Tegernsee, Bayern

Nackt und im Freien – so malte Olaf Gulbransson am liebsten. Der norwegische Künstler (1873–1958) irritierte damit die Einwohner und Touristen rund um den Tegernsee. Trotz oder vielleicht gerade wegen seines skurrilen Gebarens und seiner scharfsichtigen Karikaturen liebte ihn die einheimische Bevölkerung und die Stadt Tegernsee widmete ihm ein eigenes Museum.

Unzählige Künstler hat die sonnenreiche und malerische Landschaft der Tegernsee-Region inspiriert, auch den Schriftsteller Ludwig Thoma. Der hatte einst über sein liebstes Sommerferienziel notiert: »Tegernsee lebt noch in mir, mit dem erregenden Wasser, dem Boot, den Lido-Eindrücken am Badestrand, der Besteigung des Hirschbergs, der Nacht im Unterkunftshaus, dem südwindigen Morgen und dem Gipfel vor und bei Sonnenuntergang.«

Das ganze Jahr über lockt der von mächtigen Felsformationen umgebene See die Touristen in die Ferienregion am nördlichen Alpenrand. Das Gewässer zählt zu den saubersten Seen Bayerns, denn schon in den 1960er Jahren wurde hier vorausschauend die weltweit erste Ringkanalisation rund um den See erbaut. So blieb die Ökologie des Sees intakt.

Rund um den See gruppieren sich fünf Orte: Bad Wiessee, Gmund, Kreuth, Rottach-Egern und Tegernsee. Letzterer blickt zurück auf eine 1200 Jahre alte Geschichte. Der Tourismus setzte Anfang des 19. Jahrhunderts ein, als der bayerische König die 746 gegründete Benediktinerabtei in Tegernsee erwarb und zur Sommerresidenz umgestalten ließ. Adlige und Künstler aus ganz Europa zog es fortan in die Bayerischen Alpen.

Heute bieten die fünf Gemeinden zahlreiche Möglichkeiten der Erholung und Unterhaltung, wobei sie sich gegenseitig mit Kur-, Wellness- und Sportangeboten für Wanderer, Radfahrer und Golfer, Beachvolleyballer, Segler und Fallschirmspringer, im Winter für Skifahrer, Rodler und Schlittschuhläufer übertreffen. Die Gipfel der Umgebung erreicht man zu Fuß, auf dem Rad oder mit der Bergbahn. Mit dem Dampfer kann man den See befahren. Ein lokales Reiseunternehmen bietet Tagesfahrten zu Zielen in der Umgebung, etwa zur Zugspitze oder nach Berchtesgaden.

INFO: 50 km südlich von München, direkt am Alpenrand in Oberbayern, liegt der Tegernsee in einem breiten Tal. **INFO TEGERNSEE:** Tourist Information, Hauptstr. 2, 83684 Tegernsee, Tel. (080 22) 927 38 60, www.tegernsee.com. **INFO OLAF GULBRANSSON MUSEUM:** Im Kurgarten, 83684 Tegernsee, Tel. (080 22) 33 38, www.olaf-gulbransson-museum.de, Öffnungszeiten Di–So 10–17 Uhr, Eintritt € 7, bis 18 J. frei.

Tegernseer Mieder-Dirndl

lin zur **Sommerresidenz** umbauen. Die ehemalige gotische Klosterkirche **St. Quirin** ➡ G5 hatte schon 1678 eine barocke Fassade bekommen und erhielt auch im Innern eine Stuckierung und Ausmalung im barocken Stil italienischer Prägung. Sehenswert ist das Deckenfresko von Hans Georg Asam. Attraktion des organisierten Bustourismus ist die Schwemme bzw. der Biergarten des **Herzoglichen Bräustüberls**, wo das wohlschmeckende Bier der angeschlossenen Brauerei ausgeschenkt wird. Die malerische **Rosenstraß** säumen typische oberbayerische Häuser.

Der Kurort **Bad Wiessee** ➡ G5 bietet gesunde Jodquellen und Spielbank im Doppelpack. Kurgäste spazieren durch gepflegt Parkanlagen oder genießen die Sonne auf ordentlich aufgereihten Bänken. Boutique-Trachtler bestimmen das Bild.

ℹ️ **Tourist Information** ➡ G5
Hauptstr. 2, 83684 Tegernsee
✆ (080 22) 927 38 60
www.tegernsee.com

🚢 **Bayerische Seenschifffahrt** ➡ G5
Seestr. 70, Tegernsee
✆ (080 22) 933 11
www.seenschifffahrt.de/tegernsee

🏛️ **Olaf Gulbransson Museum** ➡ G5
Kurgarten 5, Tegernsee
✆ (080 22) 33 38,
www.olaf-gulbransson-museum.de
Tägl. außer Mo 10–17 Uhr, Eintritt € 7, bis 18 J. frei, vgl. S. 149

Blick auf Bad Wiessee im Sommer

Bräustüberl Tegernsee

Die Dauerausstellung gibt einen umfassenden Einblick in das Lebenswerk des bekannten Karikaturisten.

▣ Herzogliches Bräustüberl ➠ G5
Schlossplatz 1, Tegernsee
℡ (080 22) 41 4
www.braustuberl.de
Tägl. 9–23 Uhr
Auf dem großen Parkplatz reihen sich stets viele Busse. Der Lärmpegel in der Schwemme ist entsprechend hoch. €

▨ Bayerische Spielbank ➠ G5
Winner 1, Bad Wiessee
℡ (080 22) 983 50
www.spielbanken-bayern.de
Tägl. 12–2 Uhr
Moderne Spielbank mit einem breiten Angebot.

▨▨ Aquadome ➠ G5
Überfahrtweg 15, Bad Wiessee
℡ (080 22) 860 30
Tägl. 10–19 Uhr
Eintritt frei
Großaquarium für Süßwasserfische. Fünf Becken mit Hechten, Forellen, Saiblingen, Renken u. a.

*Wandern am Wallberg
im Herbst*

Ausflugsziele:

🚌🚵🚠🍴 **Almwirtschaft Siebenhütten** ➜ G6
ab dem Wanderparkplatz Wildbad Kreuth
☎ (080 29) 997 59 83, Mo–Sa 10–17 Uhr
Eine leichte Wanderung (ca. 1 Std.) führt zur Almhütte
Siebenhütten in idyllischer Lage. König Max I. Joseph
von Bayern (1756–1825) ließ sieben Hütten und 500
Ziegen ansiedeln, zur Produktion von Molke für Heil-
und Schönheitsbäder sowie für Trinkkuren. Heute gibt
es zünftige Brotzeiten aus der Naturkäserei. €

🚌🚠🚶 **Wallberg** ➜ G6
Zum Gipfel des 1722 Meter hohen Wallbergs (Anfahrt
von Rottach-Egern aus) fährt eine Kabinenseilbahn. Im
Winter ist der Berg ein vielbesuchtes Skigebiet, im Sommer schweben Paraglider vom Gipfel hinunter ins Tal.

Schliersee ➜ G6
Der relativ kleine Schliersee hat sich dank eines umfangreichen Freizeitangebots speziell für Kinder zu
einem gefragten Familien-Ferienziel entwickelt. Auch
wenn man hier vorwiegend vom Tourismus lebt, hat
die Gegend viel von ihrem bäuerlichen Charakter be-
wahrt. Nur das große Hallenbad stört die Idylle. Rund
um die Pfarrkirche **St. Sixtus**, die der junge Johann
Baptist Zimmermann mit Stuck und Fresken schmückte,
sind liebenswerte viele Winkel zu entdecken.

SCHLIERSEE UND WENDELSTEINBAHN

Schliersee, Bayern

Abschalten oder Aktivurlaub, im glasklaren Wasser schwimmen oder steile Berge hochklettern, das atemberaubende Panorama bei einem Spaziergang genießen oder Power auf den Pisten: Schliersee ist ein international

bekanntes Urlaubs- und Wintersportgebiet in den Bayerischen Alpen. Der Luftkurort hat etwa 6500 Einwohner und liegt auf knapp 800 Metern Höhe im Miesbacher Oberland, der »Seele Bayerns«.

Die Metropole München ist gerade einmal 50 Kilometer entfernt, weshalb sich der Schliersee schon früh als beliebtes Naherholungsgebiet profiliert hat. Fernab der Großstadt bieten sich hier sommers wie winters beste Möglichkeiten, um vom Alltag abzuschalten und die reizvolle Natur zu genießen.

Der Natursee Spitzingsee und der gleichnamige Ort liegen in den Bergen über dem Schliersee. Durch ihre Abgeschiedenheit ist die Region (in 1100–1700 Metern Höhe) besonders bei Wanderern und Ausflüglern beliebt, die ein stilles Fleckchen Natur suchen. Das Dorf mit knapp 200 Einwohnern schmiegt sich an das Ostufer des Bergsees. Das restliche Ufer fällt in das Naturschutzgebiet und ist daher unbebaut. Die umliegenden Berge beeindrucken mit Ausblicken bis zur Zugspitze, dichtem Wald und bunten Almwiesen, auf denen nicht nur Kühe und Ziegen grasen, sondern auch schon mal ein Esel oder ein Lama zu sehen ist. Steinadler ziehen majestätisch ihre Kreise über der Landschaft. Urige, größtenteils bewirtschaftete Hütten ergänzen die traditionelle Atmosphäre.

Seit 1912 fährt die älteste Zahnradbahn der deutschen Alpen in 30 Minuten hinauf zum Wendelstein

Für Besucher werden etliche Möglichkeiten geboten, die Berggipfel in der Gegend zu erobern, sei es durch eine Fahrt mit einer der drei Bergbahnen oder über anspruchsvolle Wanderrouten. Seit der Eröffnung der Suttenbahn im Dezember 2005 dienen die Bergbahnen auch als Verbindung zwischen den beiden großen Urlaubsregionen Tegernseer Tal und der Gemeinde Schliersee, zu der der Ort Spitzingsee gehört.

Einen traumhaften Blick auf die oberbayerischen Kalkalpen bietet die etwa 50 Kilometer entfernte Wendelsteinbahn. Eingebettet zwischen Inn- und Leitzachtal prägt der 1838 Meter hohe Wendelstein die gesamte Umgebung. Auf Wintersportler warten anspruchsvolle Abfahrten. Erobert werden kann der Gipfel mit zwei Bergbahnen: der ursprünglichen Wendelsteinbahn in Brannenburg, einer elektrisch betriebenen, meterspurigen Zahnradbahn, sowie mit der Wendelstein-Seilbahn in Bayrischzell. Die Bahn überwindet einen Höhenunterschied von 1217,27 Metern.

INFO: Schliersee liegt ca. 50 km südöstlich von München. **INFO WENDELSTEINBAHN:** Sudelfeldstr. 106, 83098 Brannenburg, Tel. (080 34) 30 80, www.wendelsteinbahn. de. **INFO SCHLIERSEE:** Gäste-Info, Perfallstr. 4, 83727 Schliersee, Tel. (080 26) 606 50, www. schliersee.de.

Alte Wurzhütte → G6
Roßkopfweg 1
Schliersee-Spitzingsee
☏ (080 26) 606 80
www.alte-wurzhuette.de
Tägl. 8–23.30 Uhr
Ein verlockendes Traditionslokal mit einer großen Terrasse direkt am See. Geboten wird solide bodenständige Küche. €

SLYRS Destillerie → G6
Bayrischzeller Str. 13
Schliersee
☏ (080 26) 922 27 95
www.slyrs.com
Tägl. 10–18 Uhr
Mit Fingerspitzengefühl, Liebe zum Produkt und einer großen Portion Experimentierfreude kreieren die SLYRS-Destillateure hochwertige Bavarian Single Malt Whiskys und Whisky-Liqueure. Wer möchte, kann bei der Arbeit in der Brennerei zuschauen.

Zu Ehren des Heiligen Sixtus wird der Schliersee in Tracht überquert

SLYRS Destillerie
Erlebniswelt

Ruhiger Morgen am Spitzingsee

Ausflugsziele:

▯▯▯ **Spitzingsee** ➡ G6
Der kleine, hochgelegene, smaragdgrüne **Spitzingsee** ➡ G6 erfreut sich im Sommer bei Wanderern großer Beliebtheit. Während der Wintermonate finden Skiläufer in dem als relativ schneesicher geltenden Gebiet mit seinem Skizirkus unterhalb des Spitzingsattels gute Bedingungen. Seilbahnen bringen Besucher auf den nahen Taubenstein (1700 m), zum Stümpfling (1500 m) oder auf den Sutten (1500 m).

Miesbach ➡ F6
Die kleinste Kreisstadt Oberbayerns gilt als Wiege der weltbekannten »Miesbacher Tracht«. Neben der Brauchtumspflege glänzt aber auch die ensemblegeschützte Altstadt mit ihren zahlreichen verwinkelten Gassen, kleinen Plätzen und Baudenkmälern wie der Stadtpfarrkirche Mariä Himmelfahrt. Die Touristeninformation sitzt im Kulturzentrum Waitzinger Keller, bekannt für einen Jugendstilsaal und ein Restaurant.

🛈 **Tourist-Information im Waitzinger Keller –
Kulturzentrum Miesbach** ➡ F6
Schlierseer Str. 16
83714 Miesbach
www.miesbach-tourismus.de
www.waitzinger-keller.de

Miesbach und
Waitzinger-Keller

Rosenheimer Land/Wendelstein

Im Schatten des Wendelstein mit dem höchstgelegenen Bergkircherl Deutschlands gibt es jede Menge kleine, tiefblaue Seen und hübsche Dörfer zu entdecken, wie das lebendige Rosenheim mit seinem Museum im ehemaligen Lokschuppen, das auch immer wieder überregional mit Ausstellungen für Aufsehen sorgt. Verlockend ist das nahe mittelalterliche Wasserburg, eine kopfsteingepflasterte Kleinstadtidylle mit vielseitigen Einkaufsmöglichkeiten und einer ebensolchen Restaurantszene.

Amerang ➡ E7

Lange Zeit war die Geschichte des 788 erstmals urkundlich erwähnten Orts eng mit der des Schlosses verbunden. Die Skaliger ließen sich bei ihrer Umgestaltung der mittelalterlichen Burg von der italienischen Renaissance inspirieren. Heute ist das Anwesen Wohnsitz der Freiherren von Crailsheim und wird zudem als Hotel und für Veranstaltungen genutzt. Eine Besichtigung der Adelsgemächer kommt einer Zeitreise durch die Geschichte der Inneneinrichtung von Barock über Rokoko und Gründerzeit bis in die 1950er Jahre gleich. Wie dagegen die arme ländliche Bevölkerung einst lebte, zeigt das Bauernhausmuseum Amerang.

Blick vom Wendelstein bei Bayrischzell

Maibaum

So gut wie kein Dorf, keine Stadt in Oberbayern, die sich nicht mit einem Maibaum schmückt. Über die Herkunft des Baums kursieren die unterschiedlichsten Thesen: Einerseits wird behauptet, dass schon bei den Kelten der erste Mai ein Kultfeiertag war. An diesem Tag sollen sie rituelle Blutopfer an einem Baum vollzogen haben. Andererseits wird vermutet, dass die Germanen alljährlich diesen Tag mit einem Fest in Erinnerung an die Hochzeit der Erdgöttin Freia mit dem Himmelsgott Wotan beginnen. Nachweislich wird seit dem 13. Jahrhundert in Bayern am 1. Mai im Rahmen eines Volksfests der Maibaum als Sinnbild der Zuversicht und Hoffnung auf eine glückbringende, fruchtbare Frühlings- und Sommerzeit aufgestellt. Der »Sprossenbaum« ist mit Motiven des dörflichen Lebens geschmückt. Die einzelnen Bilder werden aus Holz ausgesägt und dann kunstvoll bemalt.

Fast jede Stadt in Oberbayern schmückt sich mit einem prachtvollen Maibaum, wie hier in Erling unweit vom Ammersee

🏛🌳🐦 Bauernhausmuseum Amerang ➡ E7

Im Hopfgarten 2, Amerang
☎ (080 75) 91 50 90
www.bhm-amerang.de
Di–So 10–17 Uhr, Eintritt € 4/1,50 (Kinder bis 6 J. frei)
Traditionelle regionaltypische Bauernhäuser und Werkstätten inmitten von Gärten.

🏛🐦 EFA-Museum für Deutsche Automobilgeschichte ➡ E7

Wasserburger Str. 38, Amerang
☎ (080 75) 81 41
www.efa-mobile-zeiten.de
März–Nov. Do–So 10–18 Uhr
Eintritt € 13,50/9,50
Sammlung deutscher Automobilklassiker aus verschiedenen Epochen.

👁🎵📺 Schloss Amerang ➡ E7

Amerang
☎ (080 75) 919 20, www.schlossamerang.de
Führungen durch Rittersaal, Esszimmer und die Salons
€ 8/3,50 (6–14 J.), mit Schlosshotel

Schon der Renaissance-Arkadenhof ist sehenswert! Das Schloss-Café serviert die süßen Wunderwerke aus der Patisserie von Veronique Witzigmann.

Fischbachau ➧ G6
Die kleine Gemeinde, eingerahmt von malerischen Tälern entlang der Leitzach, bietet sich zu jeder Jahreszeit als Ausgangspunkt für einfache, gemütliche Wanderungen an. So richtig lebendig wird es jedoch am Fuß des Birkensteins einmal pro Jahr, wenn zu Christi Himmelfahrt die Gegend zum Ziel farbenprächtiger Trachtengruppen und hunderter von Pilgern aus dem südlichen Oberbayern wird.

⌂✕ Klosterstüberl Fischbachau ➧ G6
Kirchplatz 9, Fischbachau
✆ (080 28) 90 94 11
www.klosterstueberl.com
Tägl. ab 10 Uhr
Hier wird typisch bayerische Küche in einem herrlichen Gastraum mit wunderschönem Gewölbe serviert. €–€€

☕ Café Winklstüberl
Leitzachtalstr. 68, Fischbachau
✆ (080 28) 742, www.winklstueberl.de
Tägl. 8–21 Uhr
Die riesige Auswahl der allerfeinsten Torten allein ist einen Besuch wert. Die Kuchen haben Kultstatus.

BMW 507 Roadster im EFA-Museum in Amerang

Seit 1912 fährt von Brannen-
burg die älteste Zahnradbahn
der deutschen Alpen hinauf
zum Wendelstein

Ausflugsziele:

GeoPark Wendelstein/Wendelsteinbahn
➜ G7

Auf dem **Wendelstein** ➜ G6 (1838 m) liegen Deutschlands höchstgelegenes Bergkircherl und ein geologi-
scher Alpenlehrpfad. Seine Rundwege führen an diversen Naturdenkmälern vorbei. Großes Interesse verdie-
nen die Hightech-Anlagen der Wetterstation, eine der
modernsten in Deutschland. Den Aufstieg erleichtern
ab Brannenburg eine Zahnrad- sowie eine Seilbahn ab
Bayrischzell (www.wendelsteinbahn.de).

Sudelfeld ➜ G7

Hinauf zum Sudelfeld (140 m) schwingt sich in zahlreichen Kehren die berühmt berüchtigte Sudelfeldstraße,
die sich leider – zumindest an den Wochenenden – zu
einer viel befahrenen, nicht ungefährlichen Rennpiste
für Motorradfahrer entwickelt hat. Von diesem Teilstück der Deutschen Alpenstraße bieten sich immer
wieder fantastische Panoramaausblicke auf die Berggipfel der Alpen. Herrliche Wanderwege locken im
Sommer und künstlich beschneite Pisten im Winter.

Rosenheim ➜ F7

Die Stadt war schon immer ein bedeutender Verkehrsknotenpunkt. Im Mittelalter kreuzten sich hier wichti-
ge Handelsstraßen, heute internationale Bahnlinien.
Wie viele andere Orte lebte auch Rosenheim über Jahrhunderte vom Geschäft mit dem Salz. Viel später setzte dann ein erneuter wirtschaftlicher Aufschwung zu
Beginn des Industriezeitalters ein. Urbanes Zentrum

*Stockhammer am
Max-Josefs-Platz in Rosenheim*

des überschaubaren historischen Stadtkerns ist der Max-Josefs-Platz. Eingefasst von den prächtigen Fassaden der Bürgerhäuser herrscht hier geschäftiges Leben vor, teils unter schützenden Laubengängen. Einkaufen ist, anders als in München, noch ein erschwingliches Vergnügen, und das Angebot der Boutiquen hält dem Vergleich mit der Landeshauptstadt locker stand.

Im **Innmuseum** sind das Leben am Fluss und die Geschichte der Schifffahrt präsent. Weit über die Stadtgrenzen hinaus treffen die überragenden wechselnden Ausstellungen im alten **Lokschuppen** immer wieder auf großes Publikumsinteresse.

ℹ️ Tourist Information
Parkhaus P1, Am Hammerweg 1, 83022 Rosenheim
✆ (080 31) 365 90 61
www.touristinfo-rosenheim.de
Di–Fr 10–13, 14–17, Sa 10–14 Uhr

🏛️ Innmuseum
Innstr. 74, Rosenheim
✆ (080 31) 305 01, April–Okt. Sa/So 10–16 Uhr
Eintritt € 4/3, das Freigelände ist kostenlos ganzjährig zugänglich
Eine der Sammlungen des Heimatmuseums beschäftigt sich intensiv mit der Innschifffahrt.

🏛️ Lokschuppen
Rathausstr. 24, Rosenheim
✆ (080 31) 365 90 36
www.lokschuppen.de
Mo–Fr 9–18, Sa/So/Fei 10–18 Uhr, Eintritt € 15/5

Die hochinteressanten Wechselausstellungen in der alten Lokomotivenremise finden auch überregionale Aufmerksamkeit.

☒ Gasthof zum Stockhammer
Max-Josefs-Platz 13, Rosenheim
✆ (080 31) 409 99 71
Mo–Fr 10–22, Sa 9–22, So 9–17 Uhr
Ein stattlicher Bau im Inntalstil. Die Küche des Traditionsgasthofs ist bekannt für bodenständige Kost. €€

Ausflugsziele:

Das Mittertor in Rosenheim

◉ⓘ Neubeuern ➜ G7
✆ (080 35) 878 40, www.kulturdorf-neubeuern.de
Die denkmalgeschützte Ministadtidylle im Inntal wird noch immer von zwei Stadttoren geschützt. Butzenscheiben, Lüftlmalereien, wuchernde knallrote Geranien auf jedem Balkon halten häufig als Kulisse für Heimatfilme her.

Wasserburg am Inn ➜ E7
Der Inn holt zu einer großen Schlinge nach Osten aus und dort liegt wieder einer dieser oberbayerischen Bilderbuchorte. Das Salz und die Innschifffahrt haben auch diese Stadt im späten Mittelalter reich gemacht, denn der herzogliche Erlass »für alle Zeiten« sorgte dafür, dass zwischen Altötting und Kufstein nirgends außer in Wasserburg das Salz über den Inn transportiert werden durfte. Das brachte Bedeutung und Geld für prächtige Kirchen wie **St. Jakob** mit reich geschnitzter Renaissancekanzel, ein spätgotisches **Rathaus** mit Treppengiebel und dazugehöriger Kornschranne sowie prächtige Bürgerhäuser. Ein schönes Beispiel ist das **Kernhaus** am Marienplatz mit einer Rokokofassade im Schutz des mächtigen Brucktors und einer wehrhaften **Burganlage**. Ein faszinierender Blick auf dieses mittelalterliche Stadtensemble bietet sich vom Aussichtspunkt »Zur schönen Aussicht« am gegenüberliegenden Flussufer (Parkplatz und Fußweg).

ⓘ Tourist Information
Rathaus Marienplatz 2, 83512 Wasserburg
✆ (080 71) 105 22, www.wasserburg.de

ALTSTADTENSEMBLE VON WASSERBURG AM INN

Wasserburg am Inn, Bayern

Das Örtchen Wasserburg am Inn lässt sich am besten mit etwas Abstand betrachten. Vom gegenüberliegenden Steilufer bietet sich ein malerischer Blick auf die vom Inn fast vollständig umschlossene Altstadt. Eine Halbinsel mit faszinierenden Bauwerken, überragt von der Burg der Hallgrafen.

Mit einem kurzen Blick lassen sich die vielen Sehenswürdigkeiten natürlich nicht erfassen. Hierzu eignet sich am besten ein Spaziergang durch die Altstadt. Durch seine strategisch günstige Lage erhielt Wasserburg schon im Mittelalter beträchtliche Bedeutung. Im Jahre 1257 eroberte Herzog Ludwig VII. von Bayern die Stadt, seitdem ist sie im Besitz der Wittelsbacher. Wasserburg profitierte vor allem vom Salzhandel. An der Kreuzung einer der wichtigsten Landstraßen mit der Wasserstraße Inn gelegen, war Wasserburg ein bedeutender Umschlagplatz für Waren aus dem Balkan, Österreich und Italien. Es entstanden zahlreiche repräsentative Prachtbauten.

Am sogenannten Kernhaus gegenüber dem Rathaus ist eine der schönsten Rokokofassaden Süddeutschlands zu bewundern. Im Jahr 1738 hat der berühmte Stuckateur Johann Baptist Zimmermann durch eine einheitliche Stuckdekoration die mittelalterlichen Patrizierhäuser der Familie Kern zusammengefasst.

Das Rathaus an sich, erbaut von 1457 bis 1459 durch Jörg Tünzl, ist mit seinen markanten Doppelgiebeln sehenswert. Teile wurden im 19. Jahrhundert bei einem Brand zerstört, aber später neu errichtet. Die Frauenkirche ist 1324 erstmals urkundlich erwähnt, dürfte aber bereits in spätromanisch-frühgotischer Zeit entstanden sein. Von besonderer Bedeutung ist das Gnadenbild der Muttergottes.

Einen Besuch wert sind außerdem die Pfarrkirche St. Jakob mit ihrer Renaissancekanzel, die Rote Brücke, das Brucktor sowie der Skulpturenweg um die Innschleife. In einem spätgotischen Handelshaus ist ein Museum zur Stadtgeschichte untergebracht. In den Wasserburger Bierkatakomben, ein tief in den Berg hinein gegrabenes Kellersystem aus Gewölben und Gängen, wurde einst Bier eingelagert.

INFO: Wasserburg am Inn liegt ca. 65 km südöstlich von München. **INFO WASSERBURG AM INN:** Tourist Information, Marienplatz 2, 83512 Wasserburg am Inn, Tel. (080 71) 105 22, www.wasserburg.de. **INFO MUSEUM WASSERBURG:** Herrengasse 15, Wasserburg, Tel. (080 71) 92 52 90, Öffnungszeiten Di–So Mai–Sept. 13–17, Okt.–Anfang Jan., Feb.–April 13–16 Uhr, Eintritt € 2,50, Kinder € 1.

Blick auf Wasserburg von der »Schönen Aussicht«

Brucktor – der Zugang über die
Innbrücke in die Altstadt

Freizeitvergnügen im und am Chiemsee, dem »Bayerisches Meer«

Chiemgau

Den Besucher erwartet eine fast schon klischeehaft heitere, leicht hügelige Kirchen-, Klöster- und Schloss-landschaft vor dem Hintergrund der Chiemgauer Berge mit Kampenwand (1669 m), Hochplatte (1586 m), Hochgern (1743 m) und Hochfelln (1670 m). Das Schloss und die Inseln haben den Chiemsee berühmt gemacht, den die Einheimischen stolz, aber auch voller Respekt, als »Bayerisches Meer« bezeichnen.

Chiemsee ➡ F8

Mit einer Wasseroberfläche von 80 Quadratkilometern und einem knapp 65 Kilometer langen Ufer ist das »Bayerische Meer« der größte See des Freistaats. **Prien** am Südwestufer des Chiemsees lebt fast ganzjährig prächtig vom Tourismus. Während der Saison droht an manchen Tagen der Ort rund um die Spitztürme der Pfarrkirche Mariä Himmelfahrt im Verkehrslärm zu ersticken. Im Inneren des Sakralbaus wartet das Decken-fresko der »Seeschlacht von Lepanto« (1571 im Golf von Korinth) von Johann Baptist Zimmermann auf Kunst-liebhaber. Das Heimatmuseum gibt Einblicke in die Le-bensverhältnisse der Menschen. Beeindruckend ist der Blick von **Seebruck** ➡ F8 aus über den See. Auf Schritt und Tritt begegnet man hier den Spuren der Römer. Streiflichter auf diesen spannenden Teil der Siedlungs-geschichte vermittelt das Römermuseum Bedaium.

CHIEMSEE

Bayern

Nachdem Ludwig II., auch bekannt als Bayerns Märchenkönig, Frankreich bereist und Versailles gesehen hatte, stand für ihn fest: Ein zweites Versailles muss her. Gebaut werden sollte es auf der Insel Herrenwörth im Chiemsee, die der König 1873 erwarb, heute meist Herreninsel oder Herrenchiemsee genannt. Der Rohbau der Dreiflügelanlage war 1881 fertiggestellt – dann stockte das Projekt wegen fehlender Finanzen. Übrig blieb von der Utopie ein Torso mit der grandiosen Spiegelgalerie, die sich 98 Meter über die gesamte Gartenfront zieht und länger ist als die von Versailles. Wir wissen nicht, wie oft der König sich in dieser Pracht träumerisch inszenierte, was ihm durch den Kopf ging, als er durch sein »Versailles« lief, das so ausgestattet ist wie das französische Vorbild. Der zur Einsamkeit neigende Ludwig II. starb 1886, bald nach dem Scheitern seines ehrgeizigen Bauprojekts. Besucher können den unvollendeten Größenwahn im Rahmen einer Führung kennenlernen. Im Südflügel ist das traurige Leben des depressiven Monarchen ausführlich dokumentiert.

Auf Herrenchiemsee steht auch das Alte Schloss, zuvor war es ein Kloster (765). Im Bibliotheks- und Kaisersaal zeigen die Bayerischen Staatsgemäldesammlungen Bilder von Malern, die den See besucht haben. Beliebt sind Restaurant und Biergarten des Schlosshotels.

Der Chiemsee, mit 82 Quadratkilometern größter bayerischer See, lockt zur Sommerfrische mit Dampferausflügen, zum Baden und Segeln, zu Wassersport und Kneippkuren. Romanische Kirchen, barocke Dörfer, eine alte Bauernlandschaft und Museen mit Trachtenstuben und Hinterglasbildern prägen die Gegend. Obwohl das Gewässer ein Touristenmagnet ist, erscheint die Landschaft noch urwüchsig, sie zieht sich bis hinein ins Deltagebiet der Tiroler Ache, die in den Chiemsee mündet. Ein 60 Kilometer langer Rundweg ermöglicht Erkundungen zu Fuß oder per Rad.

Auf der Fraueninsel fühlt sich der Besucher wie in einer anderen Welt. Das Marienmünster ist von einem Bauerngarten umgeben, Benediktinerinnen wandeln in stiller Versenkung. Herzog Tassilo stiftete das Kloster um 770, die Kirche wurde 782 geweiht. Ludwig der Deutsche baute es zur königlichen Pfalz aus. Seine Tochter Irmengard war 866 die erste namentlich bekannte Äbtissin; die sterblichen Überreste der Seliggesprochenen ruhen hinter dem Hochaltar in einer Kapelle.

INFO: Der Chiemsee liegt ca. 80 km östlich von München. **INFO CHIEMSEE:** Chiemsee-Alpenland Tourismus, Felden 10, 83233 Bernau, Tel. (080 51) 96 55 50, www. chiemsee-alpenland.de, Führungen im Schloss Herrenchiemsee tägl. April–Ende Okt. 9–18, Ende Okt.–März 10–16.45 Uhr, Gesamtkarte Insel (ohne Schifffahrt) € 9/8, bis 17 J. frei. **REISEZEIT:** April–Mitte Okt.

Schloss Herrenchiemsee: Blick vom Gartenparterre auf die Hauptfassade

Paradeschlafzimmer,
Neues Schloss Herrenchiemsee

1873 kaufte König Ludwig II. die Insel **8** **Herren-chiemsee** ➜ F8 von einem württembergischen Holz-händler. Mit dem Anspruch, auf dieser einst von Mön-chen bewohnten Insel ein dreiflügeliges Schloss nach dem Vorbild von Versailles zu Ehren seines großen Vorbilds Louis XIV. zu errichten, unterzeichnete der König 1878 den Bauauftrag. Bis zur Fertigstellung wur-den 16 Jahre veranschlagt. Geplant waren 70 Räume, von denen aber beim plötzlichen Tod des Königs (1886) erst 20 teilweise fertiggestellt waren.

3500 Arbeiter sollen anfänglich auf der Baustelle geschuftet haben, so konnte schon ein Jahr nach der Grundsteinlegung, also im Frühjahr 1879, mit dem In-nenausbau begonnen werden. Als der König starb, waren das große und kleine Appartement, die Spiegel-galerie mit den angrenzenden Sälen und das südliche Treppenhaus vollendet. Von den beiden Seitenflügeln war nur der nördliche als Rohbau fertig, der 1903 ab-gerissen wurde. Wie das Schloss, so ist auch der Park keine genaue Kopie des französischen Vorbilds. Nur das Gartenparterre unterhalb des Baus wurde streng geometrisch mit Wasserspielen angelegt, es geht dann in einen mehr oder weniger naturbelassenen Park eng-lischer Prägung über.

Auf der wesentlich kleineren Insel **Frauenchiemsee** ➜ F8 leben die rund 300 Bewohner vom Tourismus.

Aus dem römischen Stützpunkt
»Bedaium« entstand das
heutige Seebruck am Chiemsee

Beherrschendes Bauwerk ist die romanisch begonnene und in der Spätgotik umgebaute Klosterkirche St. Maria. Noch immer wird das Klostergebäude von Nonnen bewohnt, die aber heute ihren Lebensunterhalt zu einem nicht unerheblichen Teil durch die Vermietung der Räumlichkeiten für Tagungen bestreiten.

ℹ️ Tourismusbüro Prien → F8
Alte Rathaus Str. 11, 83209 Prien
✆ (080 51) 690 50, www.tourismus.prien.de

🏛 Heimatmuseum
Valdagno-Platz 1, Prien
✆ (080 51) 927 10
April–Okt. tägl. außer Mo 14–17, Jan.–März Fr–So 14–17 Uhr, Eintritt € 2/1,50
Sammlung zur regionalen Geschichte und Volkskunst.

🚢 Chiemsee Schifffahrt Ludwig Feßler
Seestr. 108, Prien
✆ (080 51) 60 90, www.chiemsee-schifffahrt.de
Fahrten zur Herren- und Fraueninsel, auch Nostalgieausflüge mit historischem Schaufelraddampfer.

🚂🚢♲ Chiemseebahn – Schiffsverbindungen
Der »Feurige Elias«, Deutschlands älteste Schmalspur-Dampfstraßenbahn, verkehrt von Mai bis September zwischen dem Bahnhof Prien und dem Ortsteil Stock mit den Anlegestellen für die Ausflugsdampfer. Diese fahren ganzjährig zur Herren- und Fraueninsel.

🏛 Römermuseum Bedaium → F8
Römerstr. 3, Seebruck, ✆ (086 67) 75 03
www.roemermuseum-bedaium.byseum.de
Öffnungszeiten vgl. online, bei Redaktionsschluss wegen der Corona-Pandemie noch geschl.
Eintritt € 4, erm. 3,50, Kinder bis 14. J. € 1
Keltische und römische Funde aus der Umgebung von Seebruck.

👁🌳 ❽ Schloss Herrenchiemsee → F8
✆ (080 51) 688 70, www.herrenchiemsee.de, tägl. April–Ende Okt. 9–18, Ende Okt.–März 9.40–16.15 Uhr (abhängig von der Schifffahrt), Besichtigung nur mit

Glockenturm des Klosters auf Frauenchiemsee

Blick auf die Fraueninsel

Führung, Gesamtkarte Insel € 9/8, bis 17 J. frei
Von Versailles inspiriert ließ sich Ludwig II. ein prunk-
volles Schloss mit Barockgarten errichten, das jedoch
nie ganz fertig gestellt wurde.

Abtei Frauenwörth ➡ F8
Frauenchiemsee
Führungen: ℘ (080 54) 90 70, www.frauenwoerth.de
Die Abtei auf der Fraueninsel war jahrhundertelang
eine Wallfahrtsstätte. Kostenlos zu besichtigen ist
die Klosterkirche. In der karolingischen Torhalle ist ein
Museum mit Zeugnissen bayerischer Frömmigkeit eingerichtet. Und im Klosterladen gibt es den Likör aus
eigener Herstellung.

Zur Linde ➡ F8
Haus 1, Frauenchiemsee
℘ (080 54) 903 66
www.linde-frauenchiemsee.de
Bei schönem Wetter wird im gepflegten Biergarten
erstklassige bayerische Küche serviert. In dem Traditionsgasthof – heute Hotel der Hochpreislage – wohn-
ten und arbeiteten einst die Künstler, die zum Ruhm
dieser Insel als Künstlerkolonie beigetragen haben. €€€

Kunsthandwerk auf Frauenchiemsee ➡ F8
– Inseltöpferei G. Klampfleuthner
Haus Nr. 4 A, ℘ (080 54)12 33
www.inseltoepferei.de
Volkstümliche Gebrauchskeramik und Dekorations-
stücke aus der eigenen Werkstatt.

– Keramik im Bootshaus
Haus Nr. 21 A, ℰ (080 54) 72 15
www.keramikbootshaus.de
Schwerpunkte: Geschirr, Fliesen, Figuren.
– Inselladen
Am Uferweg/Ostseite, Haus 29 a
ℰ (080 54) 322 oder 908 95 04
www.fraueninsel-fuehrungen.de
Edelsteinseifen, Gartenaccessoires, Inselführungen.

Kampenwandbahn → F8
An der Bergbahn 8, Aschau
ℰ (080 52) 90 64 40, www.kampenwand.de
Berg- und Talfahrt € 21/10,50
In nur 14 Minuten erreicht die Seilbahn die Bergstation
auf knapp 1500 m Höhe. Dort erwartet einen ein gut
ausgebautes Höhenwegenetz für kurze oder mehrstün-
dige Wanderungen zu bewirtschafteten Almen.

Chiemseer Dirndl & Tracht → F8
Dorfstr. 19, gegenüber der Kirche, Übersee/Chiemsee
ℰ (086 42) 998, www.chiemseer-dirndl.de

*Winteridyll auf der
Kampenwand*

*Panoramaweg mit Blick
auf den Chiemsee*

Das Benediktinerkloster Seeon zeigt Ausstellungen und ist heute ein beliebtes Tagungshotel

Mo–Fr 9.30–13 und 14–18, Sa 9–13, jeden 1. Sa 9–16 Uhr
Der Name ist Programm.

Ausflugsziele:

◉ **Benediktinerkloster Seeon** ➜ E8
Klosterweg 1, Seeon
✆ (086 24) 89 70
www.kloster-seeon.de
Ausstellung tägl. 10–17 Uhr, Eintritt frei, Besichtigung der Klosteranlage nur mit Führung nach telefonischer Anfrage, Renovierungsarbeiten bis Ende 2020
Der kunsthistorische Reiz des ehemaligen Klosters (heute Tagungshotel) am gleichnamigen See besteht in dem Nebeneinander unterschiedlichster Baustile. Zu den stilreinen Details der Gründungsbauten gehören die romanische Vorhalle der dreischiffigen Säulenbasilika und der Kreuzgang aus derselben Stilepoche. Der romanischen Doppelturmfassade verpasste man barocke Zwiebeln. Die restliche Ausstattung besitzt sowohl Elemente des Barock und Rokoko als auch der Neogotik.

🏰🚩🚴🎿◉ **Eggstätter Seenplatte/Heinrich-Kirchner-Skulpturenweg** ➜ F8
Die Eggstätter Seenplatte steht unter Naturschutz und bietet sich mit ihren 17 Seen und Weilern für gemütliche Wanderungen und Radtouren an. Die wenigen Badeplätze sind ausgewiesen. An der Strecke von Seebruck Richtung Seeon trifft man plötzlich auf die skurrilen überlebensgroßen Plastiken von Heinrich Kirchner (1902–84), die hier eine reizvolle Symbiose mit der Natur eingehen (www.seeon-seebruck.de). Der international bekannte Schöpfer der Bronzefiguren lebte und arbeitete im nahen Pavolding.

⦿⧉ **Höhlenburg Stein an der Traun** ➤ F9
Hauptstr. 14, Stein a. d. Traun
℡ (086 21) 59 84, www.steiner-burg.de
Führungen (Zeiten erfragen) € 3/2
Während der Führung durch die finsteren Gänge werden Gruselgeschichten über den sagenumwobenen Raubritter erzählt.

Reit im Winkl ➤ G8
In dem heilklimatischen Kurort ist rund ums Jahr Saison. Im Sommer bietet sich das Hochplateau für ausgedehnte Bergwanderungen an, im Winter locken gepflegte Pisten und relative Schneesicherheit bis ins Frühjahr.

ⓘ **Tourist Information** ➤ G8
Dorfstr. 38, 83242 Reit im Winkl
℡ (086 40) 800 20, www.reitimwinkl.de

Ausflugsziel:

▢☒ **Winkelmoosalm** ➤ G8
Zum 1160 Meter hoch gelegenen Wander- und Skiparadies verläuft die Mautstraße ab Seegatterl.

Ruhpolding ➤ F9
Rund um den alten Dorfkern mit der Rokokokirche St. Georg ist der ausufernde Ort mit vielen Hotels, Pensionen und Gasthäusern nach wie vor in großem Stil beliebtes Ziel des Bustourismus. Ob Wandern oder Skilaufen: In der herrlichen Natur der Umgebung ist zu jeder Jahreszeit für Abwechslung gesorgt.

ⓘ⦿☒ **Tourist Information** ➤ F9
Bahnhofstr. 8, 83324 Ruhpolding
℡ (086 63) 880 60, www.ruhpolding.de
Unter der Leitung eines Trainers können Urlauber täglich ein bis zwei Stunden etwas für ihr Wohlbefinden tun, von Walking über Aquafitness bis zu Entspannungsübungen. Das Programm wird von der Kurverwaltung zusammengestellt.

🏛 **Holzknechtmuseum** ➤ F9
Laubau 12, an der Deutschen Alpenstraße
Ruhpolding-Laubau

Im traditionellen Dirndl: Schnapsausschank in Ruhpolding

✆ (086 63) 639, www.holzknechtmuseum.com
Mai–Mitte Juli Di–So 10–17, Mitte Juli–Anfang Okt.
tägl. 10–17, Ende Dez.–Anfang Jan. tägl. 13–17 Uhr
Eintritt € 4/2
Den Besuchern wird auf dem Freigelände der harte
Alltag der Holzfäller demonstriert.

Freizeitpark Ruhpolding ➜ G9
Vorderbrand 7, Ruhpolding
✆ (086 63)14 13, www.freizeitpark.by
April bis Okt. tägl. 9–18 Uhr, Winter jährlich wechselnd
Eintritt € 16,50/14,50, nur mit Online-Reservierung
Rund ums Jahr bietet dieses Paradies für Kinder ein
spannendes Programm.

Windbeutelgräfin ➜ F9
Brander Str. 23, Ruhpolding
✆ (086 63) 16 85, www.windbeutelgraefin.de
Tägl. außer Mo 10–18 Uhr
Im Garten oder in den hübschen Stuben des alten Bau-
ernhauses werden die tollsten Windbeutel serviert.

Rauschbergbahn ➜ F9
Knogl 12, Ruhpolding
✆ (086 63) 59 45, www.rauschbergbahn.com
Zum Gipfel (1650 m) fährt die Großkabinenbahn.

Ausflugsziele:

Hochfelln-Seilbahn ➜ F8
Maria-Eck-Str. 8, Bergen
✆ (086 62) 85 11, www.hochfelln-seilbahnen.de
Berg- und Talfahrt € 24,50/11,50
Die Seilbahn bringt Besucher in ein Wander-, Drachen-
flug- und Skigebiet mit herrlicher Fernsicht schon von
der Gipfelgaststätte aus.

Naturkunde- und Mammut-Museum ➜ F9
Auenstr. 2, Siegsdorf
✆ (086 62) 133 16, www.steinzeit-siegsdorf.de
Wechselnde Öffnungszeiten, € 7/6,50
Führungen zur Entstehung der Alpen und das Thema
Steinzeit stehen auf dem Programm.

*Wintersport am Hochfelln
in den Chiemgauer Alpen*

Königlicher Urlaub

BERCHTESGADENER LAND

Berchtesgadener Land, Bayern

Schon Ludwig Ganghofer meinte: »Wen Gott liebt, den lässt er fallen ins Berchtesgadener Land.« Das schöne Fleckchen Erde im südöstlichsten Winkel Deutschlands verbindet Naturerlebnisse, historische Plätze und bayerisches Brauchtum aufs Beste. Hier suchten schon die bayerischen Könige sommerliche Entspannung. Naturschönheiten wie im Norden die Hügel des Rupertiwinkels, im Süden die hohen Gipfel des Voralpenlands, der Watzmann oder der Nationalpark Berchtesgaden – Bergsteiger und Naturfreunde kommen hier voll auf ihre Kosten. Am mythischen Untersberg führt ein Rundweg auf die Spuren Kaiser Karls des Großen, der – einer bayerischen Legende nach – im Inneren des Bergs schlummert.

Um den Königssee, Wahrzeichen der Region, führt ein mit malerischen Ausblicken auf den tiefblauen See, den Watzmann und die Halbinsel Hirschau mit der Wallfahrtskirche St. Bartholomä gespickter Rundweg.

Hunderte Kilometer idyllischer Wanderwege warten darauf, entdeckt zu werden. Der historische Burgenpfad führt entlang der alten Wehranlagen – Zeugnisse längst vergangener Auseinandersetzungen um das »weiße Gold«, das Salz, das der Region einst Reichtum brachte. Bis heute kennt man das Bad Reichenhaller Salz auf der ganzen Welt – ein spannender Besuch in der Alten Saline oder sogar unter Tage in der Erlebniswelt des Salzbergwerks Berchtesgaden dürfen also keinesfalls fehlen! Auch Radfahrer kommen nicht zu kurz, denn der gesamte Landkreis ist mit einem gut ausgeschilderten Radwegenetz erschlossen.

Für Wasserratten gibt es im Rupertiwinkel den Abtsdorfer See – er ist der wärmste Moorbadesee Deutschlands. Kristallklar lockt das Wasser des Thumsees in den Bergen von Bad Reichenhall. Entspannung versprechen die Watzmanntherme in Berchtesgaden und die Rupertustherme in Bad Reichenhall.

Auch kulturell interessierten Besuchern wird im Berchtesgadener Land einiges geboten. Vereine halten bayerisches Brauchtum bis zum heutigen Tag lebendig und zeigen neben Trachten und Tänzen auch traditionsreiche Handwerkskunst. Zahlreiche Museen, die historische Altstadt der Salzachstadt Laufen oder das ehemalige Kloster am malerischen Höglwörther See sind markante Anziehungspunkte der Region. Nicht zuletzt ist auch Berchtesgaden selbst einen ausgiebigen Besuch wert, denn das königliche Schloss in Berchtesgaden mit seinem mittelalterlichen Kreuzgang aus dem 13. Jahrhundert, die Stiftskirche und andere Sehenswürdigkeiten zeugen von über 900 Jahren wechselvoller Stadtgeschichte.

INFO: Das Berchtesgadener Land bildet die Südostecke Bayerns. **INFO BERCHTESGADENER LAND:** Tourist Information Berchtesgaden, Maximilianstr. 9, 83471 Berchtesgaden, Tel. (086 52) 656 50 50, www.berchtesgaden.de.

Berchtesgaden vor dem Massiv des Watzmann

Berchtesgaden – Rupertiwinkel

Blick auf Bad Reichenhall und das Berchtesgadener Land

Allein acht Bergstöcke bilden die überwältigende Kulisse rund um den Berchtesgadener Talkessel: Er ist im Norden von der Reiter Alpe, dem Lattengebirge und dem Untersberg, im Westen von Hochkalter und Watzmann, im Süden vom Steinernen Meer und Hagengebirge und schließlich im Osten von der Göllergruppe eingefasst. Das Salz hat diese Ecke Oberbayerns reich gemacht. Schon die Kelten und viel später die Römer wussten die Vorkommen tief unten im Berg zu nutzen, und die Mönche, die ihnen folgten, machte der Handel mit dem »weißen Gold« wohlhabend und mächtig.

Bad Reichenhall ➡ G10

Die therapeutische Wirkung der Solequellen war zwar schon seit Urzeiten bekannt, aber erst als Prinzregent Luitpold den Ort 1890 mit dem offiziellen Titel »Bad« auszeichnete, kam das Geschäft mit der Gesundheit so richtig in Schwung. Zu den Relikten einer längst untergegangenen Bäderkultur gehören die verschnörkelte Prachtfassade des **Alten Kurhauses** und der nahe **Kurpark** mit Trinkhalle und Gradierwerk, dem überdachten Freiluftinhalatorium.

Gradierhaus und Königlicher Kurgarten

ℹ Tourist Information ➡ G10

Wittelsbacher Str. 15, 83435 Bad Reichenhall
✆ (086 51) 71 51 10, www.bad-reichenhall.de

BAD REICHENHALL

Bad Reichenhall, Bayern

Mittelpunkt des Berchtesgadener Lands, vor den Toren der Mozartstadt Salzburg – Bad Reichenhall ist eine Kleinstadt, die vor allem durch den Dreiklang von Kultur, Natur und Vitalität zur erlebenswerten Destination

wird. Welches 18 000-Seelen-Städtchen darf sich schon mit einem Profiorchester mit rund 40 Musikern schmücken? Welche Stadt sorgt für Vitalität – ohne anzustrengen? Wo sonst kann man direkt in der Fußgängerzone die Wanderschuhe schnüren und den nächsten Berg erklimmen?

Schon auf den ersten Blick unterscheidet sich die Alpenstadt von anderen Orten im Berchtesgadener Land: Herrschaftliche Parkanlagen, ein stilvolles Villenviertel, königliche Gebäude im Stil des Neobarock und Jugendstil und eine der ersten Fußgängerzonen Bayerns sorgen für ein gepflegtes Erscheinungsbild, das die Stadt lebenswert macht – das spürt man und sieht man. Bad Reichenhall steht für Vitalität und sorgenfreien Urlaubsgenuss. Das Naturheilmittel Alpensole direkt aus den örtlichen Quellen entspannt Haut, Muskulatur, Rücken und Gelenke. Die Sole befreit die Atemwege und sorgt für ein positives, vitales Körpergefühl. Wasser spielt in der Stadt eine herausragende Rolle. Thumsee, Listsee, Saalach, Stadtbach und das Spa & Familien Resort RupertusTherme prägen das Ortsbild, darüber hinaus sprudeln in Bad Reichenhall und seinen Ortsteilen rund 70 Brunnen! Wer mag, flaniert durch den Königlichen Kurgarten und genießt die Meeresbrise, die vom

Wanderer auf dem Predigtstuhl mit Blick auf Bad Reichenhall

Alpensole-Gradierhaus herüberweht und die Luft mit feinsten Salzkristallen anreichert oder ein Konzert der Bad Reichenhaller Philharmoniker.

Hoch hinaus geht es mit der ältesten Großkabinenseilbahn der Welt auf den Hausberg Predigtstuhl. In nur acht Minuten fährt die Bahn aus dem Jahr 1928 die Besucher auf 1600 Meter Höhe. Tief hinunter geht es in der Alten Saline: Sie ist die wohl schönste Saline der Welt, von König Ludwig I. 1832 erbaut. Die großen Wasserräder befördern bis heute Sole aus der Quelle nach oben. Eine Führung durch das mystische, unterirdische Stollensystem führt zum Ursprung des Bad Reichenhaller Salzwohlstands. Auch die Wanderwege zeugen von der bewegten Salzhistorie der Alpenstadt: Wie vor über 400 Jahren die Alpensole über weite Strecken transportiert wurde, kann man entlang des Soleleitungswegs bewundern, der ersten Pipeline der Welt. Neu: das Reichenhall-Museum im historischen, denkmalgeschützten Getreidekasten. Die Besucher genießen einen interaktiven Rundgang durch die Epochen und die spannende Geschichte der Stadt.

INFO: Bad Reichenhall liegt ca. 20 km von Salzburg entfernt. **INFO BAD REICHENHALL:** www.bad-reichenhall.de.

🏛🎫 **Salzmuseum** ➜ G10

Alte Saline 9, Bad Reichenhall
℅ (086 51) 70 02 61 46
www.alte-saline.de/de
Tägl. Ende März–Okt.10–16, sonst außer Mo 11–15 Uhr
Eintritt € 10/5,50 (bis 16 J.), Führung durch die Saline und das Museum
Das Museum wurde in der alten Saline von Bad Reichenhall eingerichtet. Im Rahmen einer Führung durch Stollen und Schächte werden den Besuchern u. a. auch die Pumpen gezeigt.

🏛🎫 **Städtisches Heimatmuseum** ➜ G10

Getreidegasse 4, Bad Reichenhall
℅ (086 51) 714 99 39, www.bad-reichenhall.de
Fr–So 10.30–16 Uhr, Eintritt € 5/3
Eine vollständig eingerichtete Schuster- und Hutmacherwerkstatt sowie eine Almhütte machen den Besuch dieses Museums zu einem spannenden Erlebnis.

Ausflugsziel:

🏛 **Hans-Peter Porsche TRAUMWERK** ➜ F10

Zum Traumwerk 1, Anger
www.traumwerk.de, Di–So 9–17.30 Uhr
Im Hans-Peter Porsche Traumwerk ist die weltgrößte und wertvollste Blechspielzeugsammlung, eine faszinierende Modellbahnwelt mit einer beeindruckenden

Ein Garant für gute Luft: Alpensole im Gradierhaus

Hans-Peter Porsche
TRAUMWERK

Licht-Performance sowie einige automobile Klassiker aus dem Hause Porsche zu sehen. Für die Kleinsten gibt es es Abenteuerspielplatz und Parkbahn.

Berchtesgaden ➜ G10

Die alpenländischen Häuser unter schützenden Giebeldächern mit üppigem Fassadenschmuck rund um den **Marktplatz** und entlang der **Weihnachtsschützenstraße** gelten als sichtbares Zeichen eines gutsituierten Bürgertums. Witzig, ja hintergründig ist die Lüftlmalerei am ehemaligen **Gasthaus Zum Hirschen** an der Metzgerstraße. Kostümierte Affen parodieren die menschliche Haltosigkeit im Hinblick auf lukullische Genüsse. Die spitztürmige Stiftskirche **St. Peter und Johannes** verbindet Romanik und Gotik, aber auch barocke Elemente zu einem harmonischen Ganzen. Sehenswert ist ebenfalls der spätromanische **Kreuzgang** mit reich geschmückten Kapitellen. Die ehemalige **Residenz der Bischöfe** wurde im 19. Jahrhundert von den Wittelsbachern als Jagdschloss genutzt und ist heute Museum.

Das **Salzbergwerk** liegt unterhalb des Orts an der Durchgangsstraße in Richtung Salzburg. Vor der Einfahrt bekommt jeder Besucher eine komplette Bergmannskluft verpasst, bevor es mit der Schmalspur-Feldbahn 650 Meter tief in den Stollen geht. Zu den Höhepunkten der unterirdischen Wanderung gehören die Floßfahrt über den rund 100 Meter langen und 40 Meter breiten Salzsee und die rasante Rutschpartie in das tiefer gelegene Geschoss.

Links: Ein wolkenreicher Tag auf dem Predigstuhl bei Bad Reichenhall, rechts: Die Stiftskirche St. Peter und Johannes in Berchtesgaden

»Der Berg ruft!«: Blick auf Berchtesgaden am Fuß des sagenumwobenen Watzmanns

ℹ Tourist Information ➜ G10
Maximilianstr. 9, 83471 Berchtesgaden
✆ (086 52) 656 50 60, www.berchtesgaden.de

◉ 🏛 Königliches Schloss ➜ G10
Schlossplatz 2, Berchtesgaden
✆ (086 52) 94 79 80, www.schloss-berchtesgaden.de
Mitte Mai–Mitte Okt. tägl. außer Sa 10–13 und 14–17 Uhr, sonst nur Mo–Fr, Besichtigung nur mit Führung (ca. 1 Std.), Eintritt € 12/5
Das Schloss überrascht mit einer vielfältigen Innenausstattung (Romanik, Gotik und Barock bis Rokoko) der Räume.

◉ 🎡 Salzbergwerk ➜ G10
Bergwerkstr. 83, Berchtesgaden
✆ (086 52) 600 20, www.salzbergwerk.de
Tägl. April–Okt. 9–17, Nov.–März 11–15 Uhr
Eintritt € 18,50/10, vgl. S. 183
Besichtigung der Stollen in echter Bergmannskluft.

🖼 ℹ 🏛 🎡 Nationalpark Berchtesgaden ➜ G10
Infozentrum Haus der Berge
Hanielstr. 7–11, Berchtesgaden
✆ (086 52) 979 06 00

SALZBERGWERK BERCHTESGADEN

Berchtesgaden, Bayern

Mitten im Berchtesgadener Land liegt die Welt des »weißen Golds« – des Salzes. Im Salzbergwerk erfahren große und kleine Besucher alles über das wertvolle Salz der Alpen, über seine Entstehung und die Gewinnung der Sole. Fachkundige Gästeführer begleiten die Besucher auf dem geheimnisvollen Weg durch die Unterwelt. Diese Art der Besichtigung verspricht Spannung für die ganze Familie: In traditionelle Bergmannstracht gekleidet geht es über rasante Rutschen und durch dunkle Stollen auf einer Grubenbahn rund 700 Meter weit ins Innere des Bergs – ein besonders aufregendes Vergnügen, vor allem für Kinder.

Die Tour führt durch ein beeindruckendes Gewölbe des stillgelegten Kaiser-Franz-Sinkwerks und vorbei an einer bunten Salzgrotte, die dem bayerischen Märchenkönig Ludwig II. gewidmet ist. 130 Meter unter der Erdoberfläche erreicht die Reise ins Berginnere ihren tiefsten Punkt. Hier steigt man um auf ein Floß und gleitet lautlos über einen stillen Salzsee, in dem sich glitzernde Salzkristalle spiegeln, untermalt von stimmungsvollen Licht- und Klangspielen. Der Salzgehalt des unterirdischen Sees ist übrigens beinahe so hoch wie der des Toten Meers!

Im Salzmuseum veranschaulichen alte Grubenlampen, Werkzeuge, Geräte und Schaukästen die Bergwerksarbeit einst und heute. Wer Freude an Geschichte und Natur hat, ist hier genau richtig.

Insgesamt sollte man sich für die Besichtigung Zeit nehmen, denn allein die Führung dauert eine Stunde. Mit Kartenkauf, Einkleiden, Empfang und Rückgabe der Bergmannskleidung vergeht locker noch einmal eine weitere Stunde. Wichtig zu wissen: Unter Tage ist es nicht wärmer als zwölf Grad – vor allem für Kinder sollte man daher an warme Kleidung und festes Schuhwerk denken.

Das Gasthaus Reichenbach im ehemaligen Maschinenhaus mit Panoramaterrasse über der Königsseer Ache bietet den passenden Rahmen, um den Ausflug ausklingen zu lassen.

INFO SALZBERGWERK BERCHTESGADEN: Bergwerkstr. 83, 83471 Berchtesgaden, Tel. (086 52) 600 20, www.salzbergwerk. de, Öffnungszeiten tägl. April–Okt. 9–17, Nov.–März 11–15 Uhr, Eintritt € 18,50, Kinder (4–16 J.) € 10.

Rutschenspaß im Salzbergwerk Berchtesgaden

Ein Alpensteinbock aus dem Nationalpark Berchtesgaden

www.haus-der-berge.bayern.de
Tägl. 9–17 Uhr, Eintritt € 4/2, Familie € 10, variiert je nach Ausstellung
Interaktive Informationen rund um den Nationalpark mit wechselnden Ausstellungen und Kino.

⊠ ▣ Hofbräuhaus Bräustüberl → G10
Bräuhausstr. 13, Berchtesgaden
✆ (086 52) 97 67 24
www.braeustueberl-berchtesgaden.de
Tägl. 10–24 Uhr
Traditionsgasthaus mit bayerischer Küche. €

◪ ◉ ◉ Watzmann Therme → G10
Bergwerkstr. 54, Berchtesgarden
✆ (086 52) 946 40, www.watzmann-therme.de
Tägl. 10–22 Uhr, Eintritt 2 Std. € 12,30/7,10/3,30
Auf 900 m² Wasserfläche bietet dieses Spaßbad neben der 80 m langen Blackhole-Rutsche mit Lichteffekten auch eine Sauna- und Solelandschaft.

Ausflugsziele:

◉ ⛝ ⊠ ⛨ Kugelmühle und Almbachklamm → G10
Marktschellenberg bei Berchtesgaden
✆ (086 52) 461
www.gasthaus-kugelmuehle.de
Gasthof Kugelmühle (€) Sommer tägl. 10–19.30 Uhr
Eintritt Almbachklamm € 6/4
In der letzten **Marmorkugelmühle**, die in Deutschland noch in Betrieb ist, werden allein durch die Kraft des

Watzmann-Therme (links) und Kugelmühle (rechts)

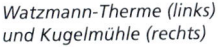

Hochgebirgspark voller Überraschungen

NATIONALPARK BERCHTESGADEN

Bayern

In alter Zeit, so wird erzählt, herrschte der grausame König Watzmann über das Berchtesgadener Land. Er, seine Frau und seine sieben Kinder fanden Gefallen daran, Tiere qualvoll zu hetzen und zu töten. Als ihre Grausamkeit bei einem Ausritt auch vor den Menschen nicht Halt machte, traf sie der Fluch eines sterbenden Mütterchens: »Möge Euch Gottes Strafe treffen und Euch in Fels verwandeln.« Gebieterisch, kalt und unnahbar, aber auch unglaublich schön, erheben sich die Gipfel des Watzmanns mit Frau und sieben Kindern über den Tälern des Berchtesgadener Nationalparks.

Auf einer Fläche von rund 210 Quadratkilometern liegt der einzige deutsche Nationalpark in den Alpen nahe der österreichischen Grenze. Ein Glanzpunkt ist sicherlich der Königssee, vielleicht der schönste Alpensee, ca. acht Kilometer lang, bis zu 1,3 Kilometer breit und 190 Meter tief, mit smaragdgrünem, klarem Wasser. Eine Bootsfahrt zur malerischen mittelalterlichen Wallfahrtskirche St. Bartholomä mit ihren rot gedeckten Zwiebeltürmen und zum angrenzenden Jagdschloss und Sommerdomizil der bayerischen Könige, die sich auf der Halbinsel Hirschau befinden, ist auch deshalb interessant, weil sie sich gut mit einer Besichtigung der sogenannten Eiskapelle verbinden lässt, einer Eishöhle, die auch im Sommer nicht taut.

Im Hintergrund beeindruckt der 2713 Meter hohe Watzmann. Er beherbergt eine grandiose

Wanderer am Gipfelkreuz des Watzmanns im Nationalpark Berchtesgaden

Flora und Fauna und bietet Wandermöglichkeiten auf höchstem Niveau und für alle Schwierigkeitsgrade.

Enzian und Edelweiß sind hier zu finden. Auch der mächtige Bergahorn, der so groß wie ein zehnstöckiges Haus und über 500 Jahre alt werden kann, ist hier daheim. Hinein geht es in das Reich von Steinadler, Gämse, Steinbock und Murmeltier, auch Rotwild ist zu sehen. Das Röhren der Hirsche ist im Herbst während der Abenddämmerung bis ins Klausbachtal zu vernehmen.

An den unterschiedlichen Orten bieten sich stets neue Überraschungen, jeder Blick auf Bergkuppen oder in Täler ist immer wieder grandios und lässt neuen Eindrücken Raum. Die besten Informationen und Tipps über geführte Wanderungen und Bergtouren gibt es bei der Nationalparkverwaltung und im Haus der Berge in Berchtesgaden.

INFO: Der Nationalpark liegt ca. 150 km südöstlich von München. **INFO NATIONALPARK BERCHTESGADEN:** Verwaltung, Doktorberg 6, 83471 Berchtesgaden, Tel. (086 52) 968 60, www.nationalpark-berchtesgaden.bayern. de. **INFO HAUS DER BERGE:** Hanielstr. 7, Berchtesgaden, Tel. (086 52) 979 06 00, www. haus-der-berge.bayern.de.

*Beliebtes Ausflugsziel bei
Wanderern: Almbachklamm*

Wassers die ursprünglich eckigen Gesteinsbrocken zu
Kugeln geschliffen – entsprechend runde Souvenirs
gibt es im Kiosk. In dem gemütlichen Gasthaus sollte
man sich die deftige Brotzeit nicht entgehen lassen.

Hier startet auch eine ca. zweistündige Wanderung
durch die wildromantische, zweieinhalb Kilometer lange **Almbachklamm**, die zu den besonderen Naturerleb-
nissen in Oberbayern gehört. Im klaren Gebirgswasser
lassen sich in den »Gumpen« Forellen beobachten.

◉☎🏠 Schellenberger Eishöhle ➡ G10
Verein für Höhlenkunde, Marktschellenberg
℡ (086 50) 98 45 60
www.eishoehle.net
Führungen Pfingsten–Okt. tägl. 10–16 Uhr, € 8/4
Drei bis vier Stunden dauert der Aufstieg zur Schellenberger Eishöhle (1570 m) ab Marktschellenberg. Beque-
mer geht es mit der Seilbahn von St. Leonhard.

❾ Königssee ➡ G/H10
Die Steilwände des Watzmanns, Hagengebirges und
Steinernen Meers umstehen den tiefgrünen See. Er ist
nur acht Kilometer lang, 1,7 Kilometer breit und bis zu
190 Meter tief. Die Rundfahrt mit dem Elektroboot
beginnt und endet am Nordufer vor dem Traditions-
hotel Schiffmeister, in dem der Heimatschriftsteller
Ludwig Ganghofer häufiger Gast war. Lautlos gleitet
das Schiff an Malerwinkel und Echowand vorbei in
Richtung St. Bartholomä. Millionenfach fotografiert
liegt die malerische Wallfahrtskirche auf einer kleinen

Größte Eishöhle Deutschlands

SCHELLENBERGER EISHÖHLE

Berchtesgaden, Bayern

Jahrtausendealtes, gefrorenes Schmelz- und Regenwasser hat hier eine faszinierende Welt aus Wasser, Eis und Felsen geformt. Prächtige Eishallen und Grotten in den Tiefen des Unterbergs laden ein zu einem unvergesslichen Abstieg. Zehn Kilometer von Berchtesgaden entfernt liegt die kleine Marktgemeinde Schellenberg zu Füßen des geheimnisvollen Unterbergs.

Hier lockt die nicht minder sagenumwobene Schellenberger Eishöhle, die sich auf 1570 Metern unterhalb des Bergmassivs Salzburger Hochthron befindet: Nach gut dreistündigem Aufstieg geht es, vorbei an vier zu blankem Eis erstarrten Wasserfällen, hinein in den einzigartigen Eispalast. Einfacher ist jedoch die Fahrt mit der Untersberg-Seilbahn von St. Leonhard im Salzburger Land,

Die Schellenberger Eishöhle bei Marktschellenberg in den Berchtesgadener Alpen

und das eindringende Sickerwasser gefriert – das Eis schmilzt nur zu einem Teil ab. Durch den Wechsel von Schmelzen und Gefrieren ändern sich die Eisformen von Jahr zu Jahr grundlegend, bestimmte Eisteile weisen sogar richtige Jahresringe auf – ein imposantes Naturereignis, das dem Besucher immer wieder neue Impressionen bietet.

Absolut notwendig, sowohl für den Anmarsch als auch für die Höhle, ist eine entsprechende Ausrüstung, – gutes Schuhwerk und warme Kleidung!

anschließend führt ein kleiner Abstieg von etwa 200 Höhenmetern hinab bis zur Höhle.

Die Eishöhle ist die einzige für Touristen erschlossene Eishöhle Deutschlands. Mit einer Eisdeckenfläche von etwa 60 000 Quadratmetern ist sie außerdem die größte in Deutschland.

Ihr Eingang befindet sich hoch über dem Boden, sodass im Winter kalte Luft einströmt und nicht mehr entweichen kann. Dadurch ist die Temperatur in der Höhle während der Schneeschmelze unter dem Gefrierpunkt

nördlich von Berchtesgaden. **INFO SCHELLENBERGER EISHÖHLE:** 83487 Marktschellenberg, www.eishoehle.net, Öffnungszeiten ca. Juni–Okt. tägl. 10–16 Uhr, Eintritt nur mit stündlicher 45-min. Führung, €8, Kinder (6–16 J.) €4. **INFO UNTERSBERGBAHN:** Talstation Dr.-Friedrich-Ödlweg 2, A-5083 Gartenau-Sankt Leonhard, Tel. +43 (62 46) 72 47 70, www.untersbergbahn.at, tägl. März, Mitte April–Okt. 8.30–17/17.30, Mitte Dez.–Feb. 9–16 Uhr, Berg- und Talfahrt €25, Kinder (6–14 J.) €12, **REISEZEIT:** Juni–Okt.

INFO: Marktschellenberg liegt 10 km

*Innenraum der Kirche
St. Bartholomä*

Halbinsel neben dem ehemaligen Jagdschlösschen der Wittelsbacher, das in ein gemütliches, aber fast immer übervolles Ausflugslokal umgestaltet wurde.

Schifffahrt Königssee → G10
Seestr. 55, Schönau am Königssee
℡ (086 52) 963 60
www.seenschifffahrt.de/koenigssee
Abfahrtzeiten vgl. Website
Hin- und Rückfahrt ab € 17/8,50, bis 5 J. frei

Ausflugsziel:

Jenner → G10
Berchtesgadener Bergbahn AG
Jennerbahnstr. 18, Schönau am Königssee
℡ (086 52) 958 10, www.jennerbahn.de
Entsprechend der eigenen Kondition lassen sich vom Gipfel des Jenner (1874 m) eine Reihe von gut ausgeschilderten Wanderungen unternehmen. Hinauf geht es mit einer Kabinenbahn. Besonders empfehlenswert sind der Abstieg hinunter zum Königssee und die Rückkehr mit dem Schiff zum Ausgangspunkt.

Obersalzberg mit Kehlsteinhaus → G10
Von Hitlers Sommerdomizil »Berghof« sind nach der Sprengung nur noch Grundmauern unter Gestrüpp übrig. Das Kehlsteinhaus (1834 m) nutzt heute das Bergrestaurant Obersalzberg.

Aus den Kabinen der Jennerbahn hat man einen wundervollen Ausblick auf den Königssee

OBERSALZBERG UND KEHLSTEINHAUS

Berchtesgaden, Bayern

Auch das gehört zur deutschen Geschichte: Auf dem Obersalzberg plante Adolf Hitler den Angriff auf Polen und zog sich zur Entspannung zurück. Heute ist der Obersalzberg mit dem Kehlsteinhaus touristische Attraktionen des Berchtesgadener Lands – ein Ort, mit dem man sich auseinandersetzen sollte.

Der Obersalzberg war der »Berg des Führers«. Auf über 1800 Metern Höhe ließ sich Hitler seinen »Berghof« erbauen, auf den er sich zurückzog und Privatmann spielte. Dem »Führer« folgten seine engsten Vertrauten Martin Bormann, Hermann Göring und Albert Speer, um in seiner Nähe Häuser zu errichten. Später strömten Scharen von treuen Hitlerverehrern hinauf, in der Hoffnung, einen Blick auf den »Führer« zu erhaschen. Bis diesem schließlich die Anhänger zu viel wurden und er den Berg für jeglichen Publikumsverkehr sperren ließ. Selbst die alteingesessenen Einwohner wurden zwangsenteignet und bis 1945 blieb der Berg »Führersperrgebiet«. Im Oktober 1999 wurde eine ständige Ausstellung eröffnet – im sehenswerten »Dokumentationshaus Obersalzberg« wird die Geschichte des Orts kritisch aufgearbeitet. Im Jahr 2005 sorgte der umstrittene Bau des Fünf-Sterne-Hotels Intercontinental für Aufsehen, denn er entfachte erneut die Diskussion um die Frage, ob ein geschichtlich so vorbelasteter Ort wirklich der geeignete Platz für einen Wellnesstempel der Luxusklasse sei.

Das Kehlsteinhaus ist eine Berghütte über dem Obersalzberg auf dem Gipfel des Kehlsteins in 1834 Metern Höhe. Es war ein Geschenk der NSDAP zu Hitlers 50. Geburtstag, errichtet auf Anweisung Martin Bormanns. Hitler selbst besuchte das »Teehaus« so gut wie nie. Die Amerikaner schufen mit der Bezeichnung »Eagle's Nest« (Adlerhorst) für das Kehlsteinhaus einen Mythos, der Besucher aus aller Welt anlockt.

Zur Jause ins Kehlsteinhaus ((1834 m) hoch über Berchtesgaden

Aller Geschichte zum Trotz: Das Bergpanorama ist atemberaubend schön! Sehenswert ist auch der kleine alpine Garten mit seltenen Pflanzen aus der Bergwelt in der Nähe des Hauses. Zum Kehlsteinhaus gelangt man am besten mit dem öffentlichen Bus von Berchtesgaden aus, denn die Zufahrt zum Kehlstein ist für private Fahrzeuge gesperrt.

INFO: Obersalzberg ist ein Ortsteil von Berchtesgaden. **INFO OBERSALZBERG:** Dokumentation Obersalzberg, Salzbergstr. 41, 83471 Berchtesgaden, Tel. (086 52) 94 79 60, www. obersalzberg.de, Öffnungszeiten April–Okt. tägl. 9–17, Nov.–März Di–So 10–15 Uhr, Eintritt € 3, Kinder frei. **INFO KEHLSTEINHAUS:** Berchtesgaden, Tel. (086 52) 29 69, www. kehlsteinhaus.de.

🏛 Dokumentation Obersalzberg ➡ G10

Salzbergstr. 41
83471 Berchtesgaden
℃ (086 52) 94 79 60
www.obersalzberg.de
April–Okt. tägl. 9–17, Nov.–März tägl. außer Mo 10–15 Uhr, Eintritt € 3, Kinder frei
Die Dokumentation wurde vom Institut für Zeitgeschichte in München erarbeitet. Insgesamt über 900 Dokumente, Fotos, Ton- und Filmaufnahmen belegen die Rolle des Obersalzbergs während des Nationalsozialismus.

◉ 🔭 ✗ Kehlsteinhaus ➡ G10

Anfahrt mit Spezialbussen ab dem Kehlsteinparkplatz am Obersalzberg über die Rossfeldhöhenstraße
Mai–Okt. tägl. 8.20–17 Uhr alle 25 Min.
℃ (086 52) 29 69
www.kehlsteinhaus.de
Erst ab 2021 wieder geöffnet, in der Regel 8.30–16.50 Uhr, vgl. Website

Rupertiwinkel ➡ E/F9/10

Die Hügellandschaft entlang der Salzach nördlich von Bad Reichenhall erstreckt verdankt ihren Namen dem Salzburger Bischof und Schutzheiligen des Salzhandels Rupertus. Viele Jahrhunderte lang war das Grenzland

Kloster Höglwörth im Rupertiwinkel

LANDSCHAFT UND FREIZEIT IM RUPERTIWINKEL

Rupertiwinkel, Bayern

Ein sanft gewelltes Hügelland vor der Kulisse der mächtigen Berchtesgadener und Salzburger Berge, abgeschiedene kleine Dörfer, Moorwiesen, kristallklare Badeseen und behäbige Landstädtchen machen den Rupertiwinkel zu einer der schönsten Regionen Oberbayerns. Das Gebiet hat seinen Namen vom heiligen Rupertus, der um 700 nach Christi in diesem Gebiet als Missionar tätig war. Der Rupertiwinkel ist der Teil des ehemaligen Fürstbistums Salzburg, der 1816 zu Bayern kam. Die Landschaft ist geprägt von bäuerlicher Struktur und noch weitgehend unversehrt geblieben. Viele Rad- und Wanderwege laden ein, hier Urlaub zu machen. Auch zahlreiche Bauernhöfe bieten Unterkünfte an. Wer Lust hat, kann dort selbst die Heugabel schwingen.

Almsommer im Rupertiwinkel

Im Berchtesgadener Voralpenland gibt es viel zu entdecken: die wildromantische Weißbachschlucht, bekannt als die »erste Pipeline der Welt« in Weißbach an der Alpenstraße, das Schloss Staufeneck in Piding, das Kloster Höglwörth, der Dorfplatz in Anger mit seiner reizvollen Mariensäule und die gotische Hallenkirche mit ihrem sehenswerten Kreuzgang in Laufen. Außerdem ist das Schönramer Filz, die Heidelandschaft zwischen Schönram und Leobendorf, ebenso sehenswert wie der Lokschuppen in Freilassing und das Bergbaumuseum in Teisendorf/Achthal.

All das ist nur ein kleiner Teil der heimischen Sehenswürdigkeiten, die schon für sich allein einen Besuch wert sind. Doch der Rupertiwinkel eignet sich auch optimal als Ausgangspunkt für viele beliebte umliegende Ausflugsziele. Ganz gleich, ob man die Metropole München oder die Residenzstadt Salzburg, den Chiemsee oder doch lieber den Königssee besuchen möchte. Dank der zentralen Lage lassen sich zahlreiche Touren schnell und ohne großen Aufwand durchführen.

INFO RUPERTIWINKEL: Petersplatz 2, 83451 Piding, Tel. (086 51) 38 60, www.berchtesgaden.de/rupertiwinkel. **INFO ANGER:** Dorfplatz 4, 83454 Anger, Tel. (086 56) 98 89 22, www.anger.de. **INFO FREILASSING:** Hauptstr. 45, 83395 Freilassing, Tel. (086 54) 778 84 14, www.berchtesgaden.de/freilassing. **INFO STADT LAUFEN/ABTSDORFER SEE:** Rathausplatz 1, 83410 Laufen, Tel. (086 82) 89 87 49, https://stadtlaufen.de. **INFO SAALDORF-SURHEIM:** Moosweg 2, 83416 Saaldorf-Surheim, Tel. (086 54) 63 07 22, www.saaldorf-surheim. de. **INFO SCHNEIZLREUTH:** Berchtesgadener Str. 12, 83458 Schneizlreuth, Tel. (086 65) 74 89, www.schneizlreuth.de. **INFO TEISENDORF:** Poststr. 14, 83317 Teisendorf, Tel. (086 66) 295, www.teisendorf.de.

Eine Holzbrücke führt zur Pfarrkirche St. Laurentius in Tittmoning

zwischen dem geistlichen Fürstentum Salzburg und Bayern heiß umkämpft. Auslöser der blutigen Kämpfe war das Salz, das in den Stollen von Berchtesgaden und Bad Reichenhall gewonnen wurde und zu den gewinnbringendsten Handelsgütern gehörte.

Tittmoning ➜ E9

Die Altstadt mit farbenfrohen Fassaden im typischen Inn-Salzach-Stil blickt auf eine wechselvolle Geschichte zurück, von der neben der Burg mit ihren Museen die nahezu vollständig erhaltene mittelalterliche Stadtmauer, zahlreiche sehenswerte Kirchen sowie Denkmäler und Brunnen zeugen. Die Altstadtgassen, der Ponlachpark, Burg und Salzachauen laden zu romantischen Spaziergängen und zum Verweilen ein.

🛈 **Tourist-Info Tittmoning** ➜ E9
Stadtplatz 1, 84529 Tittmoning
✆ (086 83) 70 07 10
www.tittmoning.de

Historische Altstadt Tittmoning

Inn – Salzach

Die Flüsse Inn und Salzach haben das Land vor den Alpen geprägt und den Menschen schon zu Zeiten des lukrativen Salzhandels Wohlstand gebracht. Typisch für die Gegend ist die italienisch geprägte Stadtarchitektur mit großzügigen, lang gestreckten Plätzen, flankiert von den Fassaden prächtiger Bürgerhäuser.

Altötting/Neuötting ➡ D9

Alljährlich pilgern rund eine Million Katholiken nach Altötting zur bedeutendsten Marien-Wallfahrtsstätte Deutschlands. Viele fühlen sich hier getröstet, manche erhört und drücken ihren Dank seit Jahrhunderten mit einem kleinen selbstgemalten Bild aus. Hunderte Votivtafeln schmücken die Wände des Bogengangs rund um die Gnadenkapelle, ein beeindruckendes Zeugnis tiefer Volksfrömmigkeit. Im Mittelpunkt des leicht ansteigenden Kapellplatzes steht das weithin sichtbare Ziel der Wallfahrer, die spätgotische **Gnadenkapelle** mit ihren beiden hohen schlanken Türmen. Sie birgt das als wundertätig verehrte Gnadenbild der »Schwarzen Madonna«. Ein Kranz weiterer Sakralbauten umgibt die Kapelle, darunter die spätgotische Stifts- und Wallfahrtskirche **St. Philipp und Jakob**. In einer der vier Kapellen des Kreuzgangs wurde Graf Tilly (1559–1632) beigesetzt, Oberbefehlshaber der Katholischen Liga unter dem bayerischen Kurfürsten im 30-jährigen Krieg.

Klosterschwestern am Kapellplatz in Altötting

Das benachbarte **Neuötting** zeigt das typische Bild der Inn-Salzach Städte. Gotische Laubengänge und eine Hallenkirche in Backsteingotik prägen das Ortsbild dieser gemütlichen Kleinstadt.

Pilgerer auf dem Kapellplatz von Altötting, im Hintergrund die Gnadenkapelle

ℹ Wallfahrts- und Verkehrsbüro ➡ D9
Kapellplatz 2 A, 84503 Altötting
✆ (086 71) 50 62 19
www.altoetting.de

**🏛👁 Neue Schatzkammer und Haus Papst
Benedikt XVI** ➡ D9
Kapellplatz 4, Altötting
✆ (086 71) 924 20 15
www.neueschatzkammer.de
März–Okt. tägl. außer Mo 10–16 Uhr
Die Sammlung informiert zum Thema Wallfahrt und zur Geschichte der Altöttinger Wallfahrt. Neben dem weltbekannten »Goldenen Rössl« und dem Brautkranz der österreichischen Kaiserin Elisabeth (Sisi) werden weitere Preziosen aus vielen Jahrhunderten gezeigt.

👁🖼 Panorama ➡ D9
Gebhard-Fugel-Weg 10, Altötting
✆ (086 71) 69 34, www.panorama-altoetting.de
März–Okt. tägl. 10–17 Uhr, sonst vgl. Website
Eintritt € 4,50/2

DIE GNADENKAPELLE

Altötting, Bayern

Der Dreißigjährige Krieg war ein furchtbares Gemetzel. Eine wildgewordene Soldateska, Söldner ohne moralische oder religiöse Verwurzelung, nur dem Töten ergeben, näherte sich in martialisch aufgerüsteten Horden

Gnadenbild der Schwarzen Madonna in Altötting

dem Herzen des katholischen Bayern, Altötting. Bayerns großer Kurfürst Maximilian I. ahnte, was auf die Bevölkerung zukam, auf Frauen, Männer und Kinder, rechtschaffene kleine Leute, arbeitsam, gottesfürchtig. Er nahm ein Messer und ritzte sich die Haut auf. Nicht mit Tinte, sondern mit seinem eigenen Blut schrieb Maximilian I. einen Weihebrief und stellte damit sein Volk unter den Schutz der Muttergottes von Altötting, einem Gnadenbild, zu dem man schon

seit dem Ende des 15. Jahrhunderts wallfahrte. Zwischen Christi Himmelfahrt und Pfingsten gibt es die stärksten Pilgerströme.

Mehr als eine Million Menschen kommen jedes Jahr nach Altötting, Zehntausende davon gehen zu Fuß in die Stadt ganz im Osten Oberbayerns, auf einer Anhöhe südlich des Inns gelegen. Auch Kurfürst Maximilian I. kam mehrfach zu Fuß in die Stadt, demütig den Blick gesenkt. Pilgerziel der Menschen ist die Gnadenkapelle, weil sie Krankheiten oder Sorgen plagen. Vor »Unserer Lieben Frau von Altötting« gehen sie auf die Knie. Mehr als 2000 Votivtafeln im Umgang zeugen vom Dank für erwiesene Hilfe, die Spender sind über die ganze Welt verstreut. Zur Lichterprozession vereinen sich die Generationen mit Kerzen in den Händen. Verehrt wird auch Bruder Konrad von Parzham, ein bayerischer Heiliger.

Die Gnadenkapelle, ein achtseitiges Baptisterium, steht auf dem Kapellplatz, einem der schönsten deutschen Stadtplätze. Schon im 8. Jahrhundert gab es den Bau, 1494 wurde ein Langhaus angefügt. Der Gnadenaltar mit seinem Silberschmuck stammt aus dem Jahr 1670. Die aus Lindenholz geschnitzte Figur der Madonna (um 1300) ist rußgeschwärzt vom Kerzenlicht. Ihre mystische Faszination erfasst auch Nichtkatholiken.

INFO: Altötting liegt 100 km von München entfernt. **INFO ALTÖTTING:** Wallfahrts- und Verkehrsbüro, Kapellplatz 2 A, 84503 Altötting, Tel. (086 71) 50 62 54, www.altoetting. de. **REISEZEIT:** Zwischen Christi Himmelfahrt und Pfingsten.

Auf dem 1200 m² großen Rundgemälde wird die Geschichte der Kreuzigung Christi dargestellt. Die 1903 gebaute Rotunde hat als eines der wenigen noch erhaltenen Panoramen Seltenheitswert.

☒🛏 Zur Post ➜ D9
Kapellplatz 2, Altötting
✆ (086 71) 50 40
www.zurpostaltoetting.de
Tägl. 11–21 Uhr (Küche)
Hotel-Restaurant mit einem gemütlichen Garten und lokalen Schmankerln vom Feinsten. €€

☒🛏 Gasthof Krone ➜ D9
Ludwigstr. 69, Neuötting
✆ (086 71) 23 43
Küche tägl. 11–14 und 17.30–21 Uhr
Der Gasthof im gemütlichen Ortszentrum ist für seine soliden bayerischen Gerichte bekannt. €–€€

▭🎵 Café Märchenhaft ➜ D9
Neuöttingerstr. 36, Altötting
✆ (086 71) 403 37 27
www.cafe-maerchenhaft.de
Sept.–Mai tägl. 9–18 Uhr
Neben selbstgebackenem Kuchen wie aus Rotkäppchens Körbchen bietet das Café herzhafte Kleinigkeiten, auch Veganes und Vegetarisches.

Votivtafeln in der Gnadenkapelle

⑩ Burghausen ➡ D9

Weltweiten Ruhm genießt die Kleinstadt bei Jazz-Fans: Im Frühling wird sie zum Treffpunkt der Weltgrößen dieser Musikszene und bieten in Kneipen und auf Plätzen eine Woche lang ein ambitioniertes Programm. Danach senkt sich wieder der etwas stillere Alltag der Provinz über die hinreißend schöne Altstadt.

Touristen lockt außerdem die längste **Burganlage** der Welt. Der steil abfallende Fels wird auf der einen Seite von der Salzach, auf der anderen vom Wöhrsee geschützt. Die Landshuter Herzöge waren Auftraggeber der zwischen dem 12. und 15. Jahrhundert errichteten Anlage. Fünf vorgelagerte Burghöfe mit Zwingern, Türmen, Wehrgängen und Gräben bilden eine Abschnittsfestung. Sie alle dienten dem Schutz der uneinnehmbaren Hauptfestung am nördlichen Ende des Bergrückens hinter dem Georgstor. Durch diesen Trick wirkt die Festung aus der Ferne wie eine wehrhafte mittelalterliche Kleinstadt. Die Burg muss eine so abschreckende Wirkung ausgeübt haben, dass niemand je ernsthaft versucht hat, sie zu belagern.

Unten in der **Altstadt** beeindruckt die Geschlossenheit des Stadtplatzes, der trotz beengter Raumverhältnisse zwischen Burgberg und dem Ufer der Salzach Großräumigkeit suggeriert und fast wie eine Theaterkulisse wirkt. Aus der Häuserfront sticht die blaue Fassade des **Kurbayerischen Regierungsgebäudes** mit dem schönen Giebelabschluss und dem dominierenden Wappen unter dem mittleren Treppengiebel ins Auge. Ein weiteres

Burghausen am Inn mit der weltlängsten Burganlage

Deutschlands größte Burg

BURG BURGHAUSEN

Burghausen, Bayern

Im Tal der Salzach, südöstlich von Altötting, liegt eine alte Stadt. Bereits 1025 wird Burghausen in einer Chronik erwähnt. Lange bestimmte der Salzhandel die Geschicke des Orts. Über den Fluss kamen die Schiffe mit dem weißen Gold aus dem Salzburger Land.

In Burghausen wurde Salz weiterverkauft zum Würzen und Konservieren von Lebensmitteln, das machte die Stadt reich. So entstand auf dem Bergrücken über der Salzach eine der beeindruckendsten Burg- und Wehranlagen Deutschlands, die mit einer Länge von mehr als einem Kilometer (1043 m) auch gleichzeitig die längste hierzulande ist. Von 1255 bis 1503 war sie die Residenz der Herzöge von Bayern, der Wittelsbacher.

Wahrzeichen von Burghausen an der Salzach: die längste Burg Europas

München, der spätere Residenzort, war damals noch ohne Bedeutung.

Über das steile Geistwirtsgassl geht es hinauf zur Burg. Begonnen im 13. Jahrhundert, wurde bis ins 16. Jahrhundert nahezu ununterbrochen an der Anlage gewerkelt. Sie besteht aus einer Hauptburg, einer äußeren Burg und fünf Vorhöfen. Ein acht Meter tiefer und 27 Meter breiter Graben trennt den inneren Schlosshof vom ersten Vorhof. Kaum noch irgendwo ist der mittelalterliche Feudalismus, die totale Klassengesellschaft mit einer kleinen Kaste der Reichen und der Masse des Volks, so deutlich versinnbildlicht. Die Fürsten im Palais residierten zwischen wertvollen Gemälden, erlesenen Möbeln und Teppichen. Heute ist die Hauptburg eine Filiale der Bayerischen Staatsgemäldesammlungen, gezeigt werden Werke aus dem süddeutschen Raum und Österreich; besonders beachtenswert sind die gotischen Tafelbilder.

Die Burgkapelle St. Elisabeth besitzt das schönste Netzgewölbe Bayerns. Im Kemenatenbau mit Blick auf den Wöhrsee lebten die Herzoginnen, die von ihren Gemahlen abgeschoben worden waren, mit ihrem Hofstaat. Die fünf Vorhöfe waren für verschiedene Funktionen vorgesehen, von der Waffenkammer über den Kerker bis zur Geschichtsschreiberstube. Die Bauten und Befestigungswerke wurden über einem auf drei Seiten steil abfallenden Bergrücken platziert. Darunter liegt das Landschaftsschutzgebiet Wöhrsee, ein ideales Gelände für Spaziergänge und Erholung.

INFO: Burghausen liegt 115 km östlich von München. **INFO BURGHAUSEN:** Burghauser Touristik GmbH, Stadtplatz 99, 84489 Burghausen, Tel. (086 77) 88 71 40, www. visit-burghausen.com.

Innerer Burghof (links) und Kleine Stube des Herzogs auf Burg Burghausen (rechts)

imposantes Gebäude dieses Platzes steht an der Ecke zur Kanzelmüllerstraße: das **Tauffkirchen-Palais** mit Rokokofassade. Zu den wichtigsten Sakralbauten zählt die ehemalige **Jesuitenkirche St. Joseph**.

ⓘ Tourist Information ➡ D9
Stadtplatz 112, 84489 Burghausen
℗ (086 77) 88 71 40
www.burghausen.de
Mo–Fr 9–17 Uhr

◉ 🏛 ✎ Burg/Stadtmuseum ➡ D9
Burg 48, Burghausen
℗ (086 77) 46 59
www.burg-burghausen.de
Burgbesichtigung tägl. April–Sept. 9–18, Okt.–März 10–16 Uhr, Eintritt € 4,50, bis 18 J. frei, Außenanlagen ganzjährig frei zugänglich
»Europas längste Burg« kann im Rahmen einer Führung besichtigt werden. Die Stadtgeschichte Burghausens dokumentiert anschaulich das Museum in der Burg.

✕ 🛏 Hotel Post ➡ D9
Stadtplatz 39, Burghausen
℗ (086 77) 96 50
www.altstadthotels.net
Ein Komfort-Hotel, dessen bayerische Küche schon mehrfach ausgezeichnet wurde. €€

✕ ✎ Plättenfahrten auf der Salzach ➡ D9
Die beliebten Fahrten auf der Nachbildung eines Salzkahns auf der Salzach von Burghausen nach Tittmoning kann man über die Tourist Information (vgl. S. 201) buchen.

Auf dem Wasser wird der Marsch geblasen

PLÄTTENFAHRT MIT DEM FLOSS AUF DER SALZACH

Burghausen, Bayern

Rustikal geht es zu bei der Schiffsfahrt flussabwärts durch das romantische Salzachtal. Der fahrbare Untersatz auf der Salzach ist kein schicker Ausflugsdampfer, sondern ein Plättenboot. Plätten nannte man die geräumigen mittelalterlichen Kähne mit flachem Boden, die das weiße Gold nach Bayern transportierten, das Salz. Sie kamen aus dem heute österreichischen Hallein und von Bad Reichenhall her und wurden von den Händlern dringend erwartet. Salz war über Jahrhunderte ein großes Geschäft, man brauchte es nicht nur zum Würzen, sondern mehr noch zum Konservieren der Lebensmittel. Heute haben wir dafür den Kühlschrank.

Die historischen Plättenkähne existieren nicht mehr, die Wassertour wird mit Nachbauten gemacht, die sich aber in den Maßen und der Ausstattung genau an die originalen Vorbilder halten. Nur der Motor ist ein Tribut an die Neuzeit. Es ist entspannend auf der Plätte, ein sanftes Treiben vorbei an Auen, Orten, Wäldern, Mühlen und Kirchen, die sich an die Ufer schmiegen. Wasservögel sind zu sehen, Angler, die ihre Ruten in den Fluss halten und mit verhängtem Blick die Plätte taxieren, Wanderer und Liebespaare.

Die Schönheit der weithin unberührten Natur wirkt unmittelbar, man erlebt die Ursprünglichkeit dieser einzigartigen Flusslandschaft. Bei der Einfahrt in Burghausen eröffnet sich der spektakuläre Blick auf die weltlängste Burg und die Altstadt. Dazu erzählt der historisch gewandte Salzachschiffer G'schicht'n von der guten alten Zeit, als seinesgleichen noch mit Ruder und Stecken die kostbare Fracht sicher zum Abnehmer beförderte. In Bayern werden Plättenfahrten gern zu Geburtstagen und

Eine Plättenfahrt auf der Salzach zeigt Burghausen aus einer schönen Perspektive

Hochzeiten oder anderen besonderen Anlässen verschenkt. Jubilar oder Braut und Bräutigam wird die Heimat vorgeführt.

Besonders festlich sind musikalische Plättenfahrten, etwa als Jazz-Frühschoppen oder mit bayerischer »Danzlmusik«. Da wird einem auf dem Wasser kräftig der Marsch geblasen. Die Wasservögel allerdings machen sich dann auf und davon.

INFO PLÄTTENFAHRT: Anmeldung bei der Burghauser Touristik erforderlich, der Plättenbus bringt Besucher nach Tittmoning und holt sie von Burghausen wieder ab, die Plättenfahrt dauert 1,5 Std., Ticket € 17, Musikfahrten und Plätten-G'schicht'n € 20, Kinder € 10. **REISEZEIT:** Mai–Sept.

Klosterkirche Raitenhaslach

🎭🎵 Internationale Jazzwoche ➜ D9

www.b-jazz.com
Burghausen verwandelt sich seit einigen Jahrzehnten im März zu einem Mekka der internationalen Jazzszene. Infos sind Monate vor dem Termin im Internet zu finden.

Ausflugsziel:

◎ Zisterzienserabtei Raitenhaslach ➜ E9

7 km südlich von Burghausen, ℭ (086 77) 21 33
Kirchen- und Klosterführungen nach Vereinbarung
Ein Barockjuwel mitten in der idyllischen Auenlandschaft der Salzach. Die Zisterzienser leisteten 1146 mit dieser Gründung in dem damals unwegsamen Gelände echte Pionierarbeit. Der Umbau zur Zeit des Barock fand 1751 in der imposanten Westfassade, gestaltet von Franz Alois Mayr aus dem nahen Trostberg, seinen triumphalen Abschluss.

Mühldorf ➜ D8

Schon zu Zeiten der Römer war der Übergang über den Inn ein wichtiger Verkehrsknotenpunkt für den Salzhandel. Der lang gestreckte, leicht gebogene Straßenmarkt von Mühldorf gilt als Musterbeispiel der Inn-Salzach-Architektur. Zwischen zwei Toren säumen mehrstöckige Bürgerhäuser aus dem 15. und 17. Jahrhundert mit ihren typisch geschwungenen Giebeln und Laubengängen den Platz. Heute lädt die Kleinstadt dazu ein, als stiller Beobachter von einem der Caféhaustische unter den Arkaden ein noch beschaulich wirkendes Alltagsleben zu beobachten.

Stadtplatz von Mühldorf

ℹ Tourist Information ➜ D8

Stadtplatz 3, 84453 Mühldorf
ℭ (086 31) 61 26 08, www.muehldorf.de

☕🍴 Café Egger ➜ D8

Friedrich-Ebert-Str. 6, Mühldorf
ℭ (086 31) 74 23,
www.cafe-egger.de
Tägl. außer Mo 9–18 Uhr
Eine einzige Verführung! Große Auswahl an süßen Köstlichkeiten aus der hauseigenen Konditorei. ■

JAZZWOCHE BURGHAUSEN

Burghausen, Bayern

Die Namen der Großen sind für immer auf in Stein gefasste Metallplatten in Burghausen verewigt. Ella Fitzgerald sang hier, Count Basie griff zur Trompete und Albert Mangelsdorff, bis zu seinem Tod der bedeutendste deutsche Jazzer, gab das Blechinstrument über Stunden nicht mehr aus der Hand. Zu den prominenten internationalen Gästen gehörten auch Dizzie Gillespie, Teddy Wilson und Sam Woodward. Sie haben den Ort an der Salzach zum Swingen gebracht, der Groove sorgte für eine ausgelassene Stimmung. Burghausen im tiefsten Bayern ist so etwas wie das Heiligtum der deutschen Jazzszene, wer hier auftritt, hat Zugang in die Hall of Fame.

Joe Viera, ein bekannter Professor für zeitgenössische Musik, und sein Mitstreiter Helmut Viertel gründeten die Interessengemeinschaft Jazz Burghausen: Einen Verein, bei dem es nur um die Musik geht, die unter den Nationalsozialisten noch als »Negermusik« diffamiert wurde und die erst richtig nach dem Zweiten Weltkrieg in Deutschland ankam. Seit 1970 findet jedes Frühjahr in Burghausen die Internationale Jazzwoche statt.

Die beiden Kristallisationspunkte des musikalischen Geschehens sind der Stadtsaal und der Jazzkeller, beide direkt an der Salzach gelegen. Daneben stehen aber auch Freiluftkonzerte in der gesamten Altstadt auf dem Programm. Sogar auf Plätten, den einstigen Salzkähnen, hat man schon muntere Formationen mit Saxophon, Klarinette, Gitarre, Posaune, Bass, Percussion und Schlagzeug gesehen.

Das Jahr über bietet die IG Jazz Burghausen Jazzkurse an, sie werden im attraktiven Mautnerschloss in der Altstadt abgehalten. Auch Sonderkurse für bestimmte Instrumente, für Rhythmik, Harmonik, Improvisation und Arrangement sowie stimmlichen Feinschliff

Auftritt von Jamie Cullum bei der Internationalen Jazzwoche in Burghausen (2014)

können belegt werden. Hunderte von deutschen Nachwuchsmusikern haben hier ihre Ausbildung absolviert, sogar mit Stipendien und Geld für die Anschaffung von Instrumenten, unterstützt vom Verein zur Förderung zeitgenössischer Musik. Sie spielen regelmäßig auf zur Internationalen Jazzwoche, zum Jazz-Herbst und in Jazz-Nights im Sommer. Ein Eldorado für Jazz-Liebhaber.

INFO JAZZ BURGHAUSEN: Kanzelmüllerstr. 94, 84489 Burghausen, Tel. (086 77) 916 46 30, Tickethotline Tel. (086 77) 91 64 63 33, www. b-jazz.com. **REISEZEIT:** Zur Internationalen Jazzwoche im März.

Daten zur Geschichte

Altstein-
zeit
Eine eingeritzte Jagdszene auf einem Stück Mammutknochen gilt als Beweis dafür, dass im Raum südlich der Donau schon in vorgeschichtlicher Zeit Nomadenvölker gelebt haben.

Jungstein-
zeit
In der Mitte des 6. Jahrtausends v. Chr. wird die Landwirtschaft eingeführt. Erste Siedlungen entstehen.

Bronzezeit
Ab etwa 2200 v. Chr. werden überwiegend Gegenstände aus Bronze durch Legieren von Kupfer und Zinn hergestellt.

800–500
v. Chr.
Indoeuropäische Reitervölker, die Illyerer, dringen in das heutige Bayern ein. Der gesamte Zeitabschnitt wird aufgrund der umfangreichen Grabfunde im österreichischen Hallstatt als Hallstattkultur bezeichnet.

500–15
v. Chr.
Indoeuropäische Keltenstämme bestimmen das Geschehen in diesem Siedlungsraum.

15. v. Chr.–
6. Jh. n.
Chr.
Der römische Kaiser Augustus schickt unter der Führung seiner Stiefsöhne Drusus und Tiberius sein Heer über die Alpen. In den nächsten 500 Jahren ist das heutige Oberbayern Teil des Römischen Reichs.

6.–12. Jh.
Nach dem Untergang des Römischen Reichs treten die Franken auf den Plan. Sie setzen um 550 Garibaldi I. als Großherzog ein. Die Bajuwaren besiedeln das Land. Im 7. Jahrhundert beginnt die Christianisierung. Die

15 v. Chr. besetzen die Römer unter Kaiser Augustus die Alpengebiete und das Alpenvorland

1158 gründet Heinrich der Löwe München

Kaiserkrönung Ludwigs des Bayern 1328, zu sehen im Hofgarten in München

Bistümer Freising und Eichstätt werden im 8. Jahrhundert gegründet. Im Jahr 1070 fällt das Herzogtum Bayern an die Welfen. 1158 gründet Heinrich der Löwe München.

1314   Der Wittelsbacher Ludwig IV, genannt Ludwig der Bayer, seit 1302 Herzog von Bayern, wird Deutscher Kaiser.

1392   Teilung Bayerns in die Herzogtümer Ingolstadt, München und Landshut.

Ab 1450   Während des nächsten halben Jahrhunderts wird Bayern von Landshut aus regiert.

1492   Die Verbindungsstraße von Mittenwald zum Walchen- und dann zum Kochelsee wird angelegt. Das kurvenreiche Teilstück vom Walchen- zum Kochelsee ist heute als Kesselbergstraße bekannt.

16. Jh.   Die Landesregierung wird 1506 wieder nach München zurückverlegt. Blütezeit der Renaissance. Der politische Aufstieg Bayerns beginnt. In ganz Europa sind die Stuckateure aus Wessobrunn noch bis um 1800 tätig.

1609   Unter Herzog Maximilian wird die Gegenreformation eingeleitet. Viele berühmte Sakralbauten entstehen.

1618–48   Dreißigjähriger Krieg. Immer wieder schwere Verwüstungen, auch in Bayern.

1634   Zum ersten Mal wird in Oberammergau das Passionsspiel aufgeführt.

1651–79   In der Zeit des Hochbarocks regiert Kurfürst Ferdinand Maria. Beeinflusst von italieni-

Ansicht von München in der Schedelschen Weltchronik (1493)

schen Baumeistern entstehen u. a. Schloss Nymphenburg und die Innenausstattung der Klosterkirche von Benediktbeuern.

1701–14 Unter Kurfürst Max Emanuel, genannt der »Blaue Kurfürst«, kämpft Bayern an der Seite Frankreichs im Spanischen Erbfolgekrieg gegen das habsburgische Österreich und verliert. 1705 rebellieren die Bauern unter ihrem Anführer, dem Schmied von Kochel, gegen die harten Bedingungen der österreichischen Besatzungsmacht. In der berühmten »Sendlinger Mordweihnacht« werden die Aufständischen vernichtend geschlagen.

1777 Mit Maximilian III. Joseph stirbt die Münchner Linie der Wittelsbacher aus. Die Nachfolge tritt Karl Theodor aus der pfälzischen Linie an.

1803 Infolge der Säkularisation werden viele Klöster und Kirchen geplündert oder zerstört.

1806 Maximilian IV. Joseph wird zum ersten bayerischen König proklamiert. Bayern verbündet sich mit dem napoleonischen Frankreich. 30 000 bayerische Soldaten müssen am Russlandfeldzug des Imperators teilnehmen und kehren nie wieder in ihre Heimat zurück (www.hdbg.eu).

1810	Kronprinz Ludwig I. heiratet Therese von Sachsen-Hildburghausen. Im Zuge der Hochzeitsfeierlichkeiten findet vor den Toren Münchens, auf der heutigen Theresienwiese, ein Volksfest statt. Seit diesem Zeitpunkt wird dort alljährlich das Oktoberfest gefeiert.
1817	Die Soleleitung von Berchtesgaden nach Bad Reichenhall wird verlegt.
1818	Graf von Montgelas entwirft die Bayerische Verfassung.
1820	Erstbesteigung der Zugspitze.
1825	Ludwig I. folgt seinem Vater Maximilian I. auf den Thron. Weit über die Grenzen Bayerns hinaus kommt er durch seine exzessive Bauwut und seine Beziehung zu der schönen Lola Montez ins Gerede.
1826	Zurückverlegung der Uni von Landshut nach München.
1848	Am 20. März tritt Ludwig I. nach heftigen Unruhen zurück. Auslöser der Straßenkämpfe ist der Unmut des Volks über seine Affäre mit Lola Montez. Sein Sohn Maximilian II. besteigt den Thron.
1850	Ab Mitte des 19. Jahrhunderts entwickelt sich München unter dem neuen Monarchen zu einem Zentrum der Wissenschaft. Er holt die besten Wissenschaftler seiner Zeit an die Ludwig-Maximilians-Universität. Außerdem wird die Stadt für kurze Zeit Mittelpunkt der deutschen und internationalen Malerei.
1857	Die Weißwurst wird erfunden.
1864	Nach dem plötzlichen Tod seines Vaters Max II. wird der gerade 18-jährige Ludwig II. zum König ausgerufen. In einer Zeit der großen politischen Veränderungen tritt er mit einer vom Absolutismus geprägten Herrschaftsauffassung an. Als sein Regierungsstil immer mehr in Kollision mit der Realität gerät, entzieht er sich der Politik und frönt seiner Bauleidenschaft.
1870	Der Deutsch-Französische Krieg beginnt. Am 16. Juli des Jahres befiehlt Ludwig II. die Mobilmachung. Am 23. November schließen

Maximilian Graf Montgelas (1806, Porträt von Joseph Hauber) entwirft die erste Bayerische Verfassung

König Ludwig II. ist in Oberbayern noch heute allgegenwärtig

*Austragungsort der
IV. Olympischen Winterspiele
ist Garmisch-Partenkirchen*

sich Bayern und die Staaten des Nord-
deutschen Bunds zum »Deutschen Bund«
unter der Führung Preußens zusammen. Im
»Kaiserbrief« schlägt Ludwig auf Betreiben
Bismarcks Wilhelm I. von Preußen zum
Deutschen Kaiser vor.

1886 Nach dem Tod Ludwigs II. am 13. Juni übernimmt Prinzregent Luitpold die Amtsge-
schäfte.

1918 Novemberrevolution: Kurt Eisner ruft den
»Freien Volksstaat Bayern« aus und wird
erster Ministerpräsident. Ludwig III. flieht
aus München.

1919 Ermordung Kurt Eisners, Ausrufung der
Räterepublik.

1923 Vor der Münchner Feldherrnhalle scheitert
der Putschversuch der Nationalsozialisten.

1933 Die Nationalsozialisten ergreifen die Macht.

1936 Die Olympischen Winterspiele finden in
Garmisch-Partenkirchen statt.

1939 Das Attentat Georg Elsers auf Hitler im
ehemaligen Bürgerbräukeller missglückt.

1943 Studenten der »Weißen Rose« organisieren
Widerstand gegen die Nationalsozialisten.

1944 Ende Juli werden sechs schwere Luftangriffe
auf München geflogen.

1945 Am 29. April wird das Konzentrationslager
Dachau von amerikanischen Truppen befreit. Einen Tag später rücken die Amerikaner in München ein.

1947 Kriegszerstörungen und Wiederaufbauar-
beiten: Über zehn Millionen Kubikmeter

*1900 erfolgt die Einweihung
der Königlich Bayerischen
Meteorologischen Hochstation
neben dem Münchner Haus auf
dem Zugspitzgipfel*

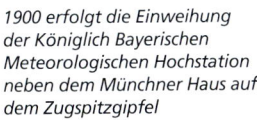

*Schloss Linderhof um 1900
(kolorierte Fotografie)*

Schutt werden aus der fast vollständig zerstörten Innenstadt beseitigt. Rund 7000 Menschen starben bei den Luftangriffen, 200 000 wurden obdachlos. Auf das Stadtgebiet fielen ca. 60 000 Spreng- und 500 000 Brandbomben. Fast die Hälfte der Bausubstanz Münchens ist zerstört.

1948 Verfassungskonvent auf Herrenchiemsee. Der Sachverständigenausschuss erarbeitet eine Denkschrift, die als Grundlage für das bundesdeutsche Grundgesetz dient. Durch die Teilung in Ost- und Westdeutschland profitiert Bayern in den folgenden Jahrzehnten vom Wiederaufbau. Ein wirtschaftlicher Aufschwung ungeahnten Ausmaßes setzt ein. Viele namhafte Konzerne siedeln sich im Großraum München an.

1957 In Garching bei München wird der erste Atomforschungsreaktor Deutschlands in Betrieb genommen. München wird Millionenstadt.

1972 Die XX. Olympischen Sommerspiele finden in München statt. Am 5. September überfallen Mitglieder der Terrororganisation »Schwarzer September« das Quartier der israelischen Sportler.

1992 Der Flughafen München II wird nach Erding verlegt.

1998 Eröffnung der neuen Messe auf dem ehemaligen Flughafengelände von Riem.

In der Dauerausstellung des neu errichteten NS-Dokumentationszentrums München dreht sich alles um die Rolle der Stadt im Dritten Reich

2000 Eröffnung des Museum der Phantasie bei Bernried am Starnberger See.

2002 Eröffnung der Pinakothek der Moderne.

2004 Die TU München weiht am 9. Juni den neuen Atomreaktor in Garching ein.

2005 Am 30. Mai wird die neue Allianz-Arena in München-Fröttmaning in Betrieb genommen.

2009 Einweihung des Museums Brandhorst in München.

2014 Bau der größten Beschneiungsanlage des Deutschen Alpenraums im Skiparadies Sudelfeld trotz starker Proteste.

2015 Am 30. April, dem 70. Jahrestag der Befreiung Münchens durch die Amerikaner, wird das NS-Dokumentationszentrum in München eröffnet.

2017 Eröffnung der neuen Zugspitz-Seilbahn, die bis zu 600 Gäste stündlich auf den höchsten Berg Deutschlands befördern soll.

2018 Doppeljubiläum: 100 Jahre Freistaat Bayern und 200 Jahre Verfassungsstaat Bayern.

2020/2021 Corona verändert alles! Bayern bleibt beliebte Ferienregion. Im April 2020 verkündete Ministerpräsident Markus Söder: Das Oktoberfest findet 2020 erstmals seit 72 Jahren nicht statt. Erst 2021 soll es wieder heißen: »Ozapft is!« ■

Das UFO von Fröttmaning

ALLIANZ ARENA

München, Bayern

Von Weitem sieht sie aus wie ein UFO oder ein riesiges Schlauchboot, Spötter nennen sie weniger nett auch Kaiser-Klo: Die Allianz Arena von Fröttmaning ist Münchens Fußballtempel. Nach drei Jahren Bauzeit wurde sie im Mai 2005 eingeweiht. Die Feuilletons der Zeitungen verneigten sich schon vor dem ersten Kick vor der architektonischen Meisterleistung der Stadionplaner. Und selbst die Pendler, die sich an der Baustelle vorbei durch den Berufsverkehr quälten, waren hingerissen von der luziden, schwebenden Anmutung der Arena.

Durchschnittlich zehn Mal krachte es zeitweise pro Tag auf der Autobahn 9. Immer wieder kam es zu Auffahrunfällen, weil die Autofahrer sich am neuen Stadion nicht sattsehen konnten.

2760 Membrankissen, gefertigt aus nur 0,2 Millimeter dicker Kunststofffolie, können die 64 000 Quadratmeter der Dachkonstruktion abwechselnd in den Farben der Heimmannschaften blau (1860 München), rot (FC Bayern München) und weiß (Deutsche Nationalmannschaft) beleuchten. »Früher waren Fußballstadien ein klassischer Ort für Arbeiter: offene Häuser, in denen es gerade mal einen Wurst- oder Bierstand gab«, erklären die Schweizer Architekten des 340 Millionen Euro teuren Superbaus, Jacques Herzog und Pierre de Meuron, »Heute hingegen sind Stadien wie kleine Städte. Sie sind eng mit anderen Kulturbauten verwandt. Deshalb haben wir unser Stadion immer mit einem Opernhaus verglichen.«

Etwa 120 000 Kubikmeter Beton und 22 000 Tonnen Stahl wurden in der Allianz Arena verbaut, 75 000 Zuschauer (inklusive Logen und Business-Seats) passen in die Fußballkathedrale. Allein das Fundament wiegt 180 Tonnen. Als reines Fußballstadion geplant mussten keine Konzessionen an alternative

Rautenförmige Luftkissen strukturieren die Fassade der Allianz Arena

Nutzungen wie Leichtathletik, Popkonzerte, Ausstellungen oder andere Großveranstaltungen gemacht werden.

»Wir haben das schönste Stadion der Welt«, sagt Karl-Heinz Rummenigge, der Vorstandsvorsitzende des FC Bayern München, nicht ohne Stolz. »Die Allianz Arena ist ein Quantensprung«, ergänzt Franz Beckenbauer. Den Worten des »Kaisers«, wie der Ehrenpräsident des Vereins und ehemalige Fußballstar genannt wird, darf naturgemäß nichts mehr hinzugefügt werden. Außer dies: Das Stadion kann im Rahmen einer Führung besichtigt werden.

INFO: In München-Fröttmaning gelegen. **INFO ALLIANZ ARENA:** Werner-Heisenberg-Allee 25, 80939 München, Tel. (089) 69 93 12 22, www.allianz-arena.de, Öffnungszeiten tägl. (außer an Spieltagen) Shop 9/10–17/18, Bistro 10–18 Uhr, im Winter nur Sa/So.

Oberbayern in Zahlen und Fakten

Fläche: insgesamt 17 529 km²
Einwohnerzahl: etwa 4,7 Mio.
Städte: München, Ingolstadt, Landsberg, Rosenheim, Freising
Höchster Berg: Zugspitze mit 2962 m
Tourismus: In Bayern arbeiten etwa 447 000 Menschen im touristischen Sektor, mit dem ein Bruttoumsatz von rund 15,3 Mio. Euro erwirtschaftet wird. Jährlich übernachten etwa 37 Mio. Besucher.

Anreise

Mit dem Flugzeug

Flüge starten und landen alle in München, MUC, internationale Bezeichnung für den Franz-Joseph-Strauß-Flughafen. Für die Fahrt ins Zentrum (Airport-City-Day-Ticket € 13, www.mvv-muenchen.de) benötigen die S-Bahnen S1 oder S8 ca. 45 Minuten bis zum Hauptbahnhof bzw. Marienplatz. Alternativ verkehrt der Flughafenbus (ab 10,50 €, www.airportbus-muenchen.de) in ebenfalls etwa 45 Minuten auf täglich neuen Schleichwegen – der Fahrer hört den Verkehrsfunk ab. Je nach Verkehrsaufkommen auf dem viel befahrenen Zubringer über die Autobahn kann es mit dem Mietwagen oder Taxi länger dauern.

Mit dem Pkw

Rund ums Jahr gilt die Faustregel: nach Möglichkeit die Wochenenden meiden. Schon am Freitagnachmittag

Chiemgauer Fernblick

Mit der Gondelbahn erreicht man den Gipfel des Wendelstein innerhalb von wenigen Minuten

kann es auf den Autobahnen im Großraum der bayerischen Landeshauptstadt chaotisch werden. Als Alternative bietet sich die stressfreie Fahrt auf einer der Bundesstraßen an.

Mit der Bahn
Mit dem IC oder ICE erreicht man neben München z. B. in der Zugspitz-Region Mittenwald mit einem Zwischenstopp in Murnau und Garmisch-Partenkirchen. In Prien am Chiemsee hält ein EC. Infos: www.bayern-fahrplan.de.

Auskunft

ⓘ München Information
– am Hauptbahnhof, Luisenstr. 1, 80333 München
✆ (089) 23 39 65 00, www.muenchen.de
Mo–Sa 9–20, So 10–18 Uhr
– Im Neuen Rathaus, Marienplatz, 80331 München
Mo–Fr 9.30–19.30, Sa 9–17, So/Fei 10–14 Uhr

ⓘ Berchtesgadener Land Tourismus GmbH
Maximilianstr. 9, 83471 Berchtesgaden
✆ (086 52) 656 50 50, www.berchtesgaden.de
Mo–Fr 9–18 Uhr

ⓘ Berchtesgaden – Königssee
Königsseer Str. 2, 83471 Berchtesgaden
✆ (086 52) 656 50 70, www.berchtesgaden.de
Mai–Okt. täg. 9–18, Nov.–April 8.30–17, Sa bis 13 Uhr

*Hoher Peißenberg
im Pfaffenwinkel*

i Chiemgau
Chiemgau Tourismus e. V.
Haslacher Str. 30, 83278 Traunstein
✆ (08 61) 909 59 00, www.chiemsee-chiemgau.info
Mo–Do 8–17, Fr 8–16 Uhr

i Inn-Salzach
Tourismusregion Inn-Salzach
Bahnhofstr. 13, 84503 Altötting
✆ (086 71) 50 24 44, www.inn-salzach.com
Mo–Fr 8–16 Uhr

i Pfaffenwinkel
Tourismusverband Pfaffenwinkel
Bauerngasse 5, 86956 Schongau
✆ (088 61) 211 32 00, www.pfaffen-winkel.de
Mo–Fr 8–12, Mo–Do 13.30–17 Uhr

i Rosenheimer Land
Tourist Information Rosenheim
Hammerweg 1, 83022 Rosenheim
✆ (080 31) 365 90 61, www.touristinfo-rosenheim.de
Di– Fr 10–13,14–17, Sa 10–14 Uhr

i Starnberger Fünf-Seen-Land
Tourismusverband Starnberger Fünf-Seen-Land
Hauptstr. 1, 82319 Starnberg
✆ (081 51) 906 00, www.starnbergammersee.de
Mai–Sept. Mo–Fr 9–18, Sa 10–13, Okt.–April Mo–Fr
9.30–17 Uhr

ⓘ Tölzer Land
Tölzer Land Tourismus
Prof.-Max-Lange-Platz 16, 83646 Bad Tölz
☎ (080 41) 50 52 06, www.toelzer-land.de
Mo 7.30–18, Di, Do/Fr 7.30–12 Uhr

ⓘ Zugspitz-Region
Tourismusgemeinschaft Zugspitz-Region, Burgstr. 15
82467 Garmisch-Partenkirchen
☎ (088 21) 75 15 62, www.zugspitz-region.de
Mo–Fr 10–16 Uhr

Falls nicht mit dem **Navi,** sind Autofahrer bestens unterwegs mit www.falk.de/routenplaner und maps.adac.de, die es jeweils auch als kostenfreie App gibt. Für Radtouren und Wanderungen empfehlen sich **Detailkarten** im Maßstab 1:40 000. Eine gut sortierte Auswahl an Kartenmaterial zur Region bietet in München und an vielen Orten so gut wie jede gut bestückte Buchhandlung.

Bergwandern

Das oberste Gebot lautet: Niemals allein wandern! Die Tourist Informationen vor Ort erteilen fachkundige Informationen. Häufig gibt es dort Broschüren mit gut ausgearbeiteten Touren. Für die einzelnen oberbayerischen Regionen findet man in gut sortierten Buchhandlungen jede Menge Wanderbücher mit Routenvorschlägen. In allen Regionen Oberbayerns werden

Bergtour auf die Karwendelspitze

215

geführte Wanderungen aller Schwierigkeitsgrade angeboten.

Zur eigenen Sicherheit sowie zum Schutz der einzigartigen Bergwelt sollten folgende Punkte unbedingt berücksichtigt werden:

- Informationen über Schwierigkeitsgrad, Gipfelhöhe und Gehzeit einholen.
- Wettervorhersagen ernst nehmen.
- Bekannte bzw. den Hotelier oder Pensionsbesitzer darüber informieren, dass man eine Tour unternimmt. Ziel und voraussichtliche Gehzeit sollten angegeben werden.
- Richtige Kleidung ist wichtig: Ohne stabile Bergstiefel mit fester Sohle sollte man auf keinen Fall losgehen. Immer einen Regenschutz einpacken. Wichtig außerdem: Erste-Hilfe-Set, Handy, ausreichend Proviant und Getränke.
- Früh am Morgen zur Bergwanderung starten.
- Regelmäßige Pausen einplanen.
- Die markierten Wege nicht verlassen.
- Auf jeden Fall umkehren, falls Schwierigkeiten und Gefahren wie Wettersturz, steile Schneefelder oder Nebel etc. auftreten.
- Abfall wieder mit ins Tal nehmen.
- Keine geschützten Pflanzen pflücken.

Alpines Notsignal: Sechsmal in einer Minute ein sicht- und hörbares Signal geben – eine Minute Pause – Wiederholung der Zeichen.

Wie hier im Chiemgau werden in allen Regionen der bayerischen Alpen geführte Bergwanderungen angeboten

Wandern auf der Hochplatte

Antwort der Retter: Dreimal pro Minute ein Zeichen – eine Minute Pause – wieder dreimal ein Zeichen.

Alpiner Rettungsdienst: Der Alpine Rettungsdienst des Deutschen Alpenvereins verfügt über ein dichtes Netz von Rettungsstellen. Die App »Notfall-Hilfe« (kostenlos, Premium-Paket € 3,99) bietet Hilfreiches für Extrem-Situationen. Weitere Infos zum Bergwandern unter www.bergnews.com, www.alpinisten.info.

Alm-Erlebnispfad Ramsau
Tourist Information Ramsau
℡ (080 52) 904 90, www.ramsau.de
Ein Rundwanderweg (gute Kondition erforderlich), auf dem Wanderern die Almwirtschaft des Berchtesgadener Lands gezeigt wird.

Steinadler-Erlebniswanderweg
Nationalparkverwaltung Berchtesgaden
℡ (086 52) 968 60
www.nationalpark-berchtesgaden.bayern.de
Bei einer geführten Wanderung werden u. a. die Horstkonstruktionen des »Königs der Lüfte« gezeigt.

Wanderung auf historischen Wegen
Tourist Information Schneizlreuth
℡ (086 65) 74 89, www.schneizlreuth.de
Wanderungen entlang historischer Salinenwege.

Öko-Kultur-Erlebnisweg
Tourist Information Aschau
℡ (080 52) 904 90, www.aschau.de
Der Erlebnisweg führt zwischen Kaisergebirge und Chiemsee durch reizvolle Naturschutzgebiete.

Zu den Attraktionen mit Tradition auf dem Oktoberfest gehören die Festgespanne der Brauereien

Zu den Attraktionen mit Tradition auf dem Oktoberfest gehören die Festgespanne der Brauereien

Bier

Getreu dem Münchner Reinheitsgebot, das Gesetz wurde 1487 erlassen, brauen die Braumeister noch heute das Bier nach einem streng gehüteten Rezept. Es wird aus Hopfen plus Wasser plus Hefe plus Malz hergestellt, aber die Mischung macht's. Der Herstellungsprozess erfolgt auf natürlicher Basis, es werden also keine Konservierungsmittel verwendet. Diese Bestimmungen gelten auch für Exportbiere. Um das Bier transportfähig zu machen und seine Haltbarkeit etwas zu verlängern, wird es lediglich pasteurisiert, wobei der Gerstensaft vorsichtig erhitzt wird.

Das typisch bayerische Bier besitzt eine Stammwürze von 11 bis 12 Prozent, der Alkoholgehalt liegt bei rund fünf Prozent. Ausnahmen bilden die diversen Starkbiersorten und das speziell zum alljährlichen Oktoberfest gebraute Bier. Der Bayer trinkt laut Statistik 130 Liter pro Jahr.

Einkaufen

Die Vielfalt oberbayerischer kulinarischer Spezialitäten kauft man am besten auf den zahlreichen Wochen- und Bauernmärkten der malerischen kleineren Ortschaften oder Dörfern ein. Wer ein Faible für Produkte des (Kunst-)Handwerks hat, dürfte auf den entsprechenden Märkten, auch Dulten genannt, in der warmen Jahreszeit fündig werden. Mit geradezu einer unüberschaubaren Vielfalt locken in der Adventszeit die unzähligen Christkindlmärkte, besonders schön mit einem Hauch von Nostalgie vor der Kulisse der heimeligen Kleinstädte, Dörfer oder Klosteranlagen. Über aktuelle Termine informieren alle Tourist Informationen.

Essen und Trinken

Bayern ist grenzüberschreitend für seine deftige Küche bekannt. Natürlich ist heute nicht mehr jeder Knödel Handarbeit und auch der Schweinsbraten kommt nicht unbedingt in jeder Wirtschaft aus dem »Rohr«, sondern wird fix in der Mikrowelle aufgewärmt und besitzt somit nicht mehr die typische Kruste. So sollte man sich

OKTOBERFEST

München, Bayern

Es ist noch immer das größte Volksfest der Welt: das Oktoberfest in München, das traditionell auf der Theresienwiese stattfindet. Die Zahlen, die die »Wiesn« charakterisieren, dokumentieren ihr gigantisches Ausmaß. Aus der ganzen Welt strömen Jahr für Jahr zwischen sechs und sieben Millionen Besucher auf das rund 30 Hektar große Gelände im Herzen der Bayernmetropole. Und alle haben sie richtig Durst: Im Schnitt verschwinden knapp sieben Millionen Liter Bier in den Kehlen der Wiesn-Fans. Die Besucher vertilgen Hunderttausende Hähnchen und 50 000 Schweinshaxen, lassen auf dem Festplatz knapp 450 Millionen Euro springen.

Das Oktoberfest fand erstmals am 17. Oktober 1810 statt: Anlässlich ihrer Hochzeit am 12. Oktober 1810 veranstalteten Kronprinz Ludwig und Prinzessin Therese auf einer Wiese vor den Stadtmauern Münchens ein großes Pferderennen. Seitdem heißt das Gelände Theresienwiese, daher auch die mundartliche Bezeichnung »Wiesn« für die Großveranstaltung.

Neben zahlreichen Ess-, Spiel- und Trinkbuden bietet der Rummelplatz alles vom Riesenrad über Geisterbahn, Flohzirkus und Achterbahn mit fünf Loopings bis hin zum Freefall, einem Sturzflug aus 42 Metern Höhe.

Insgesamt gibt es auf dem Oktoberfest 16 Großzelte und in den Feiertempeln an der Wirtestraße sind traditionell die sechs großen Münchner Brauereien vertreten. Einige Hallen bieten in ihren Innen- und Außenbereichen Platz für über 10 000 Gäste. Besonders in den späteren Abendstunden wird zumeist ausgelassen gefeiert und zu Stimmungsmusik auf den Bänken getanzt. Dazu werden bayerische Schmankerl von Obatztem bis Hendl serviert.

Und wer sich eine Promi-Sichtung in den Kopf gesetzt hat, muss nicht allzu lange

»O'zapft is!« Das weltgrößte Volksfest, das Oktoberfest, »d'Wiesn«, auf der Theresienwiese

umherbummeln, sondern wird mit etwas Glück schon im »Hippodrom« gleich am Haupteingang fündig. Dort sind Fußballstars in Lederhosen zu besichtigen und Playmates in Lola-Paltinger-Dirndln an der Champagner-Bar. So ähnlich kann es auch im »Wein« und im berühmten »Käferzelt« am anderen Ende des Rummelplatzes laufen.

Für das Oktoberfest produzieren die Münchner Brauereien ein spezielles Bier (Wiesn-Märzen) mit mehr Stammwürze und damit auch höherem Alkoholgehalt (6–7 %).

INFO OKTOBERFEST: Theresienwiese, 80339 München, www.oktoberfest.de. **REISEZEIT:** 3. Sa im Sept.–1. So im Okt. (16 Tage).

*Furchteinflößender Masken-
umzug am Faschingssonntag
in Mittenwald*

also an Ort und Stelle umhören. Die besten Tipps sind von den Einheimischen zu bekommen. Zu den sympathischsten Einrichtungen zählt in Oberbayern zweifellos der Biergarten (vgl. Kapitel München S. 20).

Feste, Veranstaltungen

Im überwiegend katholischen Bayern gibt es zusätzlich zu den bundesweiten Feiertagen weitere kirchliche Festtage: **Heilige Drei Könige** (6. Januar), **Fronleichnam** (zweiter Donnerstag nach Pfingsten), **Mariä Himmelfahrt** (15. August) und **Allerheiligen** (1. November).

Festkalender
Januar: Neujahrsspringen in Garmisch-Partenkirchen, Neujahrsschießen in Berchtesgaden.
Februar: Am Faschingssonntag ziehen in Burghausen, Mittenwald und Garmisch-Partenkirchen furchteinflößende Maskenumzüge durch die Straßen. In München tanzen am Faschingsdienstag traditionell die Marktfrauen auf dem Viktualienmarkt.
März: Internationale Jazztage in Burghausen.
April: Am Ostermontag findet in vielen Orten zu Ehren des hl. Georg eine Prozession zu Ross statt. Der prächtigste Georgsritt in Traunstein zieht Tausende an. Aber auch Mittenwald und Tittmoning gibt es Reiterumzüge.
Mai: Am 1. Mai werden in vielen Gemeinden Maibäume aufgestellt. In Dießen wird traditionell der Töpfermarkt und in München die Auer Dult eröffnet. Hinter dieser Bezeichnung verbirgt sich ein kleiner Jahrmarkt mit großem Geschirr- und Trödelmarkt.
Juni: Zeit der großen und kleinen Fronleichnamsprozessionen. Die schönste ist die am Staffelsee.

Von Weißwürsten und anderen Schmankerln

Auszogne	Handgroße Hefeteigscheiben, die in Öl schwimmend ausgebacken und mit Puderzucker bestreut zum Nachtisch oder zum Kaffee serviert werden.
Blaukraut	Rotkohl
Brezen	Brezel
Dampfnudeln	Faustgroße Hefeknödel, in Milch und Butter gedämpft – sie kommen mit Vanillesauce auf den Tisch.
Datschi	Hefe- oder Mürbeteigblechkuchen, belegt mit Obst (z. B. Zwetschgen).
Fleischpflanzerl	Frikadelle, Boulette
Haxn	gebratene Schweinehaxe
Kaisersemmel	sechsfach eingeschnittenes Brötchen
Krautwickel	Kohlroulade
Leberkäs	Er besteht zu gleichen Teilen aus Rind- und fettreichem Schweinefleisch. Hinzu kommen vor dem Backen noch Speck ohne Schwarte, Zwiebeln, Wasser, Salz, weißer Pfeffer und Majoran.
Obazter	Brotaufstrich aus einer Mischung aus Camembert, Butter, Kümmel, Paprika und gehackten Zwiebeln
Presssack	Schwartenmagen mit Essig und Öl
Radi	Rettich. Er gehört in den Korb für den Biergarten. Könner schneiden ihn mit dem Messer zu einer Spirale, die dann kräftig mit Salz bestreut wird. Er wird »weinend« gegessen.
Radlermaß	Bier mit Zitronenlimonade
Reiberdatschi	Kartoffelpuffer
Russn	Weizenbier mit weißer Zitronenlimonade
Schwammerl	Pilze
Steckerlfisch	Auf einem Stock aufgespießte, über Holzkohle gebratene Makrelen
Tellerfleisch	Die Qualität dieses Gerichts gilt als Visitenkarte eines Lokals: Zartes Rindfleisch in einer kräftigen Brühe weich gekocht, wird auf einem Holzteller mit Meerrettich und scharfem Senf serviert.
Wammerl	Frisches, geräuchertes, fettes Bauchfleisch, kommt meistens mit Kraut und Knödeln auf den Tisch.
Weißwurst	Sie wird aus frischem Kalbsbrät, Speck und Petersilie, Zwiebeln und Zitronenschale hergestellt. Mit Brezen und süßem Senf werden Weißwürste traditionell bis 12 Uhr mittags serviert.

Bayerische Brotzeit mit Radi und Leberkäs

Geschmückte Boote fahren dann hinüber zur kleinen Insel Wörth. Tollwood in München ist ein alternatives Sommerfestival mit Musik, Kleinkunst und vielen Verkaufsständen. Das Angebot reicht von ausgeflippten Klamotten über Schmuck bis hin zu exotischen Gerichten.

Juli: Opernfestspiele in München, Ritterspiele in Kaltenberg (vgl. S. 85) und Kiefersfelden. Ende Juli/Anfang August findet die zweite Auer Dult (vgl. S. 220) in München statt.

August: Stumme Prozession in Vilgertshofen (vgl. S. 105). Herbstfest in Rosenheim.

September/Oktober: Besonders prächtig werden die Kühe zum Almabtrieb im Berchtesgadener Land am Königssee geschmückt. Das Highlight in München ist das Oktoberfest: Das Treiben auf der Theresienwiese beginnt am letzten Septemberwochenende und endet am ersten Wochenende im Oktober. Die dritte, die Kirchweih-Dult (s. oben), wird ebenfalls in München veranstaltet.

November: Am 6. November finden die Wallfahrten zu Ehren des hl. Leonhard statt.

Dezember: Fast jeder Ort hat einen Christkindlmarkt. In München gibt es in mehreren Stadtteilen kleinere Christkindlmärkte. Der größte ist auf dem Marienplatz. Sehenswert ist die »lebende Krippe« von Kloster Andechs.

Spannend für Groß und Klein: die Kaltenberger Ritterspiele

CHRISTKINDLMARKT

München, Bayern

D er Münchner Christkindlmarkt, einer der größten, ältesten und schönsten Märkte Deutschlands, ist nur vergleichbar mit dem malerischen Nürnberger Weihnachtsmarkt. Auf dem Christkindlmarkt auf dem Münchner Marienplatz

Der Christkindlmarkt vor der Kulisse des neugotischen Rathauses auf dem Marienplatz in München

findet man handgemachten Schmuck und Krippenfiguren, Kerzen, Holzspielzeug und traditionelle Weihnachtsartikel wie z. B. die Weihnachtspyramiden. Hunderte von girlandenbeleuchteten Hütten stehen verteilt auf dem Marienplatz, dem zentralen Platz der Münchner Altstadt, in ihrer Mitte ein gigantischer Weihnachtsbaum.

Behängt mit Lichterketten, die eine bayerische Ortschaft gespendet hat, steht er stolz vor dem Rathaus. Das neogotische Rathausgebäude besitzt ein Glockenspiel mit 43 Glocken, dessen regelmäßige Konzerte, von tanzenden Figuren begleitet, die weihnachtliche Stimmung noch unterstreichen. Auch bei großer Kälte wird hier jedem warm ums Herz.

INFO: In der Münchner Altstadt gelegen. **INFO MÜNCHNER CHRISTKINDLMARKT:** Marienplatz, 80331 München, www.muenchen. de. **REISEZEIT:** Ende Nov. bis 24. Dez.

Das Aufstellen des Maibaums gehört in vielen Orten Oberbayerns zur Tradition

Während der warmen Jahreszeit finden in Kirchen, Klöstern, Schlössern und Burgen **Konzerte** statt. Die Karten sind heiß begehrt, eine rechtzeitige Reservierung ist anzuraten. Zu den bekanntesten Spielorten gehören im Pfaffenwinkel die Wieskirche, Kloster Polling und Vilgertshofen. Aber auch die Schlösser Herrenchiemsee und Amerang, die Burg von Burghausen bzw. die Klosterkirchen von Frauenchiemsee und Seeon sind an lauen Sommerabenden einzigartige Orte, um die Werke großer Meister genießen zu können. Infos zu künftigen Terminen bei den Tourist Informationen.

Hinweise für Menschen mit Handicap

München: So gut wie alle U- und S-Bahnhöfe in München besitzen einen Lift. Im Umland und auf kleineren Bahnhöfen kann es schwieriger werden. Hilfreich ist, sich vorab unter www.bahn.de (Service) zu informieren, ob der Bahnhof eine Rampe oder einen Aufzug hat. Oder man nutzt die kostenlose App »DB Barrierefrei« für Reisende mit körperlichen Beeinträchtigungen und mit Sinnesbehinderungen.

Oberbayern: Die Tourist Informationen vor Ort verfügen über spezielles Infomaterial und sind bei der Buchung entsprechend ausgestatteter Hotels behilflich. Auf jeden Fall empfiehlt sich eine rechtzeitige Hotelreservierung. Es gibt so gut wie keine Pensionen, die nicht über behindertengerecht eingerichtete Zimmer

verfügen. Hotels der gehobenen Klasse besitzen allerdings meistens nur ein einziges Zimmer, hier ist eine frühzeitige Reservierung besonders wichtig.

Internet

Das WLAN ist grundsätzlich gut. Im Schatten hoher Berge und in Tälern sind Funklöcher zu erwarten.

Nützliche Seiten zu Oberbayern:
www.oberbayern.de
www.brauneck-bergbahn.de
www.chiemsee-alpenland.de
www.hocheck.com
www.hochfelln-seilbahn.de
www.hochriesbahn.de
www.jennerbahn.de
www.karwendelbahn.de
www.schliersee.de
www.sudelfeld.de
www.tegernsee.com
www.toelzer-land.de
www.wallbergbahn.de
www.wendelsteinbahn.de
www.zugspitze.de

In den Gondeln der Karwendelbahn erreicht man bequem die Höhen des Karwendelgebirges

Idyllisch am Schliersee in den bayerischen Alpen

Klima, Reisezeit

Abgesehen von einer kurzen Auszeit ist immer Saison – lediglich im November haben die meisten Hotels und Pensionen Betriebsferien. Denn: Ob Frühling, Sommer, Herbst oder Winter – Oberbayern ist zu jeder Jahreszeit ein schönes Reiseziel.

Kennzeichnend für das Wetter im Alpenraum ist der Föhn. Es handelt sich um einen warmen, trockenen, böigen Fallwind an der Nordseite der Alpen mit guter Fernsicht. Typisch ist ein strahlend blauer Himmel mit vereinzelten Wolken. Irgendwie scheint an diesen Tagen alles chaotischer als sonst: Der eine ist euphorisch, der andere aggressiv, der nächste ist hundemüde oder hat Kopfschmerzen. Inzwischen hat die Wissenschaft einen Zusammenhang zwischen dem vegetativen Nervensystem und dem Wetter festgestellt und kann die Stimmungsschwankungen zumindest erklären.

Mit Kindern in Oberbayern

Oberbayern ist ein kinderfreundliches Ferienziel. Hotels, Pensionen und Vermieter von Ferienwohnungen bieten häufig Sonderkonditionen für Familien mit Kindern. Fast jeder Urlaubsort hält für seine jungen Gäste zu jeder Jahreszeit ein umfangreiches Freizeitangebot bereit. Material gibt es bei den jeweiligen Tourist Informationen oder im Internet.

Zur Vorinformation soll hier neben den Hinweisen bei den einzelnen Ortsbeschreibungen schon einmal eine kleine Auswahl von Highlights genannt werden.

Werdenfelser Trachtenjugend: Auch hier gehört zum feschen Dirndl der passende Schmuck

Bayerisches Oberland

Sommersaison: Am Hocheck lockt Oberaudorf mit einem **Sagenweg** zwischen Berg- und Mittelstation der Bergbahn Hocheck (Länge des Wegs: 2,8 km, Dauer der Wanderung: ca. 1,5 bis 2 Std, Schwierigkeitsgrad: leicht). Zu empfehlen sind Ausflüge zum **Waldseilgarten** oder zur **Sommerrodelbahn**. www.hocheck.de

Berchtesgadener Land

Das **Salzmuseum** in Bad Reichenhall (vgl. S. 179 f.) ist auch für Kinder ein Erlebnis. Vor allem aber die spektakuläre Natur mit ihren vielen Möglichkeiten zu Spiel

Eine Attraktion für Kids:
Urlaub auf dem Bauernhof

und Sport macht allen Altersgruppen Spaß. Etwa beim Schwimmen in der **Watzmann Therme** (vgl. S. 184) oder beim Klettern und Wandern. »Wanderwege mit dem Kinderwagen« und viele weitere Angebote finden Eltern unter www.berchtesgadener-land.info

Chiemgau

Spaß das ganze Jahr über garantiert der **Freizeitpark** in Ruhpolding (vgl. S. 175). Von dort aus ist auch das **Naturkunde- und Mammut-Museum** in Siegsdorf (vgl. S. 175) schnell erreicht. Eine **Floßfahrt auf der Alz** (www.alzflossfahrt.de) ist ein großes Abenteuer, etwas gruselig geht es dagegen bei der Besichtigung der **Höhlenburg** in Stein an der Traun zu (vgl. S. 56 f., 174). Ein schöner Brauch ist der **Georgsritt** (vgl. S. 220).

Fünf-Seen-Land

Im Land der Seen ist natürlich vor allem planschen angesagt, z. B. im **Strandbad Utting** am Ammersee (vgl. S. 84). Bei den **Kaltenberger Ritterspielen** (vgl. S. 85) erleben nicht nur die jungen Gäste hautnah ein mittelalterliches Turnier. Die Vollprofis sorgen für atemberaubende Augenblicke.

Inn – Salzach

Europas **längste Burg** (vgl. S. 199), zu finden in Burghausen, begeistert jeden Besucher. Bei einer **Plätten-**

fahrt auf der Salzach (vgl. S. 201) kann man erleben, wie früher das Salz transportiert wurde. Das einzige **Großraumpanorama** Deutschlands in Altötting (vgl. S. 197) zeigt die Kreuzigung Christi und ist für etwas größere Kinder ein beeindruckendes Erlebnis.

München

Das **Deutsche Museum,** das **Museum Mensch und Natur** (vgl. S. 32) und das **Spielzeugmuseum** (vgl. S. 34) bieten viel Interessantes für junge Gäste. **Turmbesteigungen** (vgl. S. 14) üben bei jeder Witterung eine Faszination aus. Auch der **Tierpark Hellabrunn** (vgl. S. 40) ist ein beliebtes Ziel. Mit einem Besuch in der **Allianz Arena** (www.allianz-arena.com, vgl. S. 211) oder der **BMW-Welt** (www.bmw-welt.com, vgl. S. 27) lassen sich die etwas Älteren beglücken. Übrigens haben die meisten **Biergärten** einen Kinderspielplatz.

Pfaffenwinkel

Das **Bergbaumuseum** in Peißenberg (www.peissenberg. de/bergbaumuseum.html, vgl. S. 95 f.) und die nahe gelegene **Käsküche** von **Bernbeuren** (www.kaeskue-che-bernbeuren.de) sind auch für junge Besucher total spannend.

Rosenheimer Land

Im **GeoPark Wendelstein** (vgl. S. 161) kann man auf eine Zeitreise durch die Entstehungsgeschichte der Alpen gehen. Sowohl das hübsch gelegene **Bauernhausmuseum** als auch das **EFA-Museum für Deutsche Automobilgeschichte,** beide in Amerang (vgl. S. 159) können einen verregneten Tag retten.

Landwirtschaft hautnah erlebt

Tölzer Land

Das **Marionettentheater** in Bad Tölz (www.marionet ten-toelz.de) besitzt den Charme der Vergangenheit, löst aber immer wieder mit seinen hochprofessionellen Programmen Begeisterung beim jungen Publikum aus. Die **Sommerrodelbahn** und der **höchstgelegene Kletterwald Deutschlands** (www.kletterwald-blomberg.de) am Blomberg begeistern immer.

Zugspitz-Region

Action, Spiel & Spaß: Unter www.freizeitengel.de sind aktuelle Angebote zu finden.

Der Spaziergang durch die **Partnachklamm** (vgl. S. 112 f.) ist im Sommer für Kinder ab sechs Jahren immer ein lohnendes Ziel.

Bei strahlendem Wetter dürfte der Tagesausflug zur Aussichtsplattform **AlpspiX** (www.alpsitze.org/alpspix. html) ein außergewöhnliches Erlebnis sein.

Rafting: Ein Abenteuer für die ganze Familie, z. B. ab Loisach. Infos unter http://ww-gap.com.

Museen

Aufgrund der Corona-Pandemie ist es in vielen Museen unerlässlich, sich online anzumelden. In jedem Fall informiert man sich besser vor dem Besuch über die aktuellen Öffnungszeiten, Preise und Hygiene-Bestimmungen. Die Eintrittspreise zu staatlichen und privaten Museen differieren stark. Vielbesuchte Museen wie z. B.

Die Städtische Galerie im Lenbachhaus in München beherbergt hinter der markanten, goldenen Fassade eine große Sammlung der Werke des »Blauen Reiters«

Strandbad von Utting

das Museum der Phantasie in Bernried am Starnberger See oder das Salzbergwerk in Berchtesgaden nehmen stattliche Preise. Sonntags kostet der Eintritt in den staatlichen Museen an vielen Orten und insbesondere in München, etwa in den drei Pinakotheken, nur € 1. Besucher unter 18 Jahren haben oft freien Eintritt. Infos unter www.oberbayern.de.

Nachtleben

Abgesehen von München oder Ingolstadt, Rosenheim oder Wasserburg gibt es auch in kleinen Orten Live-Musik vom Feinsten. Nachfragen vor Ort lohnt sich. Zu den empfehlenswerten Adressen gehören das Village Kulturtal Obermühle bei Penzberg (www.village-habach.de), der Kramerwirt »beim Hubbi« in Bad Endorf am Chiemsee (www.hubbi.net) und der Jazzclub Garmisch (www.jazzgap.de).

Notfälle, wichtige Rufnummern

Notruf (Unfallrettung, Feuerwehr, Bergrettung) europaweit ✆ 112
Polizei ✆ 110
Giftnotruf München
✆ (089) 192 40
ADAC Pannenhilfe ✆ 22 22 22 (vom Handy)
Sperrung von Kredit- oder EC-Karten ✆ 11 61 16
Lawinenwarndienst Bayern: www.lawinenwarndienst-bayern.de, auch als App
Alpine Auskunft: www.alpenverein.de/dav-services (Öffnungszeiten der Hütten)

*Eine Ballonfahrt über die baye-
rische Landschaft lohnt sich*

Presse

Aktuelle Hinweise auf Veranstaltungen in den einzelnen Regionen veröffentlichen die Lokalteile der beiden
in ganz Oberbayern gelesenen Tageszeitungen »Süddeutsche Zeitung« und »Münchner Merkur«. Außerdem bieten die ausführlichen und zumeist kostenlosen
Programmvorschauen der örtlichen Tourist Informationen eine umfassende Übersicht.

Sport und Erholung

Es gibt so gut wie keine Sportart, die in Oberbayern
nicht aktiv ausgeübt werden kann. Und so versteht es
sich von selbst, dass die Tourist Informationen vor Ort
umfangreiches und sehr detailliertes Infomaterial
sowohl in Form von Broschüren als auch im Internet
anbieten. Ob Reiten, Golfen, Paragliding, Rafting/Can-
yoning, Segeln, Surfen, Kajak, Kanu, Klettern oder
Kurse für Nordic Walking – um nur einige Möglichkeiten zu nennen –, das Angebot ist riesengroß und viel-
versprechend.

Bergwandern
Vgl. S. 215 ff.

Ballonfahrten
– Ballonfahrten-Chiemsee, Luftfahrtunternehmen
M. Szemborski

☎ (080 51) 43 81
www.ballonfahrten-chiemsee.de
– Starnberg: Landstettener Ballonfahrten
Klosterholzweg 1
82319 Starnberg-Leutstetten
☎ (081 57) 91 04
www.landstettener-ballonfahrten.de
Steingaden/Wieskirche: SKYGATE – Jo Milbert
Brüder-Zimmermann-Str. 4
☎ (088 62) 93 24 24
www.ballonfahrt.org

Gleitschirm- und Drachenfliegen
– Paragliding Oberbayern
Karl-Heinz Kisskalt
82447 Spatzenhausen am Staffelsee
☎ (088 47) 68 89 97
☎ 0172–812 11 47
www.paragliding-oberbayern.de

Golf
Bayern bietet Plätze für jede Spielstärke. Sie liegen vor prachtvollen Gebirgspanoramen, in unmittelbarer Nähe schöner Seen oder in den welligen Weiten einer herrlichen Voralpenlandschaft.

Gleitschirmstart am Unternberg in Ruhpolding in den Chiemgauer Alpen

– Bad Tölz: Golfclub Isarwinkel
www.gc-isarwinkel.de
– Chiemgau:
Golfclub Höslwang, www.golfclub-hoeslwang.de
Golfclub Chieming, www.golfchieming.de
Prien/Chiemsee-Golf-Club, www.cgc-prien.de
– Starnberger See:
Golfclub Starnberg e.V., www.gcstarnberg.de
Golfclub Tutzing, Gut Deixfurt 1
www.golfclub-tutzing.de
Golfclub Feldafing, www.golfclub-feldafing.de

Radtouren
Ob Familien- oder Genussfahrer, Mountainbiker oder Tourenfahrer, alle kommen auf ihre Kosten. Bei den Tourist Informationen der Regionen gibt es jede Menge Material mit detaillierten Tourenvorschlägen. Lohnend ist vor Reisebeginn der Blick ins Internet.

– **Mozart-Radweg:** An der Route liegen Wasserburg, Chiemsee, Bad Reichenhall und Berchtesgaden, www. mozartradweg.com.
– **Chiemgau-Radweg:** Ausgehend von Reit im Winkl führt der Weg über Ruhpolding nach Hohenstaufen und bis Traunstein, www.chiemgau-tourismus.info.
– **Bodensee-Königssee-Radweg:** www.bodensee-koenigssee-radweg.de
– **Bajuwaren-Tour:** www.bajuwarentour.de
– **Radeln & Mountainbiken rund um Bad Tölz:** www. bad-toelz.de/radeln-mountainbiken

Nur eine von vielen möglichen Fahrradrouten im Chiemgau: der Chiemsee-Uferweg

Chiemsee mit Segelbooten

– **Radeln nach Herzenslust mit Biergartentour im Pfaffenwinkel:** www.pfaffenwinkel.de/biergartentour

Sommerrodelbahnen

Rasante Schlittenfahrten bei Sonnenschein und Temperaturen weit über Null. Die Bahnen sind bei Regen geschlossen.
– **Alpspitzbahn/Nesselwang:** www.alpspitzbahn.de
– **Berchtesgaden/Hochlenze**r: www.hochlenzer.de
– **Blomberg/Bad Tölz:** www.blombergbahn.de
– **Oberaudorf/Hocheck:** www.hocheck.com
– **Unterammergau:** www.steckenberg.de

Wassersport

Mit seinen vielen Seen und Flüssen bietet Oberbayern ideale Bedingungen für Wassersport jeder Art, ob Segeln, Surfen oder Kajak fahren. Umwelt- und Gewässerschutz genießen hohe Priorität. Das Wasser ist sauber, Baden ein ungetrübtes Vergnügen.

Auf Bayerns Seen benötigt man keinen Segelschein. Es gibt an allen Seen Segelschulen, bei denen man den Sportbootführerschein Binnen erwerben kann. Insgesamt existieren mehr als 100 Segelvereine.

– **Chiemsee:**
Chiemsee Yachtschule Prien-CYS: www.dhh.de
Chiemsee-Yachtschule in Gollenshausen: www.cyg.de

– **Fünf-Seen-Land:**
Starnberger See

*Rafting im Berchtes-
gadener Land*

Segelschule Starnberg: www.segelschule-starnberg.de
Surf und Segel Center Tutzing: www.nordbad.de
Segelhafen Marina, Bernried: www.weiss-blau.de

Ammersee
Ammersee-Segelschule, Dießen: www.ammersee-
segelschule.de
Segelschule Hans Ernst, Utting: info@segelschule.ernst.
de
Münchner Yacht und Sportbootschule, Utting: www.
seefahrtschule.com

Wörthsee
Sportschifffahrtschule Wörthsee, Wörthsee-Steinebach:
www.segelschule-woerthsee.de

Dann gibt es noch den windsicheren Walchensee, den
Tegernsee und den Staffelsee. Infos unter Bayerischer
Seglerverband e. V.: www.bayernsail.de

Kajak – Paddeln – Rafting
Ammer, Amper, Lech und Isar bieten für diese Wasser-
sportarten ideale Bedingungen.

Wellness
Orte wie Bad Bayersoien, Bad Heilbrunn, Bad Kohlgrub,
Bad Reichenhall, Bad Tölz, Bad Wiessee, Garmisch-
Partenkirchen und auch Prien am Chiemsee sind bevor-
zugte Ziele für gesundheitsbewusstes Reisen. Die
Angebote setzen auf Ayurveda, Thalasso oder Tai Chi.
Für eine entspannende Abwechslung sorgen Hot-
Stone-Therapie oder ein Salz-Peeling. Besonders
gefragt sind die Moorbäder in Bad Kohlgrub.

ℹ️Ⓢ Kur- und Tourist Information Bad Kohlgrub

➡ G3

Hauptstr. 27, 82433 Bad Kohlgrub

✆ (088 45) 742 20

www.ammergauer-alpen.de/bad-kohlgrub

Wintersport

Ob Schneepflug, Stemmbogen oder Jetschwung – runter kommen's alle, und wenn's mit der Seilbahn ist! Wer zu dieser Jahreszeit selbst nicht aktiv ist, kann an den großen Publikumsveranstaltungen teilnehmen.

Aktuelle Hinweise auf die großen Sport-Events findet man im Internet unter www.oberbayern.de unter der Rubrik »Veranstaltungen«. Einige Highlights, die sich zu alljährlichen Publikumsmagneten entwickelt haben: **Internationales Neujahrsspringen** sowie das **Hornschlittenrennen** in Garmisch-Partenkirchen, **Ballonwoche** in Inzell, **Schnabler-Rennen** (große Schlitten) in Gaissach (Nähe Bad Tölz), **Biathlon-Weltcup** in Ruhpolding, **Montgolfiade** Tegernsee, **Schlittenhunderennen** in Wallgau, **Bob-WM** am Königssee.

Anfänger-, Jet-, Snowboard- und Tiefschnee-Kurse, Skisafaris, Lehrgänge zum Erlernen nostalgischer Tele-

In den bayerischen Alpen kommen auch die Snowboarder auf ihre Kosten

Winklmoosalm Reit im Winkl

mark-Schwünge werden geboten. Die Möglichkeiten sind riesengroß, detaillierte Infos bekommt man bei den Tourist Informationen.

Gemäß der Verantwortung für die gefährdete Umwelt verzichtet die Region bis auf das Sudelfeld auf Beschneiungsanlagen. Die Wintersport-Saison beginnt je nach Schneelage Mitte November und endet Ende Februar.

Wintersport alpin/Skigebiete

Ammergebirge: Ettaler Manndl

Berchtesgadener Land: Jenner, Hochschwarzeck/Taubensee, Götschkopf/Bischofswiesen, Rossfeld

Bad Reichenhall: Predigtstuhl

Chiemgau: Kampenwand, Ruhpolding mit Untersberg/Rauschberg, Reit im Winkl mit Winklmoosalm, Inzell, Hochfelln

Wendelstein: Wendelstein, Sudelfeld, Kiefersfelden, Oberaudorf

Werdenfelser Land: Mittenwald mit Kranzberg und westliche Karwendelspitze, sieben Kilometer lange Dammkar-Abfahrt ideal für Freerider, Garmisch-Partenkirchen mit Wank, Kreuzeck und Zugspitze

Tegernseer Tal: Kreuth, Wallberg

Tölzer Land: Blomberg, Brauneck (16 Liftanlagen mit 34 km langen Abfahrten aller Schwierigkeitsgrade)

Unterkunft

Für die Hauptreisezeiten von Mitte Februar bis Mitte März, Ostern, Pfingsten und natürlich für die Sommermonate Mitte Juni bis Ende August empfiehlt sich eine rechtzeitige Reservierung. Während der Saison kann es passieren, dass auch die örtlichen Tourist Informationen bei der Zimmersuche nicht behilflich sein können. Grundsätzlich gibt es in Oberbayern jedoch ein großes Angebot an Hotels und Pensionen aller Kategorien. Umfangreiche Informationen sind im Internet auf den Websites der Orte zu finden.

Urlaub auf dem Bauernhof

Im ländlichen Bayern mit seinen Almwiesen bieten sich Ferien beim Bauern geradezu an. Auf der Website des Landesverbands Bauernhof- und Landurlaub (www.

Blick auf den Eibsee mit der Zugspitze im Hintergrund

bauernhof-urlaub.com) steht ein großes Angebot mit Fotos schöner Feriendomizile für die ganze Familie.

Verkehrsmittel

Grundsätzlich sind die Bahnanbindungen von München zu den bekannten Hauptzielen Oberbayerns mit der Regionalbahn hervorragend. Der Fahrgast muss sich allerdings etwas in Geduld üben, denn z. B. für die knapp 80 Kilometer von München nach Garmisch benötigt der Zug aufgrund der zahlreichen Zwischenstationen eineinhalb Stunden.

Die **Bayerische Oberland-Bahn (BOB)** verkehrt vom Münchner Hauptbahnhof/Flügelbahnhof Starnberger Bahnhof im Stundentakt zu den Naherholungszielen Tegernsee, Lenggries und Bayrischzell. Maximal können bis zu zwölf Fahrräder (Aufpreis) pro Zug befördert werden. Infos: www.brb.de.

Die **Berchtesgadener LandBahn (BLB)** befährt die Strecke Berchtesgaden – Bayerisch Gmain – Bad Reichenhall – Freilassing. Von Freilassing besteht ein Anschluss sowohl in Richtung Salzburg als auch nach München. www.berchtesgadener-land.com/home

Mit dem **Bayern-Ticket** der Deutschen Bahn fährt eine Person für € 25, jede weitere für € 7 (max. 4 Mitfahrer), an allen Werktagen und am Wochenende für einen Tag kreuz und quer durch Bayern mit IRE, RE, RB und Linienbussen. Weitere Infos: www.regio-ober bayern.de ■

Partnachklamm: Dank in den Fels gesprengter Stollen ist die Schlucht sommers wie winters begehbar

INGOL STADT

Für Überraschungen gut!

Ingolstadt ist eine Schatzkiste für aufregende Erlebnisse und neue Blickwinkel rund um Historie und Moderne, Technik und Kreativität. Unsere Highlights:

I Automobile Erlebniswelt im Audi Forum Ingolstadt
I Größtes Freilichtmuseum deutscher Festungsarchitektur
I Geburtsort des Bayerischen Reinheitsgebots für Bier
I Erlebnisshopping im Ingolstadt Outlet Shopping Village

Lassen Sie sich inspirieren unter:
www.ingolstadt-tourismus.de

Moritzstraße 19
85049 Ingolstadt
Tel. +49 841 305-3030
info@ingolstadt-tourismus.de
www.ingolstadt-tourismus.de

Fette Seitenzahlen verweisen
auf ausführliche Erwähnungen,
kursiv gesetzte Begriffe bzw.
Seitenzahlen beziehen sich auf
den Service.

Abendstimmung am Riegsee

Pfarrkirche St. Sebastian in Ramsau bei Berchtesgaden

Alpenwelt Karwendel: S. 116 u., 117 u., 119, 225
Allianz Arena, München: S. 211
Archiv der Wendelsteinbahn GmbH/Peter Hofmann: S. 153
Archiv FLM Glentleiten: S. 147 o.
Peter Bachhuber, Rottach-Egern: S. 2 o. r., 11, 98 l., 111, 135, 227
Bayern Tourismus Marketing GmbH: S. 2 o. l., 3 o. l., 60, 106, 134, 218 o., 221, 228
Bayerisches Armeemuseum (BAM DA 4)/Luise Wagener: S. 5 o. Mitte, 69
Bayerische Schlösserverwaltung/www.burg-burghausen.de: S. 200 l., 200 r.; www.herrenchiemsee.de: S. 168 o.; www.neuschwanstein.de: S. 128 u.; www.residenz-muenchen.de: S. 19 o.; www.schloesser-schleissheim.de: S. 73, 75; www.schloesser.bayern.de: S. 44, 82 l., 82 r., 93, 116 o., 120, 188 o.; Christa Brand: S. 62; Veronika Freudling: S. 59 o. 126 r.; www.schlosslinderhof.de: S. 126 l.
Bayerische Staatsbrauerei Weihenstephan: S. 67
Bayerische Zugspitzbahn Bergbahn AG/Max Prechtel: S. 122
Bavaria Filmstadt, München: S. 39
Berchtesgadener Land Tourismus GmbH: S. 177 o., 177 u., 178, 179, 184 u. r.; 184 u. l.,186, 188, 190
Buchheim – Museum der Phantasie/Müller-Naumann: S. 87, 89 l., 89 r.
Burg Burghausen: S. 199
Chiemgau Tourismus e.V., Traunstein: S. 170, 171, 172, 175, 207 u., 212, 216, 217, 235, 236, 237, 238
Der Tegernsee/Dietmar Denger: S. 151, 152; Peter Prestel: S. 150
Fendstudios.com: S. 123
Franz Marc Frei, München: S. 20, 30, 38, 205
Fotolia/Andrzej2012: S. 189; Andy Limberger: S. 29; Ar-To: S. 78; Thomas Demarczyk: S. 16; Christa Eder: S. 107; Fokus Natur: S. 145; fotoman69: S. 219; franke182: S. 37; gpitfoto: S. 139; Igor Toker: S. 46; Iajda czysko: S. 110; LianeM: S. 223; mRGB: S. 201; pur life pictures: S. 121; raz sarbaste: S. 114; Romy Mitterlechner: S. 191; T_Linack: S. 97; traveldia: S. 61; World Travel Images: S. 167; ZDM: S. 74
Garmisch-Partenkirchen Tourismus: S. 108
Gemeinde Polling: S. 104
H. Heine, TG Inn-Salzach, Altötting: S. 194, 196
Hans-Peter Porsche Traumwerk, Anger: S. 180
Heinz Hirz: S. 136
Hocheck Bergbahnen: S. 50 l.
IG Jazz Burghausen e.V./Gerhard Hübner: S. 203
Inn-Salzach Tourismus: S. 4 r., 195, 197, 202 u., 202 o.
iStockphoto/06photo: S. 5 o. r., 77; Andreas Pechan: 8/9; aprott: S. 17, 32, 40, 143, 230; AVTG: S. 131; Bernd Wittelsbach: S. 27; Björn Kindler: S. 13; bluejayphoto: S. 182; Brue-Alternativ: S. 129; clu: S. 148; David Winters: S. 229; Dieter Meyrl: S. 168 u.; Dirschl: S. 192; filmfoto: S. 103; Georg Winkens: S. 66; Global_Pics: S.218 u.; HisWondrousWorks: S. 240; Jens Becker: S. 156; Jürgen 2008: S. 101; Kenneth Wiedemann: S. 14; klug-photo: S. 42; Kukuxa: S. 125; manfredxy: S. 142; Mario Hornik: S. 28; Martin Wimmer: S. 198; Meinzahn: S. 3 o. Mitte; mthaler: S. 184 o.; No Limit Pictures: S. 226; PeJo29: S. 169, 173; Photo 75: S. 131; rusm: S. 99; Sebastian- Julian: S. 18; Sonsam: S. 83; Smitt 239; stockcam¬_frei 12 o.; Rocky89: S. 109; Terraxplorer: S. 127; Val_th: S. 234; wekwek: S. 59 u.

Kelten-Römer-Museum, Manching/Michael Heinrich: S. 72
Kulturamt Miesbach: S. 157 u., 157 o.
Kur- und Tourismusverband Wendelstein e.V., Bad Feilnbach: Schmutztitel (S. 1), S. 161
Lodenfrey, München: S. 47
Mauritius Images: S. 41, 137
NS-Dokumentationszentrum München/Orla Connolly: S. 210
Neue Pinakothek, München: S. 33
Pinakothek der Moderne, München: S. 35
Pixelio.de/Marco Barnebeck: S. 181 u. l., Wolfgang Dirscherl: S. 163; S. 118; Reinhold Kiss: S. 166; Dietmar Meinert: S. 215
Ruhpolding Tourismus GmbH: S. 233; Andreas Plenk: S. 174
Salzbergwerk Berchtesgaden: S. 183
Schlossbrauerei Stein an der Traun: S. 56, 57
shutterstock/Andreas Vogel: S. 4 r., 112; Angelina Dimitrova: S. 15. u.; Astrid Gast: S. 232; bellena: S. 23, 25; canadastock: S. 245; Carso80: S. 21; Catalin Lazar: S. 58; Chris Redan: S. 79, 81, 90 o.; Christina Fink: S. 124; Cortyn: S. 64; cytoplasm: S. 130; footageclips: S. 94, 231; FooTToo 19. u., 138, 144, 154, 224; ihorga: S. 4 o. Mitte, 85; 222; Igor Zubkov: S. 132; Lestertair S. 34; Mikalai Nick Zastsenski: S. 158, 160; mrvirgin 43; Nuria Kreuser: S. 146; Oleksiy Mark: S. 5 o.l., 22; Radu Razvan: S. 24; Sina Ettmer Photography: S. 68; trabantos 15 o.; Traveller Martin: S. 181 r.; Video Media Studio Europe: S. 80; Viktoria Adamchuk: S. 213; Volker Rauch: S. 91, 133; Werner Lerooy: S. 86; Wirestock Images: S. 92; Ys_1987: S. 243; Yuri Turkov: S. 115
SLYRS Destillerie GmbH & Co. KG: S. 156
Stadt Schrobenhausen/Max Direktor: S. 76 o.; Fotoclub Schrobenhausen e. V.: S. 76 u.
Stadt Wasserburg am Inn: S. 164, 165
Tegernsee Tal Tourismus GmbH, Tegernsee: S. 3 o. r.
Tegernsee: S. 3 o. r.
Therme Erding: S. 65
Tittmoning Luftbildservice Stadt Tittmoning/Berghammer: S. 193
Tourismusverband Pfaffenwinkel: S. 95, 100, 105, 106, 214; Wolfgang Ehr: S. 96
Tourismusverband Starnberger Fünf-Seen-Land: S. 84, 90, 159
Tourist-Information, Kochel am See: S. 140 u., 140 o.
Tourist-Information, Landsberg am Lech: S. 102
Tourist-Information, Mittenwald: S. 2 o. Mitte, 117 o., 220
Veranstaltungs- & Kongress GmbH, Rosenheim: S. 162
VISTA POINT Verlag, Rheinbreitbach: S. 31, 128 o., 212
Katja Wegener, Bad Tölz: S. 49, 50 r., 53, 54, 55
Wikipedia: S. 71; (CC BY-SA 3.0)/Bbb-Commons: S. 10, 111; Mattana: S. 70
Wikipedia (CC BY 3.0)/Sesepe: S. 115
Wolfgang Ehn, Grainau: S. 98 r., 113

Titelbild: Watzmann am Abend (Foto: iStockphoto/Dieter Meyrl)
Umschlagrückseite: Thronsaal im Schloss Neuschwanstein (links/s. S.128), Beliebtes Ausflugsziel bei Wanderern: Almbachklamm (Mitte/s. S. 186), Bei sonnigem Wetter ist der Platz vorm Rathaus von Ingolstadt ein beliebter Treffpunkt (rechts/s. S. 68)
Schmutztitel (S. 1): Mit etwas Glück bekommt man am Wendelstein auch Gämsen zu sehen
Seite 2/3/4/5 (v. l. n. r.): Die Wieskirche im Pfaffenwinkel, Geigenbauer in Mittenwald, Kloster Benediktbeuern; Passionsspiele in Oberammergau, Schloss Nymphenburg bei München, Trachtengruppe am Tegernsee; Votivtafeln in Altötting, Kaltenberger Ritterturnier, Schloss Elmau; Marienplatz in München, Bayerisches Armeemuseum Ingolstadt, Starnberger See
Seite 10/11: Nichts für Leute mit Höhenangst: die Aussichtsplattform AlpspiX (S. 10), Linderhof: Refugium Ludwig II. (S. 11)

Konzeption, Layout und Gestaltung dieser Publikation bilden eine Einheit, die eigens für die Buchreihe der **1000 Places To See Before You Die-City/Regio Guides** entwickelt wurde. Sie unterliegt dem Schutz geistigen Eigentums und darf weder kopiert noch nachgeahmt werden.

Mit Textbeiträgen aus »1000 Places To See Before You Die – Deutschland · Österreich · Schweiz« von Tina Hoffmann, Die Journalisten, Roland Mischke, Detlef Schmalenberg, Horst Schmidt-Brümmer und Patricia Schultz.

Unser/e Autor/in hat diese Ausgabe während der Corona-Pandemie recherchiert.
Aufgrund der Pandemie kann es zu veränderten Öffnungszeiten und Zugangsbeschränkungen sowie Schließungen kommen. Wir bitten dies zu entschuldigen!

© 2020 VISTA POINT Verlag GmbH, Rolandsecker Weg 30, D-53619 Rheinbreitbach
Alle Rechte vorbehalten
Reihenkonzeption: Andreas Schulz & VISTA POINT-Team
Aktualisierung: Erica Gebhart
Bildredaktion: Kathrin Fäller
Lektorat: Petra Sparrer
Layout und Herstellung: Britta Wilken
Reproduktionen: Noch & Noch, Datteln
Kartographie: Huber Kartographie GmbH, Unterschleißheim
Druckerei: Florjancic tisk d.o.o., Slowenien

ISBN 978-3-96141-544-1

An unsere Leser!
Die Informationen dieses Buches wurden gewissenhaft recherchiert und von der Verlagsredaktion sorgfältig überprüft. Nichtsdestoweniger sind inhaltliche Fehler nicht immer zu vermeiden. Für diese übernimmt der Verlag keine Haftung. Für Ihre Korrekturen und Ergänzungsvorschläge sind wir dankbar.

VISTA POINT Verlag
Rolandsecker Weg 30 · 53619 Rheinbreitbach
Telefon: +49 (0)2224/7795-0 · Fax: +49 (0)2224/7795-100
info@vistapoint.de · www.vistapoint.de · www.facebook.de/vistapoint

Mu|seh|um

Mu|see|um

Muh|seum

Museen des Bezirks Oberbayern
Deutsches Hopfenmuseum Wolnzach
Holztechnisches Museum Rosenheim
Freilichtmuseum Glentleiten
kelten römer museum manching
Bauernhausmuseum Amerang
Freilichtmuseum Donaumoos
Holzknechtmuseum Ruhpolding
Museum Inn-Salzach-Klinikum
Psychiatrie-Museum des Klinikums München-Ost

Soziales | Gesundheit | Bildung | Kultur | Umwelt | Heimat

bezirk **5** oberbayern

OBERBAYERN

Regioführer spezial

DIE AUTOREN

Marlis Kappelhoff hat Publizistik studiert und die Ausbildung zur Fotojournalistin absolviert. Es folgten längere Auslandsaufenthalte und die Tätigkeit als Redakteurin bei einer Lokalzeitung im Rheinland. Danach kehrte Marlis Kappelhoff in ihre Wahlheimat München zurück, wo sie zuerst im Pressereferat des Goethe-Instituts tätig war, bevor sie als Lektorin in einem Reisebuchverlag anfing. Heute arbeitet sie als freie Autorin. Fotos und Beiträge ihrer Reisen kreuz und quer durch Europa wurden in diversen Publikationen veröffentlicht.

»Nicht nach der Uhr, sondern mit dem Kompass leben …« – so das Motto von **Katja Wegener**. Neugierde, Reiselust und Freude am Erleben leiten die Autorin, die für Online- sowie Printmedien schreibt. In ihrem Reise-Wohlfühl-Magazin WellSpa-Portal nimmt sie ihre Leser mit an die schönsten Plätze der Welt und bietet Genussreisetipps für Auszeitgenießer und Genussabenteurer. Mehr im Netz unter: https://wellspa-portal.de

www.vistapoint.de